苇沟-北寿城遗址考古报告

（2011～2014）

（下册）

山西省考古研究院
临汾市文化和旅游局　编著
翼城县文化和旅游局

科学出版社

北京

内 容 简 介

本书为苇沟-北寿城遗址2011~2014年考古工作报告，包括2011年老君沟墓地发掘、2012~2013年苇沟墓地发掘，以及2013~2014年苇沟-北寿城遗址区域性系统调查、勘探与试掘的全部资料。本书在全面公布材料的基础上，对墓葬及其他遗迹的年代与分期及相关问题进行了探讨，对于研究晋南地区考古学文化的构成与演进具有一定的意义。

本书可供考古、文博、历史专业的高校师生及相关科研院所的专业人员阅读与参考。

图书在版编目（CIP）数据

苇沟-北寿城遗址考古报告：2011~2014：全2册 / 山西省考古研究院，临汾市文化和旅游局，翼城县文化和旅游局编著. —北京：科学出版社，2023.11

　ISBN 978-7-03-076908-4

　Ⅰ. ①苇…　Ⅱ. ①山…　②临…　③翼…　Ⅲ. ①文化遗址-考古发掘-发掘报告-翼城县　Ⅳ. ①K878.05

　中国国家版本馆CIP数据核字（2023）第216671号

责任编辑：董　苗 / 责任校对：邹慧卿

责任印制：肖　兴 / 封面设计：北京美光设计制版有限公司

科 学 出 版 社 出版

北京东黄城根北街 16 号
邮政编码：100717
http://www.sciencep.com

北京汇瑞嘉合文化发展有限公司 印刷
科学出版社发行　各地新华书店经销

＊

2023年11月第　一　版　　开本：889×1194　1/16
2023年11月第一次印刷　　印张：48 1/2　插页：94
字数：1 736 000

定价：720.00元（全2册）
（如有印装质量问题，我社负责调换）

第四部分
相关问题探讨

第一章　墓葬的年代与分期

第一节　东周时期墓葬[①]

东周时期墓葬皆发现于苇沟墓地，为行文简便，比对分析时省去"12YW"。墓葬所出陶器主要包括鼎、鬲、盆、盖豆、浅盘豆、罐、壶、匜、碗几类，我们在对其进行型式划分的基础上，参考周边地区墓葬出土器物形制，将墓葬予以分期（表五二）。

表五二　苇沟墓地东周时期墓葬出土陶器比对表

苇沟墓地	周边地区墓葬	时期
M7：2鬲	侯马农业局M25：1（《山西侯马东周两汉墓》，《文物季刊》1994年第2期，图十四，1）	春秋晚期晚段
M7：3罐	侯马农业局M25：2（《山西侯马东周两汉墓》，《文物季刊》1994年第2期，图十四，3）	
M17：4鬲（夹砂）	侯马内燃机配件厂M6：1（《侯马几处东周陶器墓》，《文物季刊》1996年第3期，P21，图一一，5）	春秋战国之际
M17：7鬲（泥质） M18：7鬲（泥质）	侯马木材公司M9：9（《侯马几处东周陶器墓》，《文物季刊》1996年第3期，P21，图一一，7）	
M17：8罐	侯马房管局商品房基地M6：2（《山西侯马东周两汉墓》，《文物季刊》1994年第2期，图十四，6）	
M17：5、M17：6、M18：4、M8：6盖豆	侯马白店铸铜遗址M4：8（《白店铸铜遗址》，P93，图八一，2）	
M19：6、M16：10、M12：6鼎	侯马牛村古城南59M27：2（《侯马牛村古城南墓葬发掘报告》，《晋都新田》，P218，图二七，7）	战国早期
M19：11、M19：12壶	92侯马下平望M23：5［《侯马下平望墓地发掘报告》，《三晋考古》（第一辑），P196，图十三，3］	
M19：7匜	曲沃机电厂M2：4（《1960、1988年凤城古城遗址、墓葬发掘报告》，《晋都新田》，P138，图一七，9）	

---

① 参考报告如下（以出版年份为序）：山西省考古研究所：《侯马铸铜遗址》，文物出版社，1993年；山西省考古研究所：《三晋考古》（第一辑），山西人民出版社，1994年；山西省考古研究所侯马工作站：《晋都新田》，山西人民出版社，1996年；北京大学考古学系商周组、山西省考古研究所编著，邹衡主编：《天马-曲村（1980～1989）》，科学出版社，2000年；山西省考古研究所：《侯马乔村墓地（1959～1996）》，科学出版社，2004年；山西省考古研究所：《侯马白店铸铜遗址》，科学出版社，2012年。

苇沟墓地	周边地区墓葬	时期
M19：8碗	曲沃机电厂M4：10（《1960、1988年凤城古城遗址、墓葬发掘报告》，《晋都新田》，P136，图一五，3）	战国早期
M20：4鼎	冶金部地质勘探队侯马515分队M10：3（《侯马几处东周陶器墓》，《文物季刊》1996年第3期，P21，图一二，4）	
M20：6鬲（泥质）	侯马木材公司M9：9（《侯马几处东周陶器墓》，《文物季刊》1996年第3期，P21，图一一，7）	
M20：5、M20：7盖豆	同M17：5、M17：6、M18：4、M8：6	
M20：3、M12：5壶	侯马牛村古城南62M3：2（《侯马牛村古城南墓葬发掘报告》，《晋都新田》，P218，图三四，8）	
M16：8、M16：9盖豆	同M17：5、M17：6、M18：4、M8：6	
M16：6壶	侯马乔村M66：6［《侯马乔村墓地（1959～1996）》，P541，图三五八B.3］	
M16：5匜	同M19：7	
M16：5碗	侯马乔村M622：7［《侯马乔村墓地（1959～1996）》，P541，图三五四B.7］	
M12：3、M12：4盖豆	侯马乔村M630：5［《侯马乔村墓地（1959～1996）》，P547，图三六四B.4］	
M8：3鼎	同M19：6	战国早中期之际
M8：4鼎	侯马乔村M420：3［《侯马乔村墓地（1959～1996）》，P526，图三五〇B.1］	
M8：8罐	侯马铸铜遗址M46：2（《侯马铸铜遗址》，P438，图二三一，1）	
M8：5、M8：6盖豆	同M12：3、M12：4	
M8：1、M8：2壶	同M12：5	
M8：10匜	同M19：7	
M15：7鼎	同M20：4	
M15：4、M5：6盖豆	90年侯马M3：4（《1990年山西侯马战国、西汉墓发掘简报》，《文物》1993年第7期，图五，5）	
M15：3壶	陕县后川M2074：6（《陕县东周秦汉墓》，P23，图一八，6）	
M15：8匜	侯马牛村古城南57M2：6（《侯马牛村古城南墓葬发掘报告》，《晋都新田》，P228，图三六，5）	
M10：8鼎	万荣庙前61M1：33［《万荣庙前东周墓葬发掘收获》，《三晋考古》（第一辑），P232，图十二，1］	
M10：9鬲	侯马宋郭M4：8（《侯马几处东周陶器墓》，《文物季刊》1996年第3期，图一一，4）	
M10：3、M10：4盖豆	侯马下平望M1002：12（《山西侯马下平望两座东周墓》，《文物季刊》1993年第4期，图七，6）	
M10：5壶	同M20：3	
M10：10、M10：11、M4：7、M5：7匜	天马曲村M5183：11［《天马-曲村（1980～1989）》，第981页，图一五九五，1］	

续表

苇沟墓地	周边地区墓葬	时期
M3：7鬲	92侯马下平望村M13：9［《侯马下平望墓地发掘报告》，《三晋考古》（第一辑），图八，5］	战国中期早段
M3：5、M3：6盖豆	94年曲沃曲村M5242：2（《1994年山西省曲沃曲村墓葬发掘报告》，《文物》2003年第5期，图二一，3）	
M21：4鼎	同M19：6	
M21：5、M21：6盖豆	同M5：4、M5：6	
M21：3壶	侯马木材公司M8：5	
M4：5、M4：6盖豆	侯马牛村古城南63M12：4（《侯马牛村古城南墓葬发掘报告》，《晋都新田》，P222，图三〇，9）	战国中期晚段
M4：2、M4：3壶	同M20：3	
M4：8碗	92年侯马下平望M14：4［《侯马下平望墓地发掘报告》，《三晋考古》（第一辑），P197，图十四，14］	

据此我们可以将墓葬分为6期。

第一期，12YWM7，属春秋晚期晚段。

第二期，12YWM17、12YWM18，属春秋战国之际。

第三期，12YWM12、12YWM16、12YWM19、12YWM20，属战国早期。

第四期，12YWM8、12YWM15、12YWM10，属战国早中期之际。

第五期，12YWM3、12YWM21、12YWM4，属战国中期早段。

第六期，12YWM5属战国中期晚段。

不明，12YWM6、12YWM11、12YWM13、12YWM24。

第二节　汉代时期墓葬

汉代墓葬皆发现于老君沟墓地，为行文简便，比对分析时省去"11YL"。晋南地区以往发现的汉代墓葬较多，已发表材料中，《侯马乔村墓地（1959～1996）》[1]和《天马-曲村（1980～1989）》[2]建立了较为完整的陶器编年，另已有学者对此区墓葬进行了综合研究[3]，上述成果皆可资参考。

老君沟墓地汉代墓葬所出随葬品中，以陶灶、陶罐、陶壶、釉陶壶、铜钱、铜镜为多数。

① 山西省考古研究所：《侯马乔村墓地（1959～1996）》，科学出版社，2004年。

② 北京大学考古学系商周组、山西省考古研究所编著，邹衡主编：《天马-曲村（1980～1989）》（第三册），科学出版社，2000年。

③ 宋蓉：《汉代郡国分治的考古学观察》，吉林大学博士学位论文，2004年；唐丽雅：《汉代两京地区出土铅釉陶器区域性研究》，郑州大学硕士学位论文，2011年。

1. 陶器

参考以往研究成果，我们对老君沟墓地所出陶罐、陶壶、釉陶壶进行类型学分析，老君沟墓地所出釉陶壶皆为盘口、鼓腹、假圈足，釉色为酱黄色、墨绿色，与长安汉墓雅荷M17：13[①]、洛阳西郊汉墓M3154：14[②]形制相近，此种形制釉陶壶在西汉中期已经多见于中原地区，老君沟墓地所出釉陶壶应为西汉中晚期器物。

2. 铜镜和铜钱[③]

老君沟墓地汉代墓葬所出铜钱共分三种：

第一种，五铢钱，出土数量较多，"铢"字"朱"部上端皆方折，属于西汉时期特征。又依据自身特点可将其中一部分钱币再分为两类，A类"穿下半星"，字形不甚统一，如M41：6-11、M41：6-13、M41：6-14、M41：6-16、M41：6-21等，此类特征属西汉早期郡国五铢或赤仄五铢所常见。B类特点为"五"字两竖曲交，末端内收，字体规整，如M3：3-10，特征接近宣帝时三官五铢。

第二种，新莽时期货币，有契刀五百和大泉五十两类。

第三种，半两钱，仅出自M14，"两"字中间简写作"一"，笔画粗壮有力，直径2.3厘米左右，且有西汉早期五铢钱共出，应为武帝时期半两钱。

老君沟墓地出土的铜镜共两面，一为四乳四蟠龙纹镜，一为规矩镜，其流行时期为西汉后期至新莽时期。

综上，将有随葬品出土的墓葬分为四期，第一期：11YL M20、11YL M37、11YL M14、11YL M34，时代约为西汉初年至西汉早期；第二期：11YL M41、11YL M28、11YL M15、11YL M39、11YL M35、11YL M11、11YL M12，时代约为西汉早期至中期；第三期：11YLM2、11YL M3、11YM13、11YL M21，时代约为西汉晚期；第四期：11YL M49、11YL M56、11YL M48、11YL M43、11YL M51、11YLM52、11YLM50、11YL M53，时代为新莽时期或略晚（图四八三）。

① 西安市文物保护考古所、郑州大学考古专业：《长安汉墓》，西安陕西人民出版社，2004年。
② 中国科学院考古研究所洛阳发掘队：《洛阳西郊汉墓发掘报告》，《考古学报》1963年第2期。
③ 此处主要参考蒋若是：《秦汉钱币研究》，中华书局，1997年。

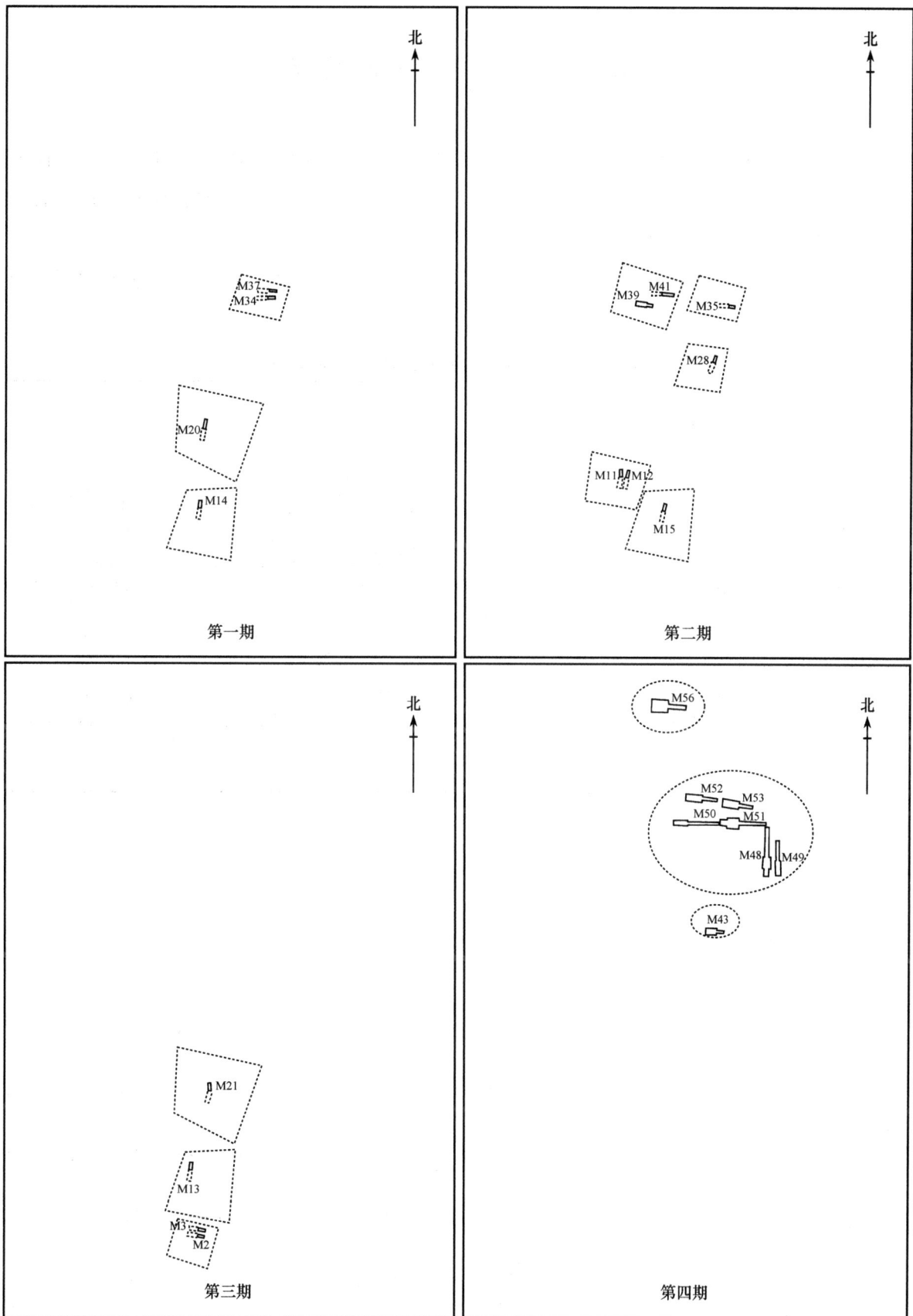

图四八三　老君沟墓地汉代时期各期墓葬分布变化图

第三节　宋金时期墓葬

老君沟墓地共发掘该时期墓葬13座（图一四一），其中土洞室墓3座（附表三），砖室墓10座（附表四），典型随葬品有小陶罐、瓷灯盏、铜镜。为行文简便，比对分析时省去"11YL"，具体形制划分及比对情况如下：

苇沟-北寿城金代墓葬所出陶瓷器中，以罐、碗、瓶、灯盏居多，可作如下分型（表五三、表五四）：

表五三　老君沟墓地宋金时期墓葬出土器物比对表

Aa型罐（侈口高领弧腹）		Ab型罐（卷沿高领弧腹或折腹）		B型罐（卷沿矮领弧腹）	
0 ⊢⊢⊢⊢⊢⊢⊢⊢ 8厘米		0 ⊢⊢⊢⊢⊢⊢⊢⊢ 8厘米		0 ⊢⊢⊢⊢⊢⊢⊢⊢ 8厘米	
M1：2	曲村M6117：3[1]	M5：6	曲村M6100：4[2]	M44：3	曲村M6117：2[3]
A型碗（斜直腹）		B型碗（弧腹）		灯盏	
0 ⊢⊢⊢⊢⊢⊢⊢⊢ 8厘米		0 ⊢⊢⊢⊢⊢⊢⊢⊢ 8厘米		0 ⊢⊢⊢⊢⊢⊢⊢⊢ 8厘米	
M18：7	辽宁朝阳市召都巴M：5[4]	M23：2	辽宁朝阳重型机器厂1999 M2：4[5]	M23：8	山西汾阳高级护校 M2：4[6]

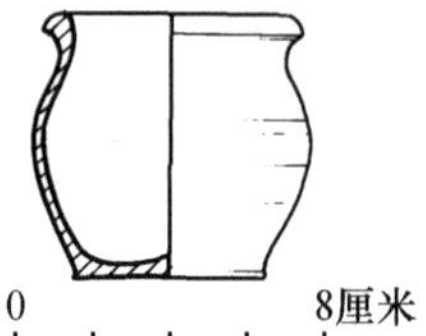

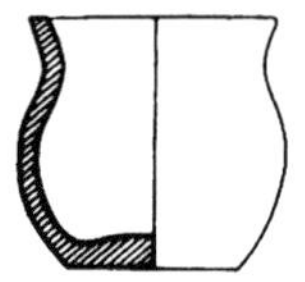

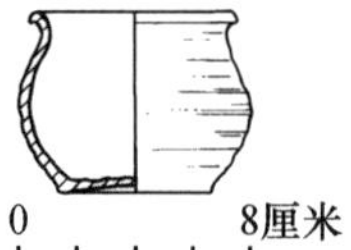

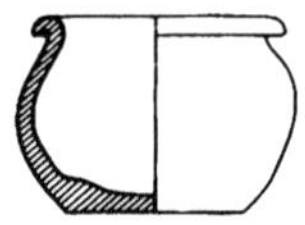

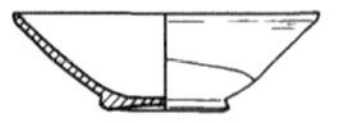

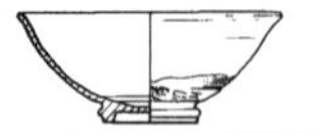

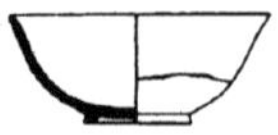

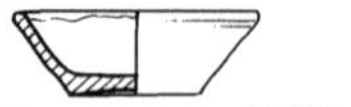

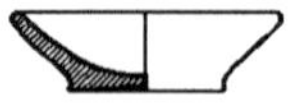

---

① 北京大学考古学系商周组、山西省考古研究所编著，邹衡主编：《天马-曲村（1980～1989）》，科学出版社，2000年，第1112页，图一七七二，4。

② 北京大学考古学系商周组、山西省考古研究所编著，邹衡主编：《天马-曲村（1980～1989）》，科学出版社，2000年，第1112页，图一七七二，11。

③ 北京大学考古学系商周组、山西省考古研究所编著，邹衡主编：《天马-曲村（1980～1989）》，科学出版社，2000年，第1112页，图一七七二，12。

④ 朝阳市博物馆、朝阳市龙城区博物馆：《辽宁朝阳召都巴金墓》，《北方文物》2005年第3期，第32页，图四，14。

⑤ 朝阳市博物馆：《辽宁朝阳重型机器厂辽金墓》，《北方文物》2003年第4期，第45页，图三，11。

⑥ 山西省考古研究所、汾阳县博物馆：《山西汾阳金墓发掘简报》，《文物》1991年第12期，第29页，图二六，10。

续表

铜镜				瓶	
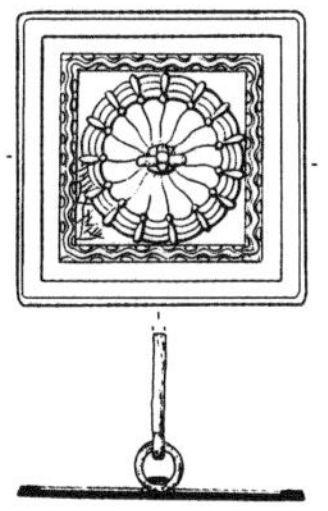 0　　4厘米　M23：9				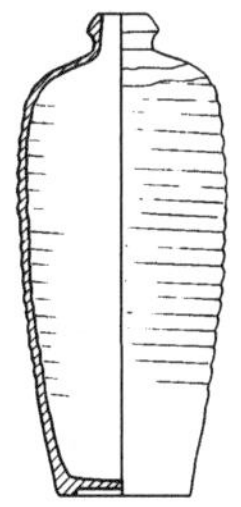 0　　12厘米　M5：8	 山西汾阳高级护校　M5：11[①]

表五四　老君沟墓地宋金时期墓葬及出土各型式器物情况统计表

Aa型罐	Ab型罐	B型罐	C型罐	铜镜	
M30：2 M30：3 M30：4 M23：6 M23：3 M23：7 M7：2 M5：2 M1：2	M44：4 M42：4 M42：6 M42：7 M23：6 M18：2 M18：5 M18：6 M18：1 M5：3 M5：4 M5：6	M44：3	M38：1 M38：2 M23：1	M23：9	
A型碗	B型碗	瓶	灯盏	A型土洞墓	B型土洞墓
M18：7 M5：7 M44：2 M45：1	M23：2、M42：1	M5：8、M44：6	M23：8、M30：1、 M44：2、M45：1	M1、M7	M18
A型砖室墓	B型砖室墓				
M5、M26、M30、 M38、M40、 M42、M44、 M45、M47	M23				

---

① 山西省考古研究所、汾阳县博物馆：《山西汾阳金墓发掘简报》，《文物》1991年第12期，第30页，图二八，7。

第四节　元代时期墓葬

老君沟墓地共发掘元代时期墓葬4座（图一七九），其中有竖穴墓道土洞室墓1座（附表五），竖穴墓道砖室墓3座（附表六）。皆为方形单室墓。出土遗物有铁动物（牛形镇墓兽）、铁灯盏、铜镜。为行文简便，比对分析时省去"11YL"，可与周边地区元代墓葬所出同类器物做如下比对（表五五、表五六）：

表五五　老君沟墓地元代时期墓葬形制比对表

甲类（土洞墓）M19		乙类（砖室墓，墓内仿木结构装饰有板门、棂窗、灯台，保存较好者顶部为方形八角叠涩攒尖顶）M4、M22、M27	
M19	河南三门峡上村岭元墓[①]	M4	山西大同冯道真墓[②]

表五六　老君沟墓地元代时期墓葬出土器物比对表

铜镜		铁灯盏	
M22：1、M19：1	曲村M6022：4[③]	M22：4	曲村M6241：3[④]

　　M4、M22、M27皆出有铁质动物，形制与结构相近，应是同时期墓葬。

①　洛阳地区文化局文物科：《三门峡市上村岭发现元代墓葬》，《考古》1985年第11期。

②　大同市文物陈列馆、山西云岗文物管理所：《山西省大同市元代冯道真、王青墓清理简报》，《文物》1962年第10期。

③　北京大学考古学系商周组、山西省考古研究所编著，邹衡主编：《天马-曲村（1980～1989）》，科学出版社，2000年，第1124页，图一七八九，4。

④　北京大学考古学系商周组、山西省考古研究所编著，邹衡主编：《天马-曲村（1980～1989）》，科学出版社，2000年，第1121页，图一七八六，7。

第五节　明代时期墓葬

苇沟墓地明代时期墓葬发现2座，一座（12YWM1）土洞室墓，一座（12YWM2）砖室墓。其中M1出有铜镜1枚，人俑8件，人俑身体部分残存情况不一，形制基本相同，皆为袖手立俑，宽袖长袍，唯领部稍有不同，应为圆领或交领常服，厚底靴，皆与襄汾丁村明代墓葬所出俑相似[①]。俑头似有男女之别，男俑头戴乌纱圆帽。

老君沟墓地共发掘明代时期墓葬6座（图一九三；附表七），均为土洞室墓。所出器物有铜钱、瓷罐、瓷碗等。

1. 铜钱

11YLM8出有大量"历代铜钱"（表五七），已有学者对明代墓葬中出土铜钱特点及原因做过分析：明初至弘治时期，由于受到宝钞和银的影响，官府仅先后铸有"大中通宝""洪武通宝""永乐通宝""宣德通宝""弘治通宝"5种钱币，并且社会上遗留有大量的历代铜钱，多以隋代以后为主，国家明令与本朝钱并用，所以本朝制钱受宝钞、历代钱的影响，时铸时停，未大量进入流通领域。这就形成了明朝前期社会上多见历代钱而本朝钱较少的现象。直至弘治末年开始，宝钞名存实亡，为了保证货币需求，才开始大量鼓铸制钱，嘉靖后历代皇帝铸有年号钱[②]。

墓葬中的随葬铜钱也必定受到社会货币流通情况的影响。11YLM8所出制钱中未见大量通行的"弘治通宝"，且数目与历代钱悬殊，推测应属于明代前期。

2. 瓷器

该时期墓葬中还随葬有陶、瓷器及侍女俑，可兹比对，为行文简便，表中省去"11YL"（表五八）。

出有A型罐的单位有11YLM8、11YLM17、11YLM29、11YLM32、11YLM33；出有B型罐的单位有11YLM8、11YLM17、11YLM29、11YLM31、11YLM32；出有侍女俑的单位有11YLM17、11YLM29、11YLM33。

[①]　山西省考古研究所：《襄汾丁村明代墓葬发掘简报》，《文物季刊》1996年第10期。

[②]　王久刚：《从西安明墓出土铜钱看明代铜钱使用情况》，《西安钱币学会成立十周年纪念文集》，西安钱币学会成立十周年纪念大会，2004年，西安。

表五七　老君沟墓地M8出土铜钱统计表

唐钱5枚	"开元通宝" 4枚
	"乾元重宝" 1枚
宋钱21枚	"太平通宝" 2枚
	"淳化元宝" 1枚
	"至道元宝" 1枚
	"景德元宝" 1枚
	"祥符通宝" 1枚
	"天圣元宝" 2枚
	"皇宋通宝" 3枚
	"至和元宝" 1枚
	"嘉祐通宝" 1枚
	"熙宁元宝" 1枚
	"元丰通宝" 4枚
	"元祐通宝" 2枚
	"绍圣元宝" 1枚
明钱7枚	"大中通宝" 1枚
	"洪武通宝" 6枚

表五八　老君沟墓地明代时期墓葬出土器物比对表

A型罐	比对标本	B型罐	比对标本
0　　　8厘米　　M8：2	曲村M6593：4[1]	0　　8厘米　　M8：10	曲村M6047：1[2]
碗	比对标本		
0　　8厘米　　M17：1	曲村M6051：1[3]		

---

① 北京大学考古学系商周组、山西省考古研究所编著，邹衡主编：《天马-曲村（1980～1989）》，科学出版社，2000年，第1112页，图一七七二，8。

② 北京大学考古学系商周组、山西省考古研究所编著，邹衡主编：《天马-曲村（1980～1989）》，科学出版社，2000年，第1120页，图一七八四，1。

③ 北京大学考古学系商周组、山西省考古研究所编著，邹衡主编：《天马-曲村（1980～1989）》，科学出版社，2000年，第1116页，图一七七八，1。

第六节　清代时期墓葬

老君沟墓地共发掘清代时期墓葬8座（图二一一；附表八），均为土洞室墓。

该时期断代标准首先根据11YLM16出土1枚"雍正通宝"铜钱确定其上限年代（在1723年以后），该墓另出土陶砂锅1件。老君沟墓地所有出土有砂锅的墓葬均归为此段。与北京地区的清代墓葬做比较可知，11YLM46出土将军罐盖（11YL：4），该器物出现于明末，在清代时流行。因此我们把老君沟凡出砂锅的墓葬均定为清代时期。11YLM24、11YLM25无出土器物，根据墓葬形制定在该时期较合适。

11YLM9：2瓷碗、11YLM55：2瓷碗均和岩上墓葬M5：9瓷碗[1]相似。11YLM55：7铜烟嘴、烟锅与岩上墓葬M8：9[2]相似。

---

① 北京市文物研究所：《岩上墓葬区考古发掘报告》，《北京段考古发掘报告集》，科学出版社，2008年，127页，图一〇四，3。

② 北京市文物研究所：《岩上墓葬区考古发掘报告》，《北京段考古发掘报告集》，科学出版社，2008年，115页，图九四，4。

第二章 其他遗迹的年代与分期

第一节 单位分组及典型层位关系

2012年苇沟墓地发掘和2014年城墙探沟试掘共清理灰坑、陶窑、窖穴三类遗迹，其中G101与G201自上而下分为5层，G401与G402自上而下分为3层。各探沟中，①、②层依次为耕土层及垫土层，以下为文化层。夯土直接筑于生土之上。

主要层位关系如下：

G101：③→H1～H4、H6→④

③→夯土

G201：H1、③→④→H2→⑤

③→夯土

G401：③→Y1、H1～H9

G402：③→夯土

根据层位关系和陶器器形特征，可将上述遗迹单位分为3组（表五九）。

表五九　遗迹单位分组情况

组别	遗迹	2012年苇沟墓地相关遗址	2014年试掘
第1组	文化层		G101④、G101⑤、G201⑤
	灰坑	H4、H5、H11	G101H4
第2组	文化层		G201④
	灰坑		G101H2、G101H3、G101H6、G201H2
第3组	文化层		G101③、G201③、G401③、G402③
	灰坑	H1、H3、H6、H7	G101H1、G201H1、G401H1、G401H1～H9
	窖穴	J1	
	窑址	Y1、Y2、Y3	G401Y1
不明	灰坑	H2、H9、H10	

　　第1、2组与3组所出器物组合明显呈现不同的时代特征。第1、2组，代表器物为侈口方唇绳纹盆、鬲足、鬲口沿、豆座、豆盘（表六〇～表六二）；第3组，代表器物为各种形制的泥质灰陶方唇折沿盆、方唇直口广肩罐、铁轨状唇广肩罐、卷云纹瓦当（表六三～表六五）。

　　先说第1、2组单位的年代与分期：

表六〇　第1、2组陶器分型及比对表

A型盆（方唇，折沿近平，沿面平）	比对标本	Ba型盆（方唇，折沿，口沿外缘有加厚棱，侈口）	比对标本	Bb型盆（方唇，卷沿，侈口，肩部起棱，下腹斜收）	比对标本
G201⑤：1	曲村J7T1③：153（春秋中期）①	14G101H6：1	14G101H6：9		侯马铸铜遗址 XXⅡT726③A：1（战国）②
C型盆（方唇，口沿下折，侈口，腹部斜收）	比对标本	D型盆（圆唇，微敛口，圆鼓腹）	比对标本	E型盆（口沿下塌，与口部贴合，微敛口）	比对标本
12YWH4：1	白店H18：16（战国早期）③	12YW H5：13	白店H11：26（战国早期）④	12YW H5：14	凤城H11：13（战国早期）⑤
A型盘豆（尖圆唇，弧腹，盘腹较深）	比对标本	B型盘豆（尖圆唇，折腹，盘腹较浅）	比对标本	C型盘豆（尖圆唇，圆折腹）	比对标本
12YW H5：5	白店H1：5（战国早期）⑥	H5：3	白店H17：30（春秋中晚期到战国早期）⑦	G101H4：15 G101H4：17	曲村J7H77：8

---

　　①　北京大学考古学系商周组、山西省考古研究所编著，邹衡主编：《天马-曲村（1980～1989）》，科学出版社，2000年，第66页，图四一，8。

　　②　山西省考古研究所：《侯马铸铜遗址》，文物出版社，1993年，第359页，图一九六，13。

　　③　山西省考古研究所：《侯马白店铸铜遗址》，科学出版社，2012年，第43页，图三七，3。

　　④　山西省考古研究所：《侯马白店铸铜遗址》，科学出版社，2012年，第26页，图二五，4。

　　⑤　山西省考古研究所侯马工作站：《晋都新田》，山西人民出版社，1996年，第126页，图五，1。

　　⑥　山西省考古研究所：《侯马白店铸铜遗址》，科学出版社，2012年，第6页，图五，5。

　　⑦　山西省考古研究所：《侯马白店铸铜遗址》，科学出版社，2012年，第36页，图三二，4。

续表

盖豆	比对标本	瓮	比对标本		
12YW H5：1	白店H17：43（战国早期）①	12YW H5：15	凤城③a：4（战国早期）②		
A型Ⅰ式鬲	比对标本	B型Ⅰ式鬲	比对标本	C型鬲	比对标本
G101H4：11　14G101T4④：8	曲村 J7T1362⑥A：19（春秋中期）③	14G101④：5　14G101④：5	曲村K9J5：35（春秋中晚期）④	G101H4：8	曲村J7H144：4鬲⑤　曲村J7H140：41（春秋中期）⑥
A型Ⅱ式鬲	比对标本	B型Ⅱ式鬲	比对标本	D型鬲	比对标本
14G101H2：4		12YWH5：21　14G101H6：21	侯马铸铜遗址 XXⅡT727③A：1⑦	14G101H4：9	曲村J6H131：10（春秋中期）⑧
钵	比对标本				
14G101H4：2	曲村J6 H131：4（春秋中期）⑨				

① 山西省考古研究所：《侯马白店铸铜遗址》，科学出版社，2012年，第37页，图三三，10。

② 山西省考古研究所侯马工作站：《晋都新田》，山西人民出版社，1996年，第127页，图六，4。

③ 北京大学考古学系商周组、山西省考古研究所编著，邹衡主编：《天马-曲村（1980～1989）》，科学出版社，2000年，第151页，图一四三，1。

④ 北京大学考古学系商周组、山西省考古研究所编著，邹衡主编：《天马-曲村（1980～1989）》，科学出版社，2000年，第64页，图三九，3。

⑤ 北京大学考古学系商周组、山西省考古研究所编著，邹衡主编：《天马-曲村（1980～1989）》，科学出版社，2000年，第63页，图三八，9。

⑥ 北京大学考古学系商周组、山西省考古研究所编著，邹衡主编：《天马-曲村（1980～1989）》，科学出版社，2000年，第63页，图三八，10。

⑦ 山西省考古研究所：《侯马铸铜遗址》，文物出版社，1993年，第345页，图一八八，5。

⑧ 北京大学考古学系商周组、山西省考古研究所编著，邹衡主编：《天马-曲村（1980～1989）》，科学出版社，2000年，第64页，图三九，10。

⑨ 北京大学考古学系商周组、山西省考古研究所编著，邹衡主编：《天马-曲村（1980～1989）》，科学出版社，2000年，第68页，图四三，10。

表六一　第1、2组各型器物年代比对结果

时期	盆						豆			盖豆	瓮	鬲						钵
	A	Ba	Bb	C	D	E	A	B	C			AI	AII	BI	BII	C	D	
春秋早期																		
春秋中期	√							√	√			√		√		√	√	√
春秋晚期								√	√				√	√				
战国早期		√	√	√	√	√				√	√				√			
战国中期			√															
战国晚期			√															

　　通过上述比对可知，第1、2组皆属东周时期。各组中所出器类较为典型，可在曲村遗址春秋中晚期遗存及侯马铸铜遗址战国早期遗存寻得形制相似者[1]。具体而言：第1组单位中，折沿深腹盆，标本G201⑤：1，折沿微翘，深腹，下腹内收，与曲村J7T1③：153器形相仿。鬲口沿主要有三种：矮颈鬲，标本G101④：5；塌沿鬲，标本G101H4：8；平折沿鬲，标本G101H4：11。三种陶鬲肩部皆不甚上鼓，分别与曲村K9J5：35、J7H140：41、J7T1362⑥A：19器形相仿。宽沿折腹钵，标本G101H4：2，沿面宽平，略下凹，浅腹，曲村所出J6H131：4与之器形相同。陶豆未见完整器形者，豆盘皆敞口，浅盘，折腹，标本G101H4：15；豆座皆呈喇叭状，足端不甚外撇，未见柄上有箍状突出者，标本G101H4：17，综合观之，陶豆整体器形应与曲村J7H77：8相近。此外，所出鬲足皆有短柱状实足根，标本14G101④：6。

　　第2组单位所出标本中，典型器类有侈口束颈盆，标本G101H6：9，矮领鼓肩鬲，标本G101H1：12，后者应与第一组中矮颈鬲有演变关系，肩部更上鼓。另出有鬲足，低平裆下足根近无，标本G101H1：12。与前述两类陶器形制相似者，有侯马铸铜遗址ⅩⅩⅡT726③A：1、ⅩⅩⅡT727③A：1。

　　西汉时期所出陶器种类较多，云纹瓦当时代特征较为明显，据纹饰不同可分三类，标本G401③：6、G401H3：10、G402③：1，与之纹饰造型相同者，分别见于郑州古荥镇遗址、华阴华仓遗址。此外卷沿弧腹盆，标本G201H1：1；平折沿敞口盆，标本G101H1：1；敞口瓦棱纹钵，标本G101H1：9；矮领鼓肩罐，标本G401H1：7等器形皆与永和龙吞泉遗址所出汉代时期遗物器形相同。此外，14G401Y1、12YWY1、12YWY2、12YWY3形制与西汉中晚期古荥镇Y1相同，相关研究也表明此种形制较为规范的窑室为西汉中期以后的特征[2]。综上，第3组遗存年代在西汉中期或稍晚。

---

　　①　北京大学考古学系商周组、山西省考古研究所编著，邹衡主编：《天马-曲村（1980～1989）》，科学出版社，2000年。山西省考古研究所：《侯马铸铜遗址》，文物出版社，1993年。

　　②　李毓芳：《汉代陶窑初论》，《汉唐与边疆考古研究》（第一辑），科学出版社，1994年。

表六二 第1、2组各单位典型器物出土情况

遗迹单位	盆						豆			盖豆	瓮	鬲						罐	钵
	A	Ba	Bb	C	D	E	A	B	C			AⅠ	AⅡ	BⅠ	BⅡ	C	D		
14G101H3	1																		
14G201⑤	1																		
14G101H4	1、3								15、17			20、21、22				9、11			
14G101④												2、7、8		1、3					
14G101H2													1、4						
14G101H4																			2、23
14G201④								4										1、2	
14G201H2		1、2	9					1											
14G101H6															19、20、21、22、23				
12YWH5				16、17	13	14	5、7	3、6		1	15				21、22				
12YWH11				2						4									
12YWH4				1															

表六三　第3组陶器分型及比对表

Aa型盆（直口卷沿）	比对标本	Ab型盆（直口平折沿或沿面微鼓）	比对标本	B型盆（窄折沿，束颈，微鼓腹）	比对标本
12YWH1：1		G101③：1		G201 H1：1	永和龙吞泉H3：8[1]
C型盆（微敛口塌沿）	比对标本	D型盆（折沿，口微敛，鼓腹）	比对标本	E型盆（窄折沿微侈口，肩部有折棱）	比对标本
G101③：3	永和龙吞泉H15：1[2]	G401③：1		G101H1：1	永和龙吞泉T7②：2[3]
F型盆（平折沿侈口）	比对标本	G型盆（窄折沿，束颈，微鼓腹）	比对标本	釜（侈口折腹）	比对标本
12YWH3：1	永和龙吞泉T18②b：2[4]	12YWY3：15	上马墓地Y1：3[5]	Y3：16釜	上马墓地Y1：11[6]
A型钵（侈口，瓦棱纹）	比对标本	B型钵（直口）	比对标本	A型罐（直口广肩）	比对标本
G101H1：9	永和龙吞泉H3：9[7]	G401H1：6		G401③：5	乔村M625：1[8]

---

[1]　山西省考古研究所、山西大学文博学院、临汾市文物局等：《永和龙吞泉遗址发掘报告》，《三晋考古》（三），山西人民出版社，2006年，图二一，11。

[2]　山西省考古研究所、山西大学文博学院、临汾市文物局等：《永和龙吞泉遗址发掘报告》，《三晋考古》（三），山西人民出版社，2006年，第198页，图二二，2。

[3]　山西省考古研究所、山西大学文博学院、临汾市文物局等：《永和龙吞泉遗址发掘报告》，《三晋考古》（三），山西人民出版社，2006年，第186页，图一三，2。

[4]　山西省考古研究所、山西大学文博学院、临汾市文物局等：《永和龙吞泉遗址发掘报告》，《三晋考古》（三），山西人民出版社，2006年，第190页，图一七，9。

[5]　山西省考古研究所：《上马墓地》，文物出版社，1994年，第285页，图一七九，8。

[6]　山西省考古研究所：《上马墓地》，文物出版社，1994年，第285页，图一七九，1。

[7]　山西省考古研究所、山西大学文博学院、临汾市文物局等：《永和龙吞泉遗址发掘报告》，《三晋考古》（三），山西人民出版社，2006年，第196页，图二一，6。

[8]　山西省考古研究所：《侯马乔村墓地（1959～1996）》，科学出版社，2004年，第265页，图一六二，5。

续表

B型罐（直口广肩，截面呈"T"字形）	比对标本	C型罐（溜肩，肩部多道弦纹或抹绳纹）	比对标本
G401H1∶7	永和龙吞泉H2∶6①	G401H1∶10	

A型瓦当（卷云乳钉纹）	比对标本	B型瓦当（卷云规矩纹）	比对标本	C型瓦当（卷云方格纹）	比对标本
G401③∶6	古荥镇②	G401H3∶10	华阴华仓遗址采集③	G402③∶1	陕西华阴华仓遗址81T9①④

　　上述3组单位所出标本年代与层位关系相符，可据此将所有遗迹单位分为三段，分别以上述3组遗存为代表。第一段年代为春秋中晚期，第二段年代为战国早期，第三段为西汉中期或更晚。其中第一、二段之间年代连续，器类组合相近，可从二、三段之间分开，将遗址分为两期。

第二节　城墙及夯土基址的年代

　　通过G101与G401的层位情况可以看出，夯土城墙被一期二段、二期三段遗存叠压打破，应为夯土废弃后遗存。一期一段遗存与夯土城墙没有直接的叠压打破关系，应为夯土使用时期形成的遗存。以G101西壁为例，属一期一段的④、⑤层分布于夯土周边及中部空隙地带，H4、H6位于夯土边缘，年代稍晚于④、⑤层，H4可能为一座房址。属一期二段的H3打破夯土和H4。G201中，城内夯土基址叠压于三期二段遗存之下，其废弃年代也应与外围城墙大致同时。所有试掘探沟中未发现年代更早的文化层，也为我们推测城墙的建造年代提供了线索。

　　①　山西省考古研究所、山西大学文博学院、临汾市文物局等：《永和龙吞泉遗址发掘报告》，《三晋考古》（三），山西人民出版社，2006年，第196页，图二一，6，第195页，图二〇，4。
　　②　郑州市博物馆：《郑州古荥镇汉代冶铁遗址发掘简报》，《文物》1987年第2期，图二四，1。
　　③　徐锡台、楼宇栋、魏效祖：《周秦汉瓦当》，文物出版社，1988年，第256页。
　　④　徐锡台、楼宇栋、魏效祖：《周秦汉瓦当》，文物出版社，1988年，第255页。

表六四　第2组单位器形统计表

| 盆 | | | | | | | 钵 | |
Aa型	Ab型	B型	C型	D型	E型	F型	A型	B型
	14G101③ : 1							
	14G201③ : 1							
	14G401③ : 2							
	14G401③ : 4							
	14G401H1 : 1							
	14G401H1 : 2							
	14G401H1 : 3							
	14G401H3 : 5	14G101H1 : 3			14G101H1 : 1			
	14G401H7 : 2	14G101H1 : 4			14G101H1 : 2			
	12YWH6 : 1	14G101H1 : 5			14G101H1 : 6			
12YWH1 : 1	12YWH6 : 2	14G101③ : 5	14G101③ : 3	14G101③ : 2	14G401H1 : 4	14G101③ : 4	14G101H1 : 9	
12YWH1 : 2	12YWH7 : 2	14G201H1 : 1	14G401H7 : 1	14G401③ : 1	14G401H3 : 1	14G101③ : 6	14G401H3 : 6	14G401H1 : 6
	12YWY2 : 10	14G401H1 : 5	14G401H7 : 3	14G401③ : 3	14G401H3 : 2	12YWH3 : 1		
	12YWY2 : 11	12YWY3 : 10			14G401H3 : 3			
	12YWY3 : 1	12YWY3 : 15			14G401H3 : 4			
	12YWY3 : 2				14G401H4 : 1			
	12YWY3 : 3				14G401H7 : 4			
	12YWY3 : 4							
	12YWY3 : 5							
	12YWY3 : 6							
	12YWY3 : 8							
	12YWY3 : 9							
	12YWY3 : 11							
	12YWY3 : 14							

续表

罐					瓦当		
Aa型	Ab型	B型	C型	D型	A型	B型	C型
	14G401③：5 14G401H3：8 14G402③：2 14G402③：3	14G401H1：7 14G401H3：7 12YWH1：3 12YWH1：4	14G401H1：10 14G401H4：2 12YWY3：21	14G101T4③：9	14G401③：6	14G401H3：10 14G401Y1：6 12YWJ1：1 12YWY2：3 12YWY2：9 12YWY3：32	14G402③：1 12YWY1：5 12YWY3：29

据此，我们推测，城址的建造年代应不晚于春秋中期，主要使用年代应为春秋中、晚期，战国早期时城墙可能已经废弃。西汉晚期，大部分城墙基础已经被彻底叠压在人类活动面之下。

表六五　陶窑形制比对表

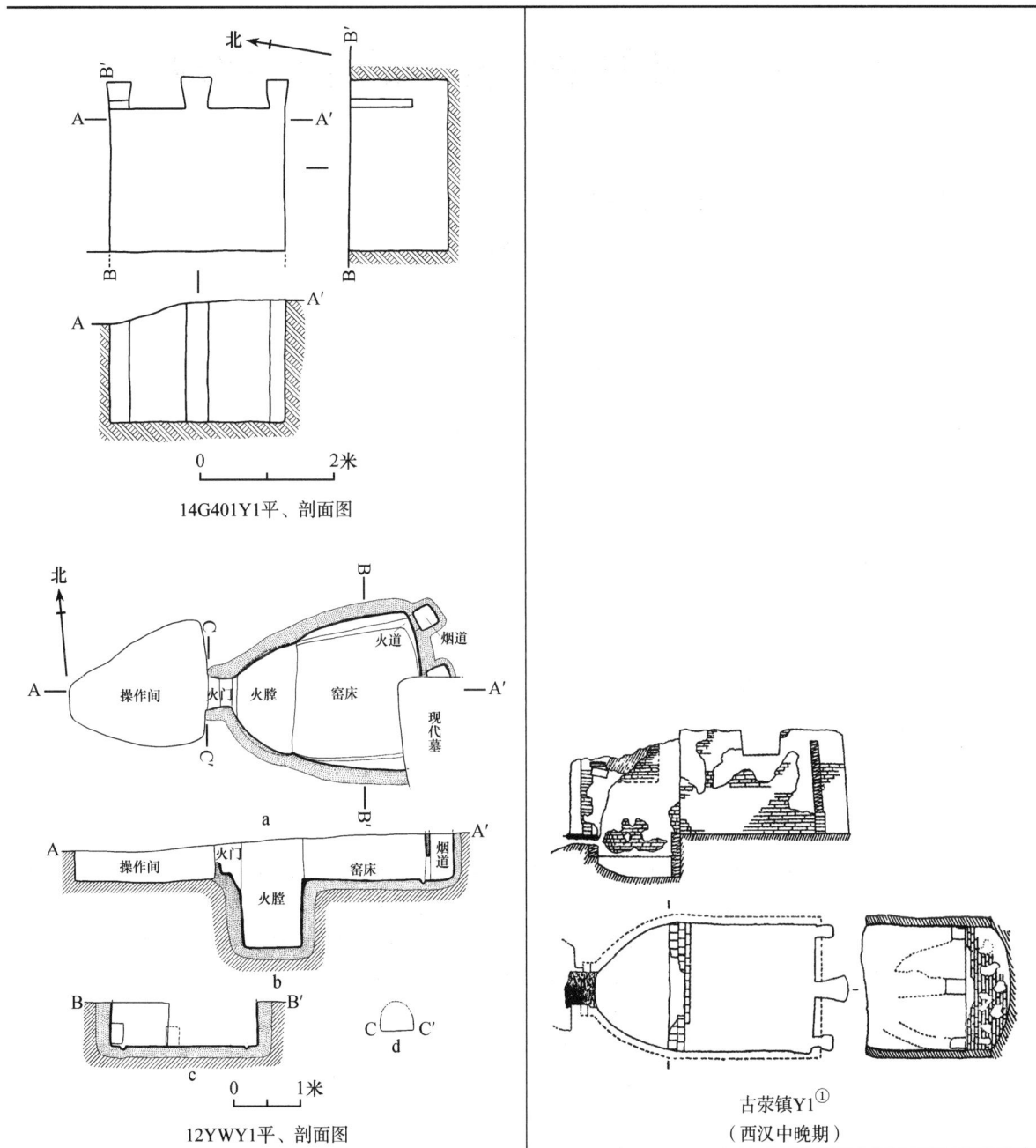

14G401Y1平、剖面图

12YWY1平、剖面图

古荥镇Y1[①]
（西汉中晚期）

①　郑州市博物馆：《郑州古荥镇汉代冶铁遗址发掘简报》，《文物》1978年第2期，第33页，图九。

第三章　典型采集标本的年代比对

我们将上述标本与以往工作中获得的材料进行比对（表六六）。

通过比对，我们将所采集到的典型标本分为如下几期：

第一期　仰韶晚期

第二期　龙山时期

第三期　东下冯类型（约夏纪年时期）

第四期　西周早中期

第五期　两周之际

第六期　春秋中晚期

第七期　战国时期

第八期　汉代时期

第九期　魏晋时期

第十期　隋唐宋元时期

第十一期　明清时期

具体比对过程及结果见下表[①]。

---

① 表中参考报告如下：古城东关：中国历史博物馆考古部、山西省考古研究所、垣曲县博物馆：《垣曲古城东关》，科学出版社，2001年；襄汾陶寺：中国社会科学院考古研究所、山西省临汾市文物局：《襄汾陶寺：1978～1985年考古发掘报告》，文物出版社，2015年；夏县东下冯：中国社会科学院考古研究所、中国历史博物馆、山西省考古研究所：《夏县东下冯》，文物出版社，1988年；曲村：北京大学考古学系商周组、山西省考古研究所编著，邹衡主编：《天马-曲村（1980～1989）》，科学出版社，2000年；侯马铸铜遗址：山西省考古研究所：《侯马铸铜遗址》，文物出版社，1993年；牛村古城南：山西省考古研究所侯马工作站：《侯马牛村古城南墓葬发掘报告》，《晋都新田》，山西人民出版社，1996年；上马：山西省考古研究所：《上马墓地》，文物出版社，1994年；苇沟-北寿城：北京大学历史系考古专业山西实习组、山西省文物工作委员会：《翼城曲沃考古勘察记》，《考古学研究》（一），文物出版社，1992年；永和龙吞泉：山西省考古研究所等：《永和龙吞泉遗址发掘报告》，《三晋考古》（第三辑），山西人民出版社，2006年；乔村：山西省考古研究所：《侯马乔村墓地（1959～1996）》，科学出版社，2004年；古荥镇：郑州市博物馆：《郑州古荥镇汉代冶铁遗址发掘简报》，《文物》1987年第2期；桂宫：中国社会科学院考古研究所、日本奈良国立文化财研究所：《汉长安城桂宫：1996～2001年考古发掘报告》，文物出版社，2007年；蒲州故城：王晓毅、张天琦、王洋等：《蒲州故城遗址TG148202发掘简报》，《国家博物馆馆刊》2014年第10期。

表六六　调查采集典型标本比对表

时代	典型标本比对
仰韶晚期	明确具有这一时期特点的标本仅发现一件，外壁可见横篮纹，推测为尖底瓶或平底瓶陶片 TFB6：6
龙山时期	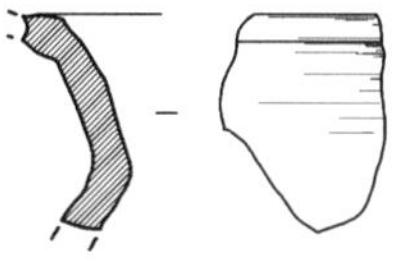 YCTW231：5　　　古城东关 I H21：54鬲（P361，图二八三，11） TW121：1　　　古城东关 I H109：45釜灶（P358，图二八二，10） TW167：1　　　襄汾陶寺T421④D：23鬲（P207，图3-47，3）

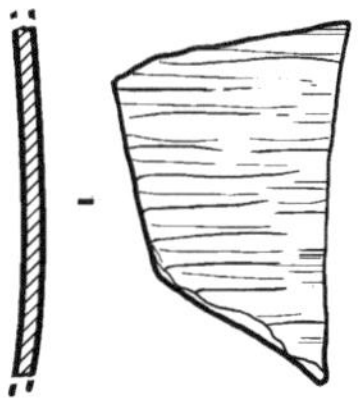

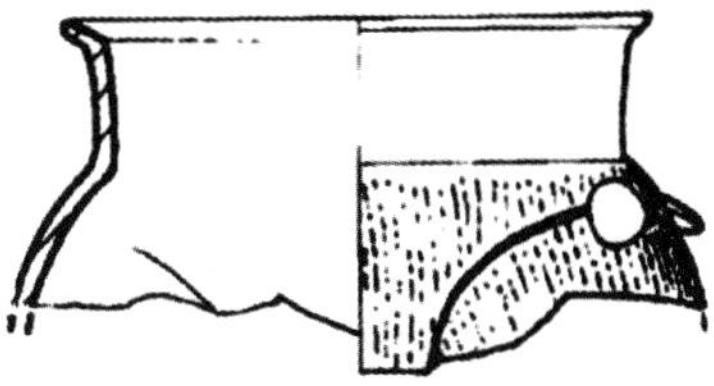

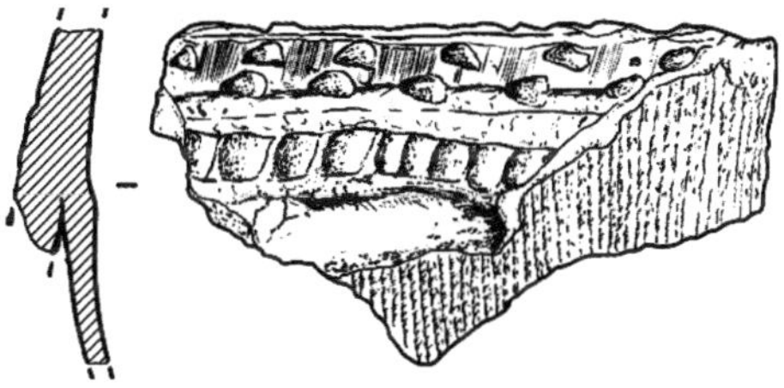

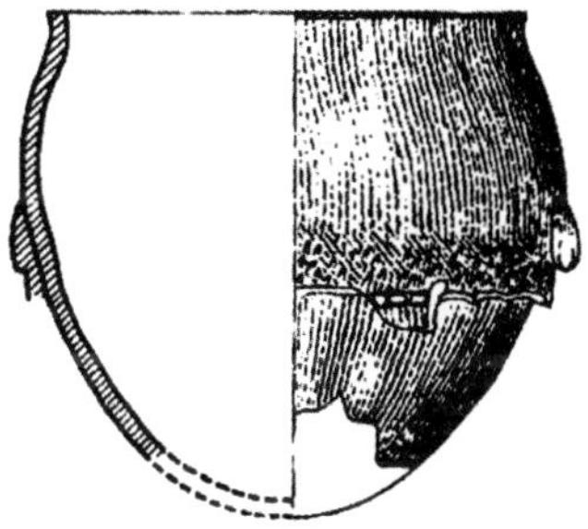

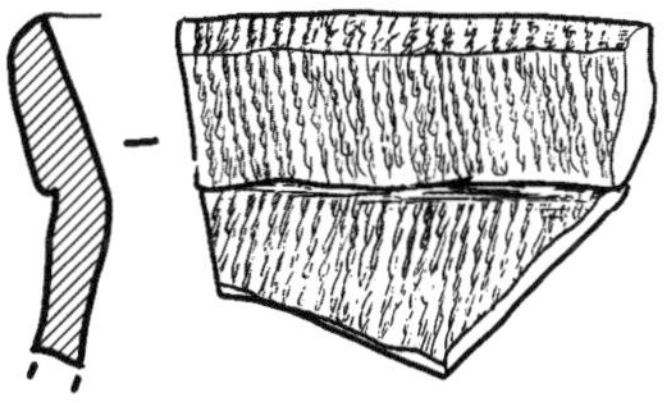

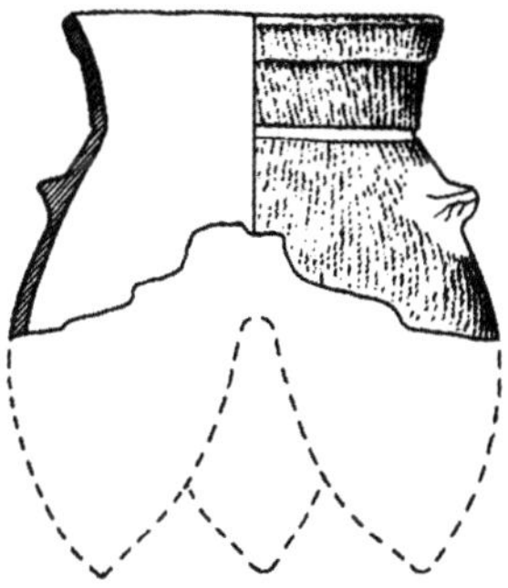

时代	典型标本比对	
龙山时期	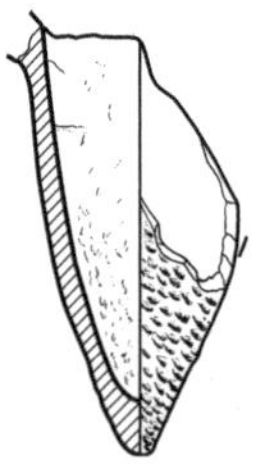 YCTW124：1	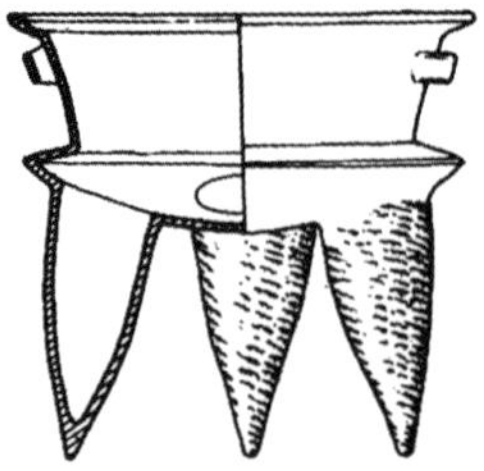 襄汾陶寺M3015：36鬲 （P555，图4-89，5）
	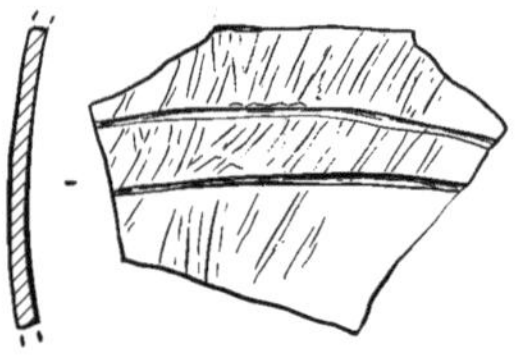 YCTL77：1	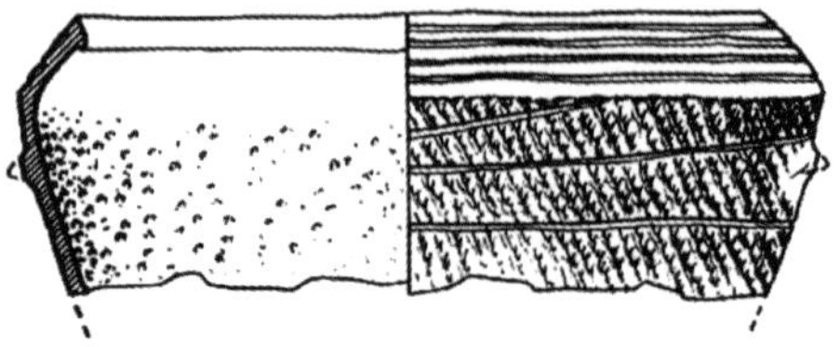 襄汾陶寺J401：137鬲 （P202，图3-44，4）
东下冯类型	 YCTB338：2	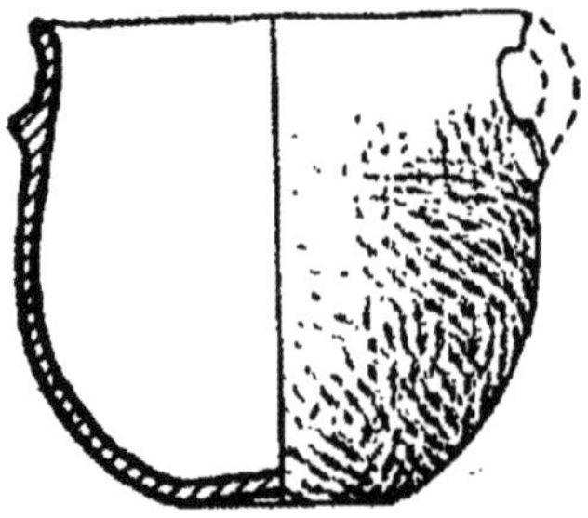 夏县东下冯H535：11罐 （P85，图八三，2）
	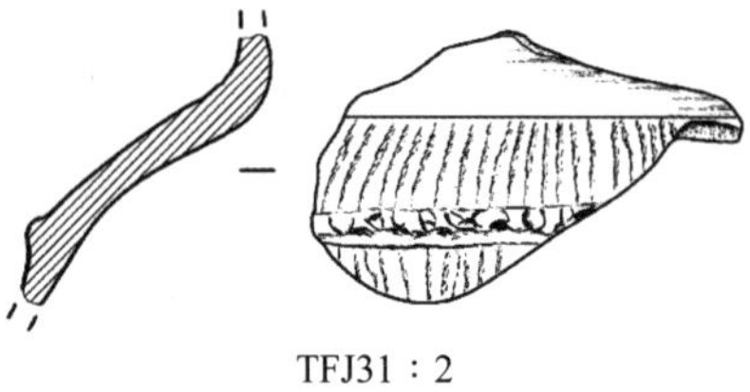 TFJ31：2 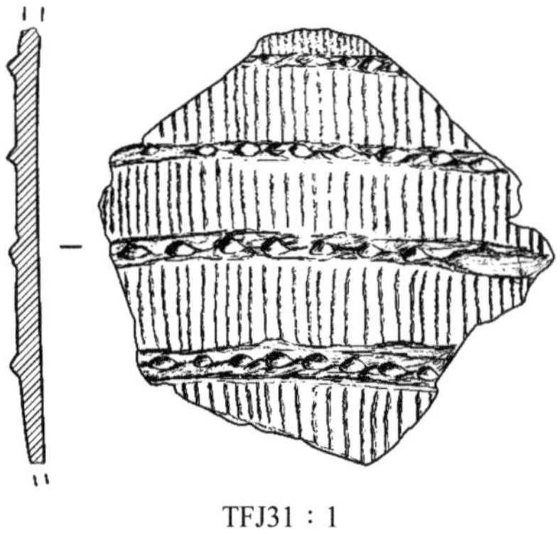	
	TFJ31：1	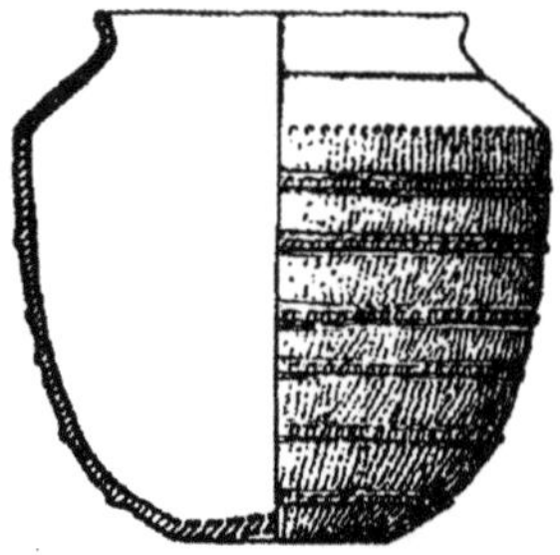 夏县东下冯H42：4罍 （P27，图二九，1）

时代	典型标本比对	
东下冯类型	 TW138：3 TW141：2	 夏县东下冯H413：29罐 （P90，图八六，10）
	 TFB1：2	 夏县东下冯M401：1单耳罐 （P85，图八三，4）
二里冈	推测为二里冈时期的陶器仅发现一件鬲足，其锥足素面，可见粘接痕迹 YCTB338：5	
西周早中期	 YCTD371：4	 曲村J7H147：39盆 （P66，图四一，1）

时代	典型标本比对
西周早中期	YCTB343：1 YCTFJ51：3 曲村J7H147：72甗（P200，图二四八，5） YCTW104：1 曲村J7H193：23鬲（P65，图四〇，1） YCTW195：1 曲村IH142：62鬲（P63，图三八，2）

时代	典型标本比对	
西周早中期	TW260：1　　　　　YW263：1	曲村J7H23：35鬲　　　（P63，图三八，3）　　　　曲村Ⅳ H402：3鬲　　　（P63，图三八，4）
两周之际	TB321：1　　　　TW192：11　　　　TB321：7	曲村ⅢH350：3鬲　　（P63，图三八，6）　　　　曲村Ⅲ区T335③A：23豆　　（P69，图四四，7）

时代	典型标本比对	
两周之际	TW110：1 TB331：4	曲村J7H156：11小口罐 （P264，图四一〇，5）
春秋中晚期	YCTD369：4	曲村J6T3：10鬲 （P64，图三九，1）
	YCTB341：3	曲村J7T11③：39盆 （P68，图四三，11）
	YCTW238：1 YCTD371：16 YCTB320：4	曲村K9J5：35鬲 （P64，图三九，3） 曲村K9J3：42鬲 （P64，图三九，2）

时代	典型标本比对	
春秋中晚期	YCTW187：12 YCTB317：3	曲村J7H77：8豆 （P70，图四五，6）
	YCTW317：2 YCTY294：3	侯马铸铜遗址XXIIT637H98：7豆 （P369，图二〇二，7）
	YCTW261：7	曲村J7H140：10鬲 （P262，图四〇六，5）

续表

时代	典型标本比对	
春秋中晚期	TW141：1	牛村古城南60H4M16：2陶盘（图三五，2）
	YCTW261：11	
	YCTB310：18	上马墓地5341：1鬲（P98，图七七，1）
	YCTW192：1	曲村J6H91：16 小口罐（P254，图三八七，3）
战国时期	YCTW159：1	79苇沟-北寿城城内采：34釜（图六五，1）
	TB353：1	
	TW263：2	侯马铸铜遗址ⅩⅩⅡT663H87：13罐（P379，图二〇七，4）

时代	典型标本比对	
战国时期	 YCTB303：9	 侯马铸铜遗址XXⅡT727③A：1鬲 （P345，图一八八，5）
	 TW298：1 TW221：2	 侯马铸铜遗址XXⅡT663H87：21罐 （P383，图二一〇，6）
汉代时期	 YCYD371：3	 上马墓地H6：1盆 （P285，图一七九，12）
	 YCTW158：1 YCTW222：1	 永和龙吞泉T13②b：11盆 （图一六，1）
	 YCTW160：4	 永和龙吞泉H17：8盆 （图二三，2）

时代	典型标本比对	
汉代时期	 YCTW272：1 YCTB342：1	 永和龙吞泉T7②：2盆 （图一三，2）
	 YCTW256：1	 乔村M441：4盆 （P226，图一二九，1）
	 YCTW187：6 YCTW256：2	 永和龙吞泉T18②b：2盆 （图一七，9）
	 YCTW298：5 YCTW243：1	 永和龙吞泉H3：8盆 （图二一，11）
	 YCFJ71：8 YCTB316：1	 乔村M4152：2罐 （P267，图一六三，1）

续表

时代	典型标本比对	
汉代时期	YCTW223：4 YCTD365：2	永和龙吞泉H2：6盆 （P159，图二〇，4） 乔村M625：1罐 （P265，图一六二，5）
	YCTB336：1	永和龙吞泉T5②：2罐 （图一一，6）
	YCTW154：9 YCTW174：1	永和龙吞泉H3：11钵 （P196，图二一，2） 永和龙吞泉H3：9钵 （P196，图二一，6）
	YCTW254：1	永和龙吞泉H2：2罐 （P195，图二〇，2）

时代	典型标本比对	
汉代时期	YCTY277：1	乔村M7254：1坛 （图版九五，4）
	YCTD365：4 YCTL81：2	乔村M3101：1罐 （P268，图一六四，A.2）
	YCTW217：2	
	YCTY281：1	乔村M586：19耳杯 （P281，图一七六，1）

续表

时代	典型标本比对	
汉代时期	 YCTW256：4 YCTW261：9 YCTW325：2	 古荥镇瓦当 （图二四，1　西汉中晚期） 桂宫7：T3②：4瓦当 （P36，图三一，6　西汉中晚期）
魏晋时期	 YCWY26：1	 永和龙吞泉T2②：3的纹饰 （P184，图一一，4）
隋唐宋元 时期	 YCTW200：4 YCTB357：3 YCTB329：1	 蒲州故城H2：7钵 （图七，5） 蒲州故城H47：6盆 （图一六）

时代	典型标本比对	
隋唐宋元 时期	YCTB355：1 YCTB355：2	蒲州故城H24：37罐 （图一〇，6）
	YCTB355：4 YCTB355：6 YCTB357：4	蒲州故城H24：12盆 （图一三，6） 蒲州故城H2：7盆 （图一三，1）
	YCWY28：1 YCWY28：2	蒲州故城H24：10盆 （图一三，3）
	YCTHW11：2 YCTFJ56：1	蒲州故城③：13钵 （图三五，3）

续表

时代	典型标本比对
隋唐宋元时期	（见图示）
明清时期	明清时期典型标本有青花瓷片，举例如下：（见图示）

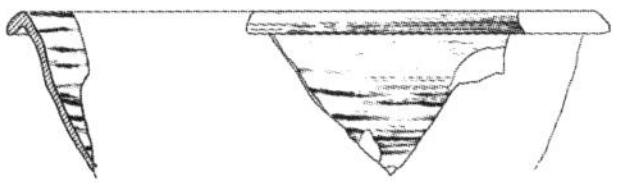

YCTB357：1

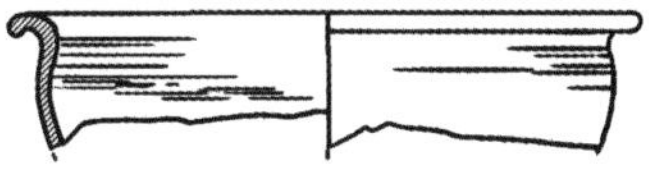

蒲州故城H7：34盆
（图三六，7）

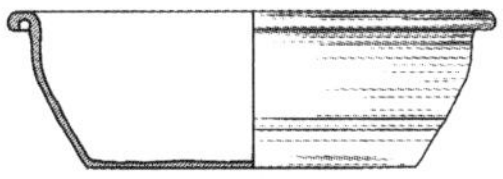

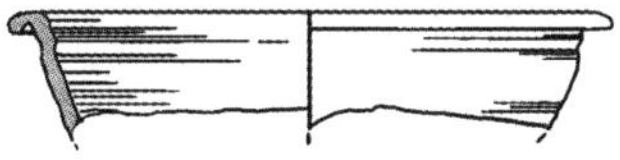

YCTFB4：1

蒲州故城H26：8盆
（图三六，5）

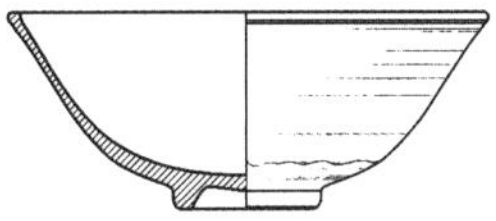

YCTB357：6

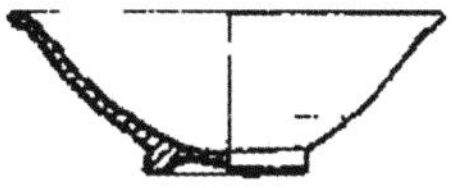

垣曲古城东关宋墓ⅣM5：1碗
（图三六九，1）

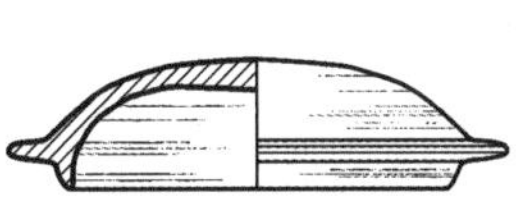

YCTB357：12

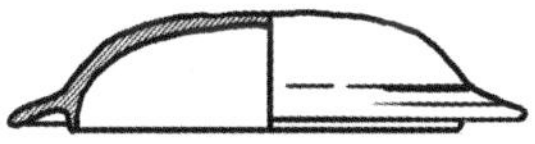

蒲州故城H7：24器盖
（图三〇，5）

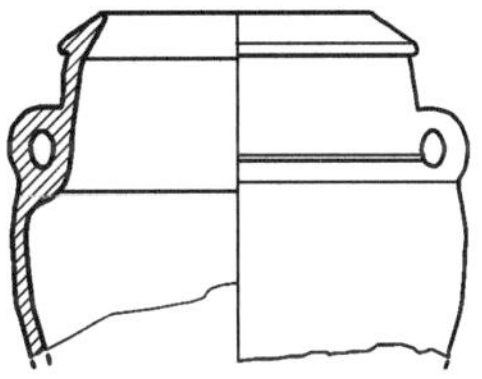

YCTB357：22

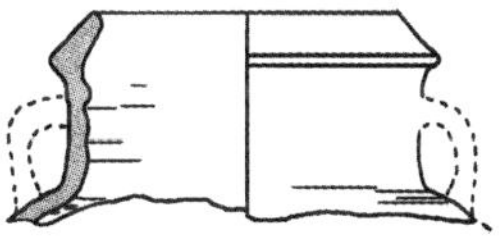

蒲州故城H7：47罐
（图三〇，6）

明清时期典型标本有青花瓷片，举例如下：

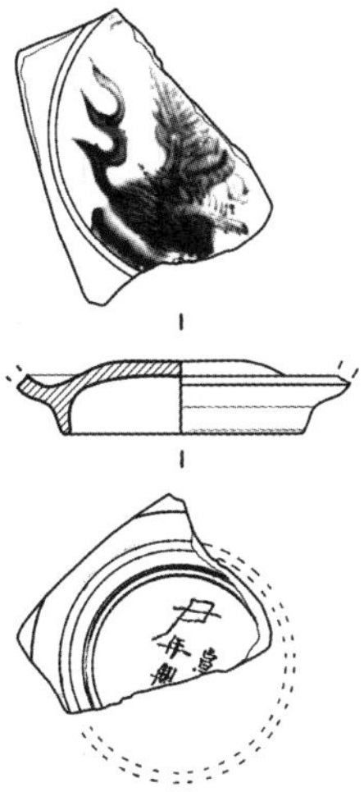

YCTD366：1

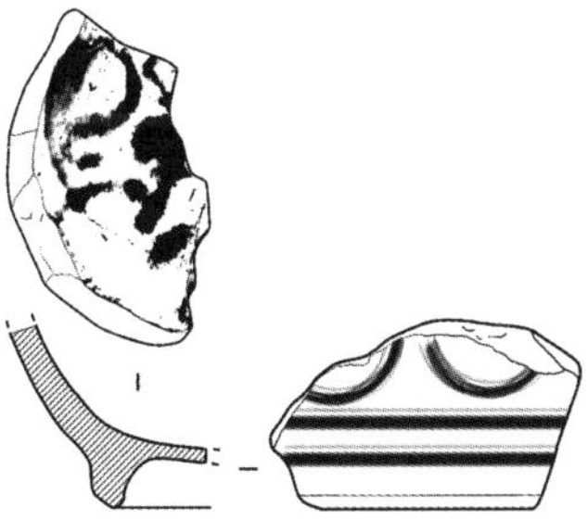

YCTD366：2

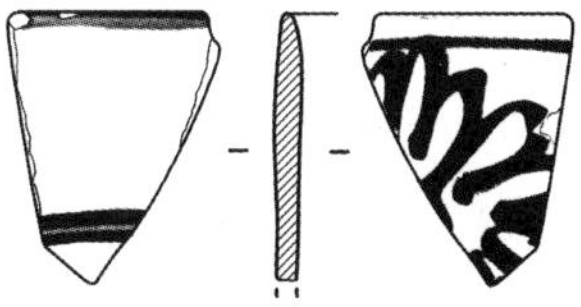

YCTD366：3

第四章 结 语

第一节 对苇沟墓地、老君沟墓地各时期墓葬的认识

(一) 东周至汉代墓葬

我们通过类型学方法对苇沟墓地、老君沟墓地已发掘的东周至汉代时期墓葬进行了分期，总共分为两大阶段共十期，绝对年代从春秋晚期晚段到新莽时期或略晚，其中前六期墓葬发现于苇沟墓地，时代从春秋晚期晚段到战国中期晚段，第七期到第十期发现于老君沟墓地，时代从西汉初年至新莽时期或略晚。可见两处墓地之间存在年代的缺环，目前没有发现明确属于战国晚期的墓葬。

下面从墓葬形制、棺椁重数、随葬器物组合、墓葬分布等方面，对苇沟墓地、老君沟墓地东周至汉代墓葬进行进一步总结。

我们根据墓室结构、墓口大小、墓壁形状、棺椁重数等标准，将苇沟墓地20座东周时期墓葬分为两类。A1类，长方形竖穴土圹墓，口底同大，葬具为一椁一棺，墓底宽160~168厘米、长283~293厘米，属于此类的墓葬有12YWM7、12YWM18。A2类，长方形竖穴土圹墓，口底同大，一椁二棺，墓底宽242、长326厘米，属于此类的墓葬有12YWM12。A3类，长方形竖穴土圹墓，口大底小，一椁二棺，墓底宽228~267、长278~248厘米，属于此类的墓葬有12YWM17、12YWM8。A4类，长方形竖穴土圹墓，一椁二棺，口大底小，近底部垂直，墓底宽205~297、长308~417厘米，属于此类的墓葬有12YWM19、12YWM20、12YWM16、12YWM15、12YWM10、12YWM3、12YWM21、12YWM4、12YWM5。A5类，长方形竖穴土圹墓，口底同大，一棺（或不详），墓底宽60~89、长179~209厘米，属于此类的墓葬有12YWM6、12YWM11。A6类，长方形竖穴土圹墓，墓壁垂直，墓室四周有生土二层台，一棺，墓口宽120、长177厘米，属于此类的墓葬有12YWM13。A7类，长方形竖穴土圹墓，口大底小，一棺，墓底宽60、长198厘米，属于此类的墓葬有12YWM24。B类，偏洞室墓，葬具不详，墓室宽69、长160~181厘米，属于此类的墓葬有12YWM14、12YWM22。从已发掘区域来看，东侧墓葬年代稍早，西侧稍晚，墓地应是自东向西逐渐扩展。

春秋晚期晚段仅见A1类墓，墓主头西向。春秋战国之际，A3类墓出现，即开始出现口大底小的墓葬。以上几座随葬陶器组合皆为鬲、豆、罐，豆、罐数量皆为2豆、1罐，M7、M18为1鬲，M17为2鬲。整体来看其墓主应该都属于同一社会级别。

战国早期至战国早中期之际，A4、A2类墓出现，口大底小墓葬中墓壁在墓室部分为直壁，墓葬皆为一椁二棺。随葬陶器方面，鼎、豆、壶的组合出现，个别墓葬出有匜、碗，仍有些墓葬保留有鬲。

战国中期，墓葬形制全部变为A4类，鼎、豆、壶的组合形成定制。

战国晚期墓葬缺失，这应该和战国晚期秦魏两国的政治、军事形势变化有关，随着魏国的衰落，苇沟村一带不再作为墓地使用。

汉代时期墓葬皆发现于老君沟墓地，其中可判断年代的墓葬共19座（详见第四部分第一章第一节）。从已发掘的墓葬来看，这些墓葬以南北向墓稍多，东西向墓次之。殉牲（羊）习俗独具特色。从其分布情况来看，我们推测每几座并列相近的墓葬是一个家族的内部成员，他们之间应该是前后延续的几代人。第一期的4座墓葬分布较散，组成单独的北、中、南三片墓区。第二期时，新的墓区继续出现，原先墓区也有了新的家族成员葬入，形成了六个墓区。第三期新出现的墓葬主要在原先的家族墓区之内，仅最南侧出现一组新墓区。第四期，墓葬形制已经发生了较为明显的变化，原先的墓区也不再使用，转而在北部新开辟出一片墓区，观察其墓葬墓向和分布情况，应该还可以细分为几个小的社会单元。

第一期，4座墓葬（M14、M20、M34、M37），时代应为西汉初年至西汉早期，皆为土洞室墓，其中，北向墓3座，墓室长325～425、宽94～145厘米，葬具皆为一棺，有男女同穴合葬现象，随葬陶器以罐、灶为主，部分墓葬兼有壶、盆等，皆为日用陶器和陶模型明器，另外有漆木器、铜钱等，未形成稳定的器物组合。同时有兽骨随葬，可辨识者皆为羊。

第二期，7座墓葬（M11、M12、M15、M28、M35、M39、M41），其中年代稍早的一些可能与上一期年代偏晚墓葬同时，年代在西汉早期至中期。在墓葬形制方面，与上一期没有太大变化，出现了1座券顶砖室墓，墓室尺寸长304～440、宽86～170厘米。葬具皆为一棺。随葬陶器仍以罐、灶为主，壶、甑偶见，延续殉羊习俗。新出现铁釜、柿蒂形饰，铜钱随葬较上一期普遍。

第三期，4座墓葬（M2、M3、M13、M21），西汉晚期，土洞室墓和券顶砖室墓各1，墓室规模也与上一期类似。随葬器物中新出现釉陶壶。延续殉羊习俗。

第四期，8座墓葬（M43、M48～M53、M56），新莽时期或略晚。土洞室墓彻底消失，皆为券顶砖室墓，根据其结构可分两类，第一类3座，延续之前形制，但是规模变大，墓室长394～592、宽190～246厘米，新出现多人合葬一墓之内的情况。第二类3座，为前后双室，一般绝大多数随葬品置于前室，葬具置于后室，也有如M51前后各放置一椁的。随葬陶器仍有罐、壶、灶、盆，同时还随葬有铜车马器、铜兵器、铜镜、铁兵器、漆木器、铜钱。墓主应该社会级别略高或掌握财富略多。部分墓葬中有被盗现象，保存完好墓葬中仍可见到殉牲习俗，可辨者为羊。

整体观之，从目前已经发掘的材料来看，苇沟墓地、老君沟墓地墓主身份普遍不高，应该属平民、战国时下层士或汉代时的下层官吏，两处墓地墓葬年代之间存在缺环，无法明确看出是否属于同一群人群。不过可以推测的是，两处墓地的使用和废弃都和遗址的兴衰遗迹功能变化有着密切关系，同时也一定程度上反映出遗址本身的级别高低。由于不是全面揭露性发掘，对于两处墓地东周至汉代墓葬的研究还有待进一步深入和后续材料的补充。

（二）宋金时期墓葬

宋金时期13座墓葬全部发现于老君沟墓地，集中分布于原先汉代墓葬群的中、南部，与汉代墓葬存在打破关系的仅有M38打破M39、M40打破M41两例。根据采用建筑材料分为土洞墓和砖室墓两种，皆为单室墓，再根据墓室装饰、平面形状、墓顶结构等特点，可做进一步划分。

甲类A型，土洞墓，矩形墓室，墓道偏于一侧，如M1、M7。

甲类B型，土洞墓，矩形墓室，墓道居中，如M18。

乙类A型，砖室墓，方形墓室，墓道偏于一侧，无仿木结构装饰，保存较好者如M5为方形穹隆顶，如M5、M26、M40。

乙类Ba型，砖室墓，方形墓室，墓道居中，有板门、棂窗、灯擎或灯台，方形八角穹隆顶，如M23。

乙类Bb型，砖室墓，方形墓室，墓道多偏东，少数偏西，墓室内仿木结构有板门、棂窗、灯擎或灯台，未见建筑构件，方形四角或八角叠涩穹隆顶，如M30、M42、M45。

乙类Bc型，砖室墓，方形墓室，墓道偏于一侧，墓室内仿木建构装饰除有格子门、板门、棂窗、灯擎或灯台外，还有建筑构件，保存较好者有方形八角叠涩顶，如M40、M47。

结合分布情况和墓葬形制，可分为南北两区。南区有M1、M5、M7、M18，北区有M23、M26、M30、M38、M40、M42、M44、M45、M47。南区除M5外皆为土洞墓，北区则全部为砖室墓。

老君沟墓地宋金时期墓葬，依据以上墓葬形制分型，可见甲类M1、M7、M18和乙类中较为简单的A型M5，共4座墓葬位于墓地南侧。其他有仿木结构的墓葬位于墓室北侧。推测应该是墓主经济水平或社会地位不同所导致的。

老君沟墓地发现的宋金时期的砖室墓，在形式内容上表现得较为简单，多数仅用青砖砌筑出板门和棂窗，只反映最基本的墓室空间，再无其他雕饰。墓室四壁砌筑格子门者仅M38、M42、M47，其中M38、M42裙板作壸门而无雕饰，M47壸门内雕折枝花卉和侍女形象；格眼部分砌筑了不同几何图案的青砖，皆为模制，少见雕饰痕迹。唯一引人注目的是M47南壁，墓门左侧的官吏装扮男性人物雕砖，在宋金砖室墓中少见。总体来说，这几座砖室墓与晋南地区发现的马村段氏墓、侯马董氏墓相比存在较大的差距，但这也可能与其地域和时代上的不同而存在一定的差异性。

（三）元明清时期墓葬

元明清时期墓葬在苇沟墓地、老君沟墓地皆有发现。苇沟墓地仅有明代墓葬两座（M1、M2）位于原东周时期墓葬西，此处原先分布有西汉中晚期灰坑。老君沟墓地中，与上一阶段墓葬分布情况相同的是，其仍分布在原先汉代成型的墓地范围的中、南部，呈现出小范围聚集的特点。

老君沟元代时期墓葬形制与整个北方地区相比差异不大，已经发掘的墓葬所出器物较少，铁质动物应是起镇墓作用。老君沟清代墓葬的随葬品组合颇有特色：皆有砂锅随葬，这一现象可以在一定程度上指导日后的晚期墓葬发掘工作，至于是否有广泛的参考意义，有待更多材料的补充。

第二节　对聚落时空变迁的观察

我们将相关数据录入地理信息系统，将其叠加在卫星图上，从而使我们在一定程度上获得对遗址时空变迁的认识。针对具体材料情况，我们分新石器时期、夏商时期、西周至两周之际、春秋中晚期、战国汉代、汉代以后几个时期对遗址的空间变迁情况进行观察（表六七）。

新石器时期，属于这一时期的采集标本集中分布于苇沟村一带，范围西到封壁村东，东到凤架坡东（图版一七五）。夏商时期，分布范围进一步向南北两侧扩展。南达北寿城村，北到后苇沟村（图版一七六）。随后的西周早中期至两周之际，其分布范围变化不大，但值得注意的是，采集标本分布开始集中于苇沟村和老君沟村之间的区域（图版一七七）。到春秋中晚期仍延续此趋势（图版一七八）。战国秦汉时期，结合之前对夯土城墙年代的推断和老君沟、苇沟两处墓地的墓葬年代，这一阶段可以再细分为两个阶段，春秋中晚期至战国中期，聚落范围向四周再次扩大，北达后苇沟村，南达东寿城村，东到凤架坡东，西到老君沟西。老君沟和苇沟村之间区域采集标本最为密集，应是当时的聚落中心，出现了夯土城墙、大型夯土建筑，位于城北的苇沟墓地也逐渐形成，其周边还可见同时期的灰坑。聚落各项主要功能完善，面积也达到了前所未有的规模，这应是整个遗址发展的一个顶峰阶段。战国晚期至秦汉时期，这是遗址开始由盛转衰的一个时期，或者说是一个转型期，可能由于政治军事格局的变化，战国晚期苇沟墓地不再继续被使用，城墙也在至迟到西汉时期彻底废弃。据目前已知材料推测，整个经过战国晚期至秦的短时间"萧条"，汉代初年开始又继续有了稳定的居民。老君沟一代成为新的墓地，稍后在原先的苇沟墓地周边也出现了灰坑、窖穴、陶窑，整个聚落继续以一种新的布局结构发展（图版一七九）。到魏晋隋唐时期，人类活动遗迹几乎不见，上一阶段的城墙、建筑基址应皆早已废弃，墓地也不再使用，聚落应该是经过了大的人口波动或者是功能变化。通过标本采集点位置推测这一阶段，原来中心聚落的周边出现三个小规模的零散聚落，其分布位置与现代村落相重合，可以说是最早的苇沟、北寿城、曹家坡东三个村落（图版一八〇）。宋至清时期，采集标本仅见于后苇沟、凤架坡、封壁村几个村落周边，之前荒废的墓地又开始使用，可见新的聚落格局已经稳定，人口也保持在一个稳定水平。采集标本中可以确定为这一时期的典型标本较少，但是从墓地使用情况来看，这一阶段在遗址范围内定居的人数应该不少。究其原因应该有二：一是这一时期的数个小型聚落已经基本与现代村落重合，文化遗迹多叠压在现代村落下；二是明清时期陶器、砖瓦特征不易分辨，未列入典型标本（图版一八一）。

简而言之，翼城苇沟-北寿城遗址的聚落发展过程可以汉代为界分为两大阶段，汉代以前是中心城址逐渐形成的阶段；汉代以后中心城址衰落，逐渐形成如今的聚落形态。

表六七　各时期典型标本分布面积统计表

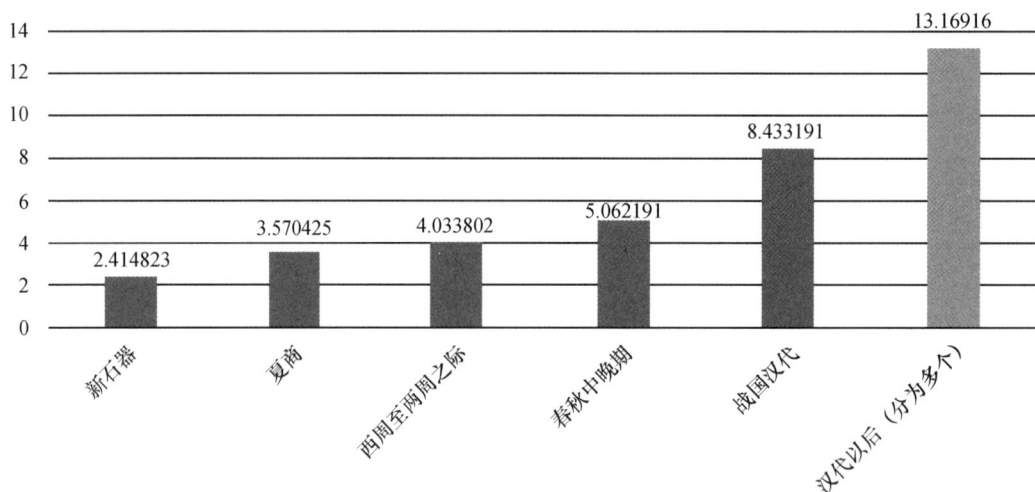

第三节　对苇沟-北寿城遗址的整体认识

苇沟-北寿城遗址一直以来被当作寻找早期晋都的重要线索，1962年凤架坡村北发现的周初铜器墓更是使得这一遗址引起了学界的关注[①]。1979年北京大学考古系进行了初步勘察，在这里发现龙山文化、东下冯类型、晋文化及战国秦汉时期遗存（表六八）。并对苇沟村东南100米处暴露于地表之上的城墙进行了断面清理，其余三面由于未暴露于地表，仅根据城内文化层堆积和分布推测城墙范围为800米见方，并认为其城址的年代上限为晋文化晚期、下限不会晚于西汉[②]。

---

① 李发旺：《翼城县发现殷周铜器》，《文物》1963年第4期；李发旺：《山西翼城发现青铜器》，《考古》1963年第4期。

② 北京大学历史系考古专业山西实习组、山西省文物工作委员会：《翼城曲沃考古勘察记》，《考古学研究》（一），文物出版社，1992年。

表六八　　1979年北京大学苇沟-北寿城遗址勘察工作成果简表

位置	时代	遗迹
苇沟村北、西面，老君沟附近	龙山文化	苇沟村北白灰面、苇沟村西北约100多米的灰坑（苇DⅡ）
遗址北部坡地上、南部城址范围内也有零星发现	东下冯类型	苇沟村西北约200米断崖上的灰坑（苇DⅢ）
	晋文化第一期至第四期	苇沟村西300米处的北部坡地的断崖（苇DⅠ），南部平地，苇沟村与北寿城之间城址内清理灰坑6个（H1～H6）
城址东半部	战国至汉代	
	晋文化晚期至西汉	城墙

通过我们2011～2013年的陆续几次工作，大大丰富了对遗址的认识，并对城墙的年代和性质有了进一步了解。下面予以分述。

（一）丰富了遗址的文化内涵

我们清理发掘了苇沟、老君沟两处墓地，发现了包括战国、汉代、宋金元、明清各时期墓葬；战国至汉代灰坑；汉代陶窑。在1979年工作成果基础上，我们在遗址内还采集到了仰韶时期、魏晋时期、唐宋元时期、明清时期典型标本，有些地点还发现了西周至春秋时期的墓葬，若要了解墓葬的详细分布情况，尚需后续进一步工作。通过试掘和钻探，进一步明确了苇沟-北寿城城墙的建造和使用年代应在春秋中、晚期，至西汉可能已经废弃，城址面积约为644000平方米。

（二）明确了各时期的文化遗存分布情况

整个遗址从仰韶晚期到明清时期的聚落发展可分为两大阶段，汉代以前为中心城址形成期，汉代以后中心城址荒废，逐渐形成如今的聚落形态。具体见第四部分第二章第二节。

（三）关于先秦时期苇沟-北寿城遗址的性质及其与晋都的关系

1. 遗址与晋都的关系

晋国历史上都城经过多次迁徙，长期以来，关于都城地望及迁徙过程的记载众说纷纭，近年来也有不少学者结合考古材料进行过研究[①]，仍未形成统一意见。特别是对于春秋早、中期

---

① 代表文章有：邹衡：《论早期晋都》，《文物》1994年第1期，第29页；李伯谦：《天马-曲村遗址的发掘与晋国始封地的推定》，《中国青铜文化结构体系研究》，科学出版社，1998年，第114页；王立新：《关于天马-曲村遗址性质的几个问题》，《中原文物》2003年第1期，第23页；田建文：《晋国早期都邑探索》，《三晋考古》（第一辑），山西人民出版社，1994年，第27页。

晋国都城相关问题的研究，至今难以找到突破口。凤架坡发现的西周早期墓葬[①]、遗址内采集的晋文化一至四期遗物及有"降亭"刻文的战国时期陶釜[②]，使得苇沟-北寿城遗址成为晋国都城研究中的关注点之一。以下我们就从相关考古材料出发，依据苇沟-北寿城遗址的历次考古工作成果，对该遗址与各时期晋国都城关系作出分析。

苇沟-北寿城遗址与浮山桥北[③]、临汾庞杜[④]、洪洞坊堆[⑤]等可能为"唐"地的遗址相比，尚未发现晚商时期遗存，不应是周公灭唐之后所封之地。

北赵晋侯墓地已经发现有序列完整的西周至春秋初年的晋侯墓葬，与苇沟-北寿城遗址相距10千米有余，若将此处作为同一时期的都城，不符合西周时期遗址和墓地的关系（表六九）。从这一方面考虑，凤架坡的西周早期铜器墓葬应该与苇沟-北寿城西周时期遗存有关，但其与晋国并无关系，后文论及。天马-曲村遗址相比苇沟-北寿城遗址，面积更大，地貌更开阔，多数学者认为该遗址为西周时期晋都的可能性更大[⑥]。

表六九　西周时期姬姓封国都城与贵族墓葬距离（单位：米）[⑦]

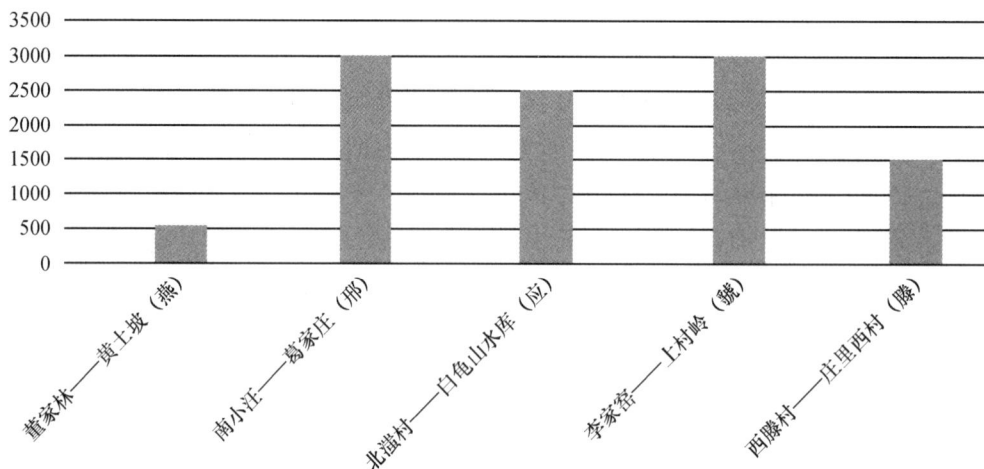

文献中关于穆侯至献公之间晋国都城迁徙过程的记载难以确证，各位学者针对"晋""翼""故绛"是否为一地的争论，也未形成共识。《史记》《左传》中都记载有"城绛"一事，可见春秋时晋都应是具有一处规模且外围有城墙的聚落。根据这一线索，可能为

① 李发旺：《翼城县发现殷周铜器》，《文物》1963年第4期，第225页。
② 北京大学历史系考古专业山西实习组、山西省文物工作委员会：《翼城曲沃考古勘察记》，《考古学研究》（一），文物出版社，1992年，第124页。
③ 桥北考古队：《山西浮山桥北商周墓》，《古代文明》（第5卷），文物出版社，2006年，第347页。
④ 李伯谦：《叔夨公簋与晋国早期历史若干问题的再认识》，《中原文物》2009年第1期，第48页。
⑤ 孙亚冰、林欢：《商代地理与方国》，中国社会科学出版社，2010年，第330～338页。
⑥ 邹衡：《论早期晋都》，《文物》1994年第1期，第29页；李伯谦：《天马-曲村遗址的发掘与晋国始封地的推定》，《中国青铜文化结构体系研究》，科学出版社，1998年，第114页。
⑦ 相关遗址地点引自井中伟、王立新：《夏商周考古》，科学出版社，2013年。

春秋时期晋都的城址除苇沟-北寿城城址外，还有襄汾赵康城址[①]、翼城故城城址[②]，据相关调查及研究，赵康城址面积更大，翼城故城城址地理位置更符合相关文献中对于"翼"的记载，这两个城址都更有可能为晋都"翼"或"故绛"所在[③]。苇沟-北寿城遗址曾采集到的带有"绛亭"字样的陶釜，只能反映此地战国时的行政归属，而不能据此反推春秋时期该遗址的性质。

2. 城址性质推测

我们推测，苇沟-北寿城遗址应该是春秋时期晋国的一个县邑或畿外卿大夫采邑。其性质应与翼城县东南15千米的故城城址类似。下面就从苇沟-北寿城城址的地理位置、城址规模、存续时间几个方面进行分析。

翼城县整体地势"原隰纡回，河山表里""山川形胜，地阔土沃""为能攻易守的兵家战略理想之地"[④]，占据重要的军事交通位置和优越地理位置。苇沟-北寿城城址位于翼城县西北，整个城圈坐落在一个西北高、东南低的土梁上，城墙宽厚，东北角还设有夹城一类防御措施，西、南、东三面有低洼的沟谷，至今尚有季节河，背山面水，进可攻退可守。

凤架坡出土的西周早期铜器共有5件，分别为：▢甗、殷作宝彝簋、万父己卣及2件车軎[⑤]。从铭文来看，与晋国并无关系，其中有些器物可能是"分器"或"赙赠"。这一发现表明自西周早期开始，这里就已经受到统治者的重视，贵族阶层的进驻，说明此时应该形成了一定规模的社会组织，至于是否为一封国，有待未来更多的材料予以证实。

自春秋中期始，晋国开始设立县邑，其分布特点为"开设在边地，以利于攻守"[⑥]。今翼城县一带正处于该时期晋国疆域的东部边界[⑦]，具备设县的客观条件。

先秦时期城址的规模与其作用息息相关。山西目前发现的可能为春秋城址的有侯马晋都新田城址群[⑧]、翼城故城遗址[⑨]、平陆虞国故城、芮城北垣城址几处。根据面积可将这些城址分为三个等级（表七〇），第一等级，面积约450万平方米以上，第二等级面积约70万～50万平方米，第三等级面积约30万～10万平方米。各等级城墙所属的遗址属性不同，第一等级，多为诸

①　山西省文物管理委员会侯马工作站：《山西襄汾赵康附近古城址调查》，《考古》1963年第10期，第544页。

②　张辛：《山西翼城县故城遗址调查报告》，《考古学研究》（四），科学出版社，2000年，第405页。

③　（汉）司马迁：《史记》，中华书局，1982年；杨伯峻：《春秋左传注》，中华书局，2009年。

④　《乾隆翼城县志》摘自：张辛：《山西翼城县故城遗址调查报告》，《考古学研究》（四），文物出版社，2000年，第405页。

⑤　李发旺：《翼城县发现殷周铜器》，《文物》1963年第4期。

⑥　马保春：《晋国历史地理研究》，文物出版社，2007年，第42页。

⑦　马保春：《晋国历史地理研究》，文物出版社，2007年，第241～252页。

⑧　山西省考古研究所侯马工作站：《晋都新田》，山西人民出版社，1996年。

⑨　国家文物局：《中国文物地图集·山西分册》，中国地图出版社，2006年。

侯国国都（宫城或郭城）。第三等级为畿内的卿大夫居邑或宗庙①。第二等级中，以白店古城为例，其年代在迁都新田之前，性质应属于畿外采邑，与之同为第二等级的苇沟-北寿城城址性质也应类似。

随着秦灭六国、西汉建立，战乱较少、政局稳定、行政区划变动，至西汉中期城墙被彻底废弃，此地成为一般聚落，生活遗迹直接打破城墙基址。城墙的这一废弃过程也从侧面反映了其原有属性。

表七〇　晋南地区春秋时期城址面积等级划分（单位：平方米）

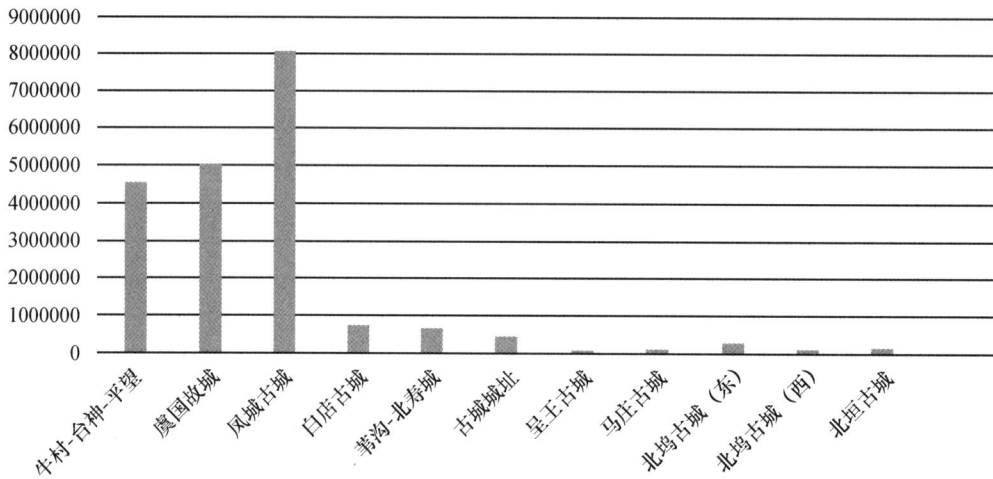

---

① 许宏：《先秦城市考古学研究》，北京燕山出版社，2000年。

附表

附表一　老君沟汉代时期土洞室墓登记表

墓号	方向（度）	墓道			封门			墓门			墓室	墓主数量	性别	年龄	葬式	葬具	随葬品		期别	备注
		平面	形式	尺寸 长×宽—深（厘米）	材料	方法	顶式	尺寸 高×宽（厘米）	平面	顶式	尺寸 长×宽—高（厘米）						陶器	其他		
M2	95	长方形	竖穴平底	240×90—350	条砖	斜向干摆	近平顶	95×90	不规则长方形	拱形顶	340×90~125—90	1	不详	不详	头向东 仰身 肢骨不详	不详	灶1 罐7	铁器1 铜梳闸1	三	墓室底部铺砖
M11	0	长方形	竖穴略缓坡底	220×90—300~310	木板	不详	拱形顶	180×120	抹角长方形	拱形顶	400×130—180~190	不详	不详	不详	不详	不详		铜钱6 柿蒂形铜饰伴33	二	迁葬
M12	5	长方形	竖穴缓坡底	240×80—330~350	木板	不详	拱形顶	180×138	抹角长方形	拱形顶	440×140—180	不详	不详	不详	不详	不详		铜钱27 柿蒂形铜饰伴12 殉牲1	二	迁葬
M13	5	长方形	竖穴平底	250×84—240	不详		近平顶	95×84	抹角长方形	拱形顶	335×87~110—110	1	女	成年	头向北 仰身直肢	不详	罐5	殉羊1	三	
M14	0	长方形	竖穴平底	255×90—310	不详		拱形顶	170×110	抹角长方形	拱形顶	425×130—170	1	不详	不详	头向北 肢骨不详	一棺	灶1 盆1 筒瓦1	铜钱14殉羊1 祭骨	一	
M15	10	长方形	竖穴平底	220×90—320	木板	不详	拱形顶	130×90	长方形	拱形顶	440×95~130—180	1	女	成年	头向北 仰身 肢骨不详	一棺	罐5 甗1	铜钱16铁釜1	二	
M20	5	长方形	竖穴平底	220×80—280	不详		拱形顶	95×80	长方形	拱形顶	325×100—95	1	男	成年	头向北 仰身直肢	一棺	罐3 灶1	漆木器3 祭骨1	一	

续表

墓号	方向（度）	墓道			封门			墓门		墓室								随葬品		期别	备注
		平面	形式	尺寸 长×宽—深（厘米）	材料	方法	顶式	尺寸 高×宽（厘米）	平面	顶式	尺寸 长×宽—高（厘米）	墓主数量	性别	年龄	葬式	葬具	陶器	其他		
M21	353	长方形	竖穴坡状底	260×86—290~315	不详		拱形顶	120×86~102	长方形	拱形顶	373×92—150	1	男	25	头向北 仰身直肢	一棺	罐4 灶1	铜钗1 殉羊1	三	
M28	15	长方形	竖穴平底	230×80—300	不详		拱形顶	200×80	长条形	拱形顶	320×170—200	2	西：男 东：不详	均成年	均头向北 仰身直肢	东：一棺 西：一棺	罐7 灶1	铜环1 铜钗10 漆木器2 殉羊1	二	
M34	90	长方形	竖穴平底	224×92—154	不详		拱形顶	110×92	长方形	拱形顶	330×94—110	1	男	25~30	头向东 仰身直肢	不详	罐3	祭骨	一	
M35	110	长方形	竖穴平底	220×80—230	不详		拱形顶	140×80	长方形	拱形顶	304×124—154	1	男	成年	头向东 仰身屈肢	不详	罐2 壶3 壶盖2 灶1	铜钗10 殉羊1	二	
M37	100	长方形	竖穴平底	250×90—245	不详		拱形顶	160×90	长方形	拱形顶	400×165—160	2	北：男 南：不详	均不详	均头向东 仰身直肢	北：一棺 南：一棺	罐5 壶3 灶1	殉牲1	一	
M41	100	长方形	竖穴平底	250×84—126	土坯	整砖 样式 干摆	拱形顶	90×86	长条形	拱形顶	350×86—126	1	不详	不详	头向东 仰身直肢	一棺	罐5	铜钗21 料珠3	二	

注：该表中随葬品一栏中数字代表器物数量，其余墓葬登记表中同

附表二　老君沟汉代时期砖室墓墓葬登记表

墓号	方向（度）	墓道			封门			墓门	甬道			墓室			墓主数量	性别	年龄	葬式	葬具	随葬品		期别	备注
		平面	形式	尺寸 长×宽—深（厘米）	材料	方法	顶式	尺寸 高×宽（厘米）	平面	顶式	尺寸 长×宽—高（厘米）	平面	顶式	尺寸 长×宽—高（厘米）						陶器	其他		
M3	95	长方形	竖穴平底	250×100—380	青灰条砖	卧砖错缝干摆	单层砖券拱形顶	103×100				一室,长方形	单层砖券拱形顶	355×90—103	1	不详	不详	头向东仰身直肢	不详	罐4 壶4 灶1	铜钱3	三	
M39	105	长方形	竖穴平底	195×90—170	青灰条砖	卧砖错缝干摆	单层砖券拱形顶	120×89				一室,长方形	单层砖券拱形顶	355×95—105	1	不详	不详	头向东肢骨不详	不详	罐5 壶2 灶1	铜钱12	二	扰乱
M43	100	长方形	竖穴缓坡底	260×100—260~270	青灰条砖	斜向干摆	单层砖券拱形顶	100×100				一室,长方形	单层砖券拱形顶	394×190—残85~126	2	不详	北：成年 南：不详	北：头向东仰身直肢 南：不详	不详	罐2 壶2	铜钱6	四	扰乱
M48	10	长条形	竖穴斜坡底	1080×96—0~320	青灰条砖	整砖干摆	不详	残84×96	近方形	不详	96×94—残64~76	二室,凸字形	双层子母砖券拱形顶	前室：314×258—214 后室：280×138—124	1	男	30~35	头向北仰身直肢	一棺	罐7 壶2	铜车兽2 铜泡2 铜带钩1 铜钱135 铜衡1 铁灶1 铁剑2 铁块1 铁削1 铁环首刀1 漆木器2 漆案2 漆耳杯16 漆盒2 漆木座1 殉羊1	四	

续表

墓号	方向（度）	墓道 平面	墓道 形式	墓道 尺寸 长×宽—深（厘米）	封门 材料	封门 方法	墓门 顶式	墓门 尺寸 高×宽（厘米）	甬道 平面	甬道 顶式	甬道 尺寸 长×宽—高（厘米）	墓室 平面	墓室 顶式	墓室 尺寸 长×宽—高（厘米）	墓主 数量	性别	年龄	葬式	葬具	随葬品 陶器	随葬品 其他	期别	备注
M49	10	长条形	竖穴斜坡底	706×80×94—0~270	青灰条砖	丁砖错缝干摆	单层砖券拱形顶	150×94				二室，凸字形	单层砖券拱形顶	前室：190×150—140 后室：270×88—102	1	不详	不详	头向北 仰身直肢	一棺	罐4 壶2 盆1 灶1	铜车饰件3 铜包边1 铜车軎1 铜衡末2 马镳2 铜扣饰3 铜镜1 铜钱29 铁刀1 铁器2 漆案1 漆木杯3 漆木器1 殉羊1	四	
M50	93	长条形	竖穴斜坡底	1022×100—12~306	青灰条砖	整砖干摆	近平顶	160×100	横向长方形	不详	124×30—残70	一室，长方形	不详	558×150—残70	不详	疑女性	疑成年	不详	不详	罐3 器底1 筒瓦1	铜马衔2 铜马镳2 铜盖弓帽5 铜饰件3 铁剑2 铁渣19块	四	扰乱

续表

墓号	方向（度）	墓道			封门		墓门		甬道			墓室			墓主			葬式	葬具	随葬品		期别	备注
		平面	形式	尺寸 长×宽—深（厘米）	材料	方法	顶式	尺寸 高×宽（厘米）	平面	顶式	尺寸 长×宽—高（厘米）	平面	顶式	尺寸 长×宽—高（厘米）	数量	性别	年龄			陶器	其他		
M51	95	长条形	竖穴斜坡底	1044×100~110—10~350	青灰条砖	卧砖错缝干摆	单层砖券拱形顶	残188×110	长方形	单层子母砖券拱形顶	110×100—残190	二室,凸字形	双层子母砖券拱形顶	前室:340×292—残280 后室:292×150—160	不详	男	成年	不详	前室后室残存椁	罐4 瓮1 盆1	铜镜1 铜器盖2 铜盖弓帽2 铜扣饰1 铜钱3 铁镦1 铁斧1 铁剑2 铁刀3 铁带钩约1 铁环1 骨器25	四	扰乱
M52	95	长条形	竖穴斜坡底	残550×110—50~240	青灰条砖	卧砖错缝干摆	平顶	140×104				一室,长方形	单层子母砖券拱形顶	480×190—168~180	不详	不详	不详	不详	不详		铜包边1 铁剑1	四	扰乱

续表

墓号	方向（度）	墓道			封门		墓门		甬道			墓室			墓主数量	性别	年龄	葬式	葬具	随葬品		期别	备注
		平面	形式	尺寸 长×宽—深（厘米）	材料	方法	顶式	尺寸 高×宽（厘米）	平面	顶式	尺寸 长×宽—高（厘米）	平面	顶式	尺寸 长×宽—高（厘米）						陶器	其他		
M53	98	长条形	竖穴斜坡底	残420×96—24~238	不详	不详	不详	残110×94	横向长方形	不详	38×94—残110	一室，长方形	单层砖券拱形顶	592×210—残26—124	不详	不详	不详	不详	不详	罐1	铜盖弓帽4 铜镞1 铜扣饰3 铜当卢2 铜弩机1 铜衡末3 铜车饰2 铜镳4 铜钱6 铁器1 铁带钩1 铁环首刀1 铁刀2 铁剑2 漆木器残片	四	扰乱
M56	90	长方形	竖穴缓坡底	330×98—残132~162	青灰条砖	外：顺砖错缝 内：整砖干摆	单层砖券拱形顶	110×98	横向长方形	单层砖券拱形顶	36×98—110	一室，长方形	双层子母砖券拱形顶	546×246—240~250	5	I 不详 II 疑男 III 女 IV 疑男 V 不详	I 不详 II 25~30 III 25~30 IV 成年 V 成年	I 仰身直肢 II 疑二次葬 III 二次葬 IV 二次葬 V 二次葬	I II 一椁各一棺 III IV V 各一棺	罐4 壶3 盆1 灶1	铜钱80 铁釜1 漆木器1 殉牲1	四	

附表三 老君沟宋金时期土洞室墓登记表

墓号	方向（度）	墓道平面	墓道形式	墓道尺寸 长×宽—深（厘米）	封门材料	封门方法	墓门顶式	墓门尺寸 高×宽（厘米）	墓门平面	甬道顶式	甬道尺寸 宽×高—进深（厘米）	墓室平面	墓室顶式	墓室尺寸 长×宽—高（厘米）	墓主数量	性别	年龄	葬式	葬具	陶器、瓷器	其他	备注
M1	190	长条形北宽南窄	竖穴平底	170×48~60—210	土坯	整砖样式干摆	拱形顶					抹角长方形北宽南窄	拱形顶	165×110~133—130	2	东：男 西：女	男：30~35 女：25~30	头向北肢骨散乱	不详	陶罐1 瓷罐1	铁器1	墓室底部铺砖
M7	190	长条形北宽南窄	竖穴平底	135×50~70—145	土坯	斜向干摆	拱形顶		梯形			抹角梯形	略拱形顶	192×120~150—100	2	北：女 南：男	女：25 男：35~45	骨架散乱	不详	陶罐3		盗扰墓室底部铺砖
M18	180	长方形	竖穴平底	170×70—220	不详		拱形顶		横向长方形	拱形顶	70×120—30	长方形	拱形顶	260×150~160—120	2	东：男 西：女	男：40 女：40	仰身直肢	木板	陶罐5 陶砚1 瓷碗1 执壶1	铁器1	墓室有生土床

附表四　老君沟宋金时期砖室墓墓葬登记表

墓号	方向(度)	墓道			封门		墓门		甬道			墓室			墓主数量	性别	年龄	葬式	葬具	随葬品		备注
		平面	形式	尺寸 长×宽—深(厘米)	材料	方法	顶式	尺寸 高×宽—进深(厘米)	平面	顶式	尺寸 宽×高—进深(厘米)	平面	顶式	尺寸 长×宽—高(厘米)						陶器、瓷器	其他	
M5	185	长条形北宽南窄	竖穴平底	150×60~70—200	条砖、方砖	单层平立	拱形顶	120×70	横向长方形	前端拱形顶后端八字顶	51×96—30	近方形	四角弯隆顶	190×173—194	2	东:男 西:不详	东:成年 西:30~35	不详	不详	陶罐5 瓷盏1 瓷瓶1	银耳坠1 银簪1	
M23	180	长条形	竖穴平底	220×50—415	条砖	干摆整砖卧砖			长方形	拱形顶	50×115—82	近方形	八角弯隆顶	198×176—300	4	I女 II男 III疑男 IV女	I 30~35 II 35 III成年 IV 40	I II IV二次葬 III侧身屈肢		陶瓮1 瓷盏1 瓷碗1 瓷盏1	铜镜1	
M26	196	长条形北宽南窄	竖穴平底	266×65~80—残90	条砖	斜向干摆					80×90—?	方形	不详	232×232—残65	不详	不详	不详	不详	不详			盗扰
M30	190	长条形北宽南窄	竖穴平底	195×54~60—196	条砖	干摆整砖卧砖	拱形顶	132×56	方形	拱形顶	47×114—47	长方形	四角弯隆顶	192×164—残185	2	不详	不详	不详	不详	陶罐3 瓷碗1		盗扰
M38	178	长条形北宽南窄	竖穴平底	202×50~72—260	条砖	干摆整砖	拱形顶	158×72—15	横向长方形	拱形顶	65×136—33	方形	八角叠涩顶	234×234—残263	不详	不详	不详	不详	不详	陶罐5		盗扰
M40	186	长条形北宽南窄	竖穴平底	210×52~62—130	不详	不详	不详	残130×62	横向长方形	不详	80×130—20	近方形	不详	土圹 300×294—130	不详	不详	不详	不详	不详	瓷碗1		盗扰
M42	189	长条形北宽南窄	竖穴阶梯状	235×50~60—169	条砖	干摆整砖卧砖	拱形顶	112×60—90	长方形	拱形顶	60×142—32	方形	不详	275×275—残184	1	不详	不详	仰身直肢	不详	陶罐5 瓷碗1	铁犁1	扰乱

墓号	方向（度）	墓道			封门		墓门			甬道		墓室			墓主数量	性别	年龄	葬式	葬具	随葬品		备注
		平面	形式	尺寸 长×宽—深（厘米）	材料	方法	顶式	尺寸 高×宽—进深（厘米）	平面	顶式	尺寸 宽×高—进深（厘米）	平面	顶式	尺寸 长×宽—高（厘米）						陶器、瓷器	其他	
M44	177	长条形北宽南窄	竖穴平底	172×50~60—170	条砖	干摆整砖卧砖	拱形顶	122×56—29	近方形	拱形顶	56×122—29	近方形	八角弯隆顶	215×196—残186	2	不详	不详	不详	不详	陶罐4 瓷碗1 瓷瓶1		墓顶施工破坏
M45	183	长条形北宽南窄	竖穴平底	260×57~77—127	条砖	干摆整砖立砖卧砖			横向长方形	拱形顶	65×123—30	近方形	不详	190×180—残149	不详	不详	不详	不详	不详	瓷碗1	铁器1	盗扰
M47	180	长条形北宽南窄	竖穴平底	170×60~75—197	条砖	干摆整砖立砖卧砖	平顶	高195	方形	拱形顶	60×140—60	方形	不详	255×255—残190								施工扰乱

附表五　老君沟元代时期土洞室墓登记表

墓号	方向（度）	墓道				封门		墓门			甬道			墓室			墓主数量	性别	年龄	葬式	葬具	随葬品		备注
		平面	形式	尺寸 长×宽—深（厘米）		材料	方法	顶式	尺寸 高×宽（厘米）	平面	顶式	尺寸 长×宽—高（厘米）	平面	顶式	尺寸 长×宽—高（厘米）						陶器、瓷器	其他	
M19	190	长条形北宽南窄	竖穴平底	190×60~68—172		不详	不详			横向长方形	拱形顶	68×110—50	不规整梯形	拱形顶	130×120~148 —110	2	I 疑似男 II 女	I 18~19 II 20~23	均二次葬	不详		铜镜1	

附表六　老君沟元代时期砖室墓墓葬登记表

墓号	方向（度）	墓道			封门		墓门		甬道			墓室			墓主数量	性别	年龄	葬式	葬具	随葬品		备注
		平面	形式	尺寸 长×宽—深（厘米）	材料	方法	顶式	尺寸 高×宽—进深（厘米）	平面	顶式	尺寸 宽×高—进深（厘米）	平面	顶式	尺寸 长×宽—高（厘米）						陶器、瓷器	其他	
M4	182	长方形	竖穴平底	160×55—104	条砖	一整一卧干摆			横向长方形	拱形顶	70×92—45	近方形	不详	186×180—残106	不详	不详	不详	不详	不详		铁动物2 铁灯盏1	盗扰
M22	173	长方形	竖穴平底	180×70—285	条砖	干摆整砖卧砖	拱形顶	138×90—20	横向长方形	拱形顶	63×（116~124）—40	近方形	八角弓隆攒尖顶	212×208—255	2	东：男 西：不详	东：35 西：不详	东：仰身直肢 西：不详	不详		铜镜1 铜簪1 铁动物2 铁灯盏1	
M27	175	长条形南宽北窄	竖穴平底	185×50~65—140	条砖	干摆整砖	平顶	117×65—45	长方形	前端：平顶后端：拱形顶	前端62×117—37 后端37×62—117	近方形	不详	194×183—残130	不详	不详	不详	不详	不详	瓷碗2	铁动物1	扰乱

附表七　老君沟明代时期土洞室墓登记表

墓号	方向(度)	墓道			封门		墓门		甬道			墓室			墓主数量	性别	年龄	葬式	葬具	随葬品		备注
		平面	形式	尺寸 长×宽—深(厘米)	材料	方法	顶式	尺寸 高×宽(厘米)	平面	顶式	尺寸 宽×高—进深(厘米)	平面	顶式	尺寸 长×宽—高(厘米)						陶器、瓷器	其他	
M8	190	长条形略北宽南窄	竖穴平底	250×70~75—130	土坯	整砖样式干摆			横向长方形	拱形顶	75×90—50	抹角方形	拱形顶	190×190—100	3	I女 II男 III不详	I 20~25 II III成年	均二次葬	不详	陶罐5 瓷碗2 瓷罐2 方砖墓志1	铜钱36 铁灯盏1	施工破坏
M17	185	长方形	竖穴平底	160×70—400	不详				横向长方形	拱形顶	70×95—55	抹角长方形	拱形顶	210×190—130	2	I不详 II疑女	I不详 II 25~30	I仰身直肢 II不详	不详	陶罐3 瓷碗1 瓷罐1 泥俑1	铁灯盏1	
M29	185	长条形北宽南窄	竖穴平底	216×66~74—190	不详							不规则圆形	拱形顶	290×190—100	4	I男 II女 III IV男	I成年 II 45~50 III 31~34 IV 20~25	I二次葬 II III仰身直肢 IV二次葬	不详	陶罐8 瓷罐1 瓷盏1 泥俑2	铁器1	
M31	180	长条形北宽南窄	竖穴平底	150×64~90—226	不详							不规则形	拱形顶	250×132—42~92	不详					瓷罐1		
M32	180	长条形北宽南窄	竖穴平底	180×60~70—280	不详				横向长方形	拱形顶	70×90—20	抹角长方形	拱形顶	210×150—110	2	I女 II男	I II 25~30	I仰身直肢 II二次葬	不详	陶罐4 瓷碗1 瓷罐1 泥俑8	铁灯盏1	
M33	180	长条形北宽南窄	竖穴平底	182×52~70—152	瓷瓮条砖	干摆						近椭圆形	拱形顶	148×118—90	2	I女 II不详	I 35 II不详	均二次葬	不详	陶罐3 泥俑7 方砖1		

附表八 老君沟清代时期土洞室墓登记表

墓号	方向（度）	墓道平面	墓道形式	墓道尺寸 长×宽—深（厘米）	封门材料	封门方法	墓门顶式	墓门尺寸 高×宽（厘米）	甬道平面	甬道顶式	甬道尺寸 长×宽—高（厘米）	墓室平面	墓室顶式	墓室尺寸 长×宽—高（厘米）	墓主数量	性别	年龄	葬式	葬具	陶器、瓷器	其他	备注
M9	190	长条形北宽南窄	竖穴平底	280×70~83—145	条砖	平卧丁砖						不规整梯形	拱形顶	235×130~202—118	2	东：男 西：女	男：35 女：成年	均头向北仰身直肢	各一棺	砂锅1 瓷碗2 瓷罐2	铜扣4 铁灯盏1	墓室底部铺砖
M10	180	长条形北宽南窄	竖穴略缓坡底	275×80~112—120~125	条砖 石板	干摆整砖直立石板			横向长方形			梯形	不详	260×193~246—残60~95	1	女	成年	头向北肢骨散乱	一棺	砂锅1 瓷罐1	铜扣1 铁灯盏1 玛瑙珠1	盗扰
M16	180	长条形北宽南窄	竖穴平底	200×70~90—230	土坯	整砖样式干摆			梯形	拱形顶	90×138—（20~40）	抹角长方形	拱形顶	262×170—140	1	男	31~34	头向北侧身直肢	一棺	砂锅1	铜钱1	
M24	145	长条形北宽南窄	竖穴平底	220×60~85—180	条砖 石板	条砖斜向干摆直立石板			横向长方形	不详	85×残100~45	梯形	不详	280×145~165—残180								迁葬
M25	150	长条形北宽南窄	竖穴平底	268×66~90—150	条砖	斜向干摆			横向长方形	平顶	90×125—30	抹角梯形	不详	240×122~139—130								迁葬
M36	175	长条形北宽南窄	竖穴平底	240×70~80—95	不详	不详						梯形	不详	215×150~210—残95	4	Ⅰ女 Ⅱ女 Ⅲ女 Ⅳ男	Ⅰ35 Ⅱ18~19 Ⅲ成年 Ⅳ40~50	Ⅰ头向北仰身直肢 二次葬	Ⅰ一棺 余不详	瓷罐1 条砖4		

墓号	方向(度)	墓道			封门		墓门		甬道			墓室			墓主数量	性别	年龄	葬式	葬具	随葬品		备注
		平面	形式	尺寸 长×宽—深(厘米)	材料	方法	顶式	尺寸 高×宽(厘米)	平面	顶式	尺寸 长×宽—高(厘米)	平面	顶式	尺寸 长×宽—高(厘米)						陶器、瓷器	其他	
M46	135	长条形西宽东窄	竖穴平底	270×100~112—残20	不详	不详			横向长方形	不详	100×残20—30	梯形	不详	250×180~200—残20	2	南：不详 北：男	南：成年 北：30~40	南：头向西二次葬 北：头向西仰身直肢	各一棺	瓷器盖1	铜簪1 铜烟袋1 铜扣4	施工破坏
M55	200	长条形北宽南窄	竖穴平底	225×60~90—150	条砖	干摆整砖			横向长方形	略拱顶	90×130—30	不规整梯形	梳背式拱形顶	280×145~215—130	2	西：女 东：男	女：成年 男：35~39	均头向北仰身直肢	各一棺	砂锅1 瓷碗2 瓷罐2	铜烟袋1 铁灯盏1	施工破坏

墓号	方向	墓葬结构 形制	墓葬结构 尺寸（厘米）长×宽—深	葬具 形制	葬具 尺寸（厘米）长×宽—高	葬式	性别	年龄	陶器 高	陶器 鼎	陶器 豆	陶器 壶	陶器 罐	陶器 盘	陶器 匜	陶器 碗	陶器 其他	铜带钩	小件 石圭	小件 其他	期别	备注
M1	195°	土洞室墓	墓道324×93—670~690 墓室329×311—高200	（棺）	棺Ⅰ190×48~64 棺Ⅱ200×47~65 棺Ⅲ200×48~64	Ⅰ、Ⅱ、Ⅲ 头向北 仰身直肢	Ⅰ女 Ⅱ男 Ⅲ女	Ⅰ成年 Ⅱ40~50 Ⅲ18~19									瓷碗1 瓷罐1 板瓦2			泥俑8 铜镜1 铜簪1 铁灯盏1	明代	棺高度不详
M2	190°	砖室墓	墓道258×89—550 墓室312×312—259 墓门190×30 甬道90~92×115—90~45																		明代	盗扰
M3	275°	竖穴土圹	口351×242—450 底311×196	榇／外棺／内棺	榇271×179—残92 外棺203×96—残76 内棺168×62—残37	头向西 仰身屈肢	男	40~45	1		2		2					1	数件		五	
M4	290°	竖穴土圹	口308×203~207—345 底278×176—185	榇／外棺／内棺	榇258×157—残83~98 外棺209×109—残63 内棺179×75—残54	头向西 侧附身屈肢	男	45~50		1	2	2			1	1	器盖2		数件		五	
M5	283°	竖穴土圹	口338×235—358 底294×196	榇／外棺／内棺	榇262×168—残62 外棺188×96—残38 内棺164×63—残17	头向西 仰身直肢	男	40~45		1	2	2	2		2				数件		六	
M6	293°	竖穴土圹	209×89—65	棺	170×60—残13	头向西 仰身直肢	男	25	1									1			不明	垫木3
M7	276°	竖穴土圹	293×160—130	榇／棺	榇255×128—残74 棺180×67—残40	头向西 仰身直肢	男	40			2		1					1		贝1	一	
M8	285°	竖穴土圹	口326×278—380 底278×228	榇／外棺／内棺	榇258×200—134 外棺200×108—95 内棺166×60—残10	头向西 仰身直肢	不详	不详		2	2	2	1	1	1	1					四	

续表

墓号	方向	墓葬结构 形制	墓葬结构 尺寸（厘米）长×宽—深	葬具 形制	葬具 尺寸（厘米）长×宽—高	葬式	性别	年龄	鬲	鼎	豆	壶	罐	盘	匜	碗	其他	铜带钩	石圭	小件其他	期别	备注
M10	279°	竖穴土圹	口375×295—430 底355×275	椁□外棺□内棺□	椁271×220—残53 外棺202×103—残37 内棺172×60—残22	头向西 仰身直肢	男	45	1	1	盖豆2 盘豆2	2			2				数件		四	
M11	108°	竖穴土圹	179×60—6~25	不详		头向东 肢骨不详	疑男	不详													不明	晚期堆积破坏
M12	278°	竖穴土圹	口336×262—380 底295×228	椁□外棺□内棺□	椁272×184—残87 外棺193×98—残 50~73 内棺164×69—残 15~20	头向西 仰身直肢	女	35		1	2	2							数件		三	
M13	10°	竖穴土圹	口177×120—170 底144×72	棺□	棺125×50—残19	头向北 仰身直肢	女	35~40										1			不明	
M14	100°	竖穴偏洞室	墓道口176×72—60 墓室底168×60 墓室181×69—高54			头向东 侧身屈肢	不详	12~16										1			不明	
M15	278°	竖穴土圹	口370×297—450 底320×240	椁□外棺□内棺□	椁302×203—130 外棺214×115—残18 内棺177×69—残13	头向西 俯身屈肢	男	成年	2	1	2	2			1	1			数件		四	祭骨数块
M16	275°	竖穴土圹	口345×277—380 底330×250	椁□外棺□内棺□	椁311×219—残86 外棺202×115—残70 内棺174×70—残30	头向西 仰身屈肢	女	40~45	1	1	2	2			1	1			数件	玉手握1 骨笄1	三	兽骨1
M17	290°	竖穴土圹	口348×267—426 底279×197	椁□外棺□内棺□	椁269×188—残75 外棺207×98—残40 内棺177×66—残17	头向西 仰身直肢	不详	不详	2		2	2	1					2	数件		二	祭骨2

墓号	方向	墓葬结构		葬具		葬式	性别	年龄	随葬器物												期别	备注
		形制	尺寸（厘米）长×宽—深	形制	尺寸（厘米）长×宽—高				陶器									铜带钩	小件			
									鬲高	鼎	豆	壶	罐	盘	匜	碗	其他		石圭	其他		
M18	285°	竖穴土圹	283×158~165—280	椁棺	椁232×136—残49~70 棺182×65—残10	头向西 仰身直肢	男	40~45	1		2		1					1	2		三	
M19	270°	竖穴土圹	口355×277—560 底326×242	椁 外棺 内棺	椁307×226—残72 外棺194×94—残11 内棺167×65—残10	头向西 仰身屈肢	女	40~45		1	2	2			1	1			数件	玉饰件7	三	
M20	288°	竖穴土圹	口417×270—560 底349×238	椁 外棺 内棺	椁304×205—残68 外棺211×98—残24 内棺180×59—残12	头向西 仰身屈肢	疑男	50	1	1	2	1						1	数件	骨饰件1	三	祭骨1
M21	280°	竖穴土圹	口360×252—330 底318×208	椁 外棺 内棺	椁318×208—残55 外棺215×93—残46 内棺181×60—残27	头向西 仰身直肢	男	50		1	2	2				1			数件		五	
M22	280°	竖穴偏洞室	墓道155×42—16 墓室160×69—残高20	棺	棺143×54—残7	头向西 仰身直肢	不详	未成年															
M24	288°	竖穴土圹	口213×80—90 底198×60	棺	棺164×60—残46	头向西 仰身屈肢	女	35														不明	

注：表中随葬品中数字代表件数

附表一〇　苇沟-北寿城调查采集点登记表

地点	编号	遗物采集数量	标本数量	东经（文本）	北纬（文本）	备注	位置及地貌	遗迹及包含物
YCTFB	1	2	1	111°40′32.59″	35°46′11.47″	灰坑	封壁村西北高东南低的丘陵坡地	灰坑呈不规则形，长1.5、坑深1、堆积厚度0.8米
YCTFB	2	3	0	111°40′28.61″	35°46′10.55″	陶窑	封壁村，西北高东南低的丘陵坡地	陶窑内有宽度约1米的红烧土和青色烧结面，包含有灰土和陶片
YCTFB	3	3	0	111°40′32.04″	35°46′10.86″	文化层	封壁村，西北高东南低的丘陵坡地	包含绳纹陶盆残片
YCTFB	4	1	1	111°40′30.64″	35°45′15.02″	文化层	位于封壁村一片荒地的地堰上	文化层厚约1米
YCTFB	5	0	0	111°40′46.68″	35°45′16.36″	墓葬	封壁村门楼北边一条西北方向的油路西边的断崖上，西北高东南低	残存遗迹宽约0.6、深1米，内部堆积为红花土
YCTFB	6	6	1	111°40′47.29″	35°45′15.27″	灰坑	封壁村门楼北边一条西北方向的油路西边的断崖上	宽2.5、坑口距地表2米
YCTHW	7	1	0	111°40′55.86″	35°46′51.11″	地表采集	后苇沟村北，田间土路西，北高南低	
YCTHW	8	2	0	111°40′55.11″	35°46′45.25″	地表采集	后苇沟村北，田间土路西，东高西低	
YCTHW	9	2	0	111°41′01.95″	35°46′37.22″	地表采集	后苇沟村北，路东北的崖边上，北高南低	
YCTHW	10	4	0	111°41′02.96″	35°46′22.58″	瓮缸葬	后苇沟西南，沟边住宅院外围墙，水泥路西段垣，西高东低	直壁平底，内部堆积为黄花淤土，土质较密，南北长1.2、深2.5米
YCTHW	11	5	4	111°41′02.39″	35°46′22.77″	灰坑	后苇沟西南，沟边废墟院西壁，坑西边2米为水泥路	直壁平底，内部堆积为黄褐灰花土，坑东西长2、深1.5米
YCTHW	12	1	0	111°41′01.71″	35°46′21.64″	灰坑	后苇沟村西南断垣，北高南低，阶梯形，三面冲沟	直壁，底部高低不平，东西长1.5、深2米，内部堆积为黄褐灰花土，土质较密
YCTHW	13	0	0	111°41′01.71″	35°46′21.64″		后苇沟自然村西南第二个砖窑北面，北高南低，东南西三面冲沟	未采集
YCTHW	14	2	1	111°41′00.11″	35°46′18.33″	灰坑	后苇沟自然村西南砖厂第二号砖窑东断面	直壁平底，南北宽1.5、深1米，内部堆积上层为黄褐花土，土质较密，下层灰土，土质疏松
YCTHW	15	5	2	111°41′00.88″	35°46′17.55″	灰坑	后苇沟村西南砖厂一号砖窑东南	袋形，坑内上部为黄褐花土，下部为灰土，口径2.5、底径3、深2.5米

地点	编号	遗物采集数量	标本数量	东经（文本）	北纬（文本）	备注	位置及地貌	遗迹及包含物
YCTHW	16	2	0	111°41′01.54″	35°46′17.32″	地表采集	后苇沟村西南砖厂，北高南低，东西南三面为冲沟	
YCTHW	17	2	1	111°41′04.32″	35°46′14.23″	地表采集	苇沟老村北200米沟底凸形地水泥路东侧	
YCTHW	18	2	0	111°41′02.09″	35°46′12.72″	地表采集	苇沟老村北沟底凹形地，东部高，西北为冲沟，南阶梯状	
YCTHW	19	5	0	111°41′00.88″	35°46′12.89″	地表采集	苇沟老村北沟底凹形地，东部高，西北为冲沟，南阶梯状	
YCTHW	20	5	0	111°41′01.60″	35°46′10.86″	地表采集	苇沟老村北，沟底二级台地，东西两头为断崖	
YCTHW	21	4	0	111°41′01.40″	35°46′11.74″	地表采集	苇沟老村北，沟底二级台地，东西两头为断崖	
YCWC	22	1	0	111°41′52.22″	35°46′32.81″	地表采集	曹家坡村西，地形呈缓坡状，北为大冲沟，南和西为油路，东为小石子路	
YCWC	23	1	0	111°42′14.60″	35°46′22.73″	文化层	曹家坡村东北，岳庄村西沟内壁，东西为村，南为油路	
YCWC	24	1	1	111°42′00.81″	35°46′08.29″	地表采集	曹家坡村南第三块地前堰，呈缓坡状，北和西为油路，南为北环路，东为水泥路	
YCWY	25	9	8	111°42′19.32″	35°46′41.71″	地表采集	岳庄村北200米处，北高南低，缓坡状，北为麦田，南为岳庄村，西为麦田、小冲沟，东为麦田	
YCWY	26	3	2	111°42′19.71″	35°46′39.98″	灰坑	岳庄村北200米处，北高南低，缓坡状，北为麦田	口小底大，呈袋形，底部南北宽1.5、距地表深3米，内堆积为灰土
YCWY	27	0	0	111°42′20.53″	35°46′34.59″	灰坑	岳庄村北20～30米处的断崖上，北高南低，缓坡状，北和东为麦田，南为村，西为麦田、小冲沟	坑口南北宽1.5、距地表2.5米，填土为黄褐土
YCWY	28	8	7	111°42′20.53″	35°46′33.89″	灰坑	岳庄村北的断崖上，北高南低，缓坡状，北和东为麦田，南为村，西为水泥路、小冲沟	口小底大，呈袋形，坑东西宽2、距地表深4米，内堆积为灰土

续表

地点	编号	遗物采集数量	标本数量	东经（文本）	北纬（文本）	备注	位置及地貌	遗迹及包含物
YCTFJ	29	0	0	111°41′21.73″	35°46′21.79″	墓葬	凤架坡村西北，不规则的冲沟断崖边上。地形北高南低	墓葬南北4、东西3米
YCTFJ	30	5	2	111°41′14.73″	35°46′14.65″	灰坑	东距凤架坡村西北300米，西距苇沟200米。北高南低，阶梯形	坑口位于耕土层下，堆积为灰土，疏松，直壁，东西长2、现暴露深1米
YCTFJ	31	7	4	111°41′14.23″	35°46′11.84″	文化层	东距凤架坡村西北350米，西距苇沟老村150米。北高南低，阶梯形	文化层为黄花土，东西长20、厚0.7米，质地较密
YCTFJ	32	3	2	111°41′16.10″	35°46′12.11″	灰坑	凤架坡村西北300米。西部为苇沟老村沟边，东部为凤架坡村冲沟，北高南低，阶梯形	灰坑开口于耕土层下，距地表深0.4米，东西长10、深0.8～0.9米，高低不平，堆积为灰黄褐花土，质地较密
YCTFJ	33	0	0	111°41′27.06″	35°46′13.61″	墓葬	凤架坡村西北。地形北高南低，位于不规则的冲沟断崖边上	墓葬小者宽0.8、大者宽3、深度4.5～6米，有棺椁痕迹和骨架
YCTFJ	34	0	0	111°41′42.20″	35°45′12.36″	夯土	南距凤架坡村1000米，东距曹家坡600米。西北高东南低	夯土为黄褐花土，坚硬，每层0.1、南北宽2、深5米
YCTFJ	35	0	0	111°41′17.09″	35°46′10.48″	灰坑	凤架坡村西北250米，路北西段垣。西北高，东南低，西、北呈阶梯形	坑口距地面0.3米，直壁，圆形。南北直径1.2、深1.2米，堆积为黄褐灰花土，土质较密
YCTFJ	36	9	2	111°41′17.36″	35°46′11.04″	文化层	凤架坡村西北250米。北高南低，阶梯形	文化层为灰褐黄花土，质地较密，包含木炭粒，东西长35、厚度为1.5～2米
YCTFJ	37	1	1	111°41′37.22″	35°46′11.64″	夯土	凤架坡村村北100米，下地院北50米	夯土南北长3、每层厚0.25～0.3、已暴露深1.2米，黄花土
YCTFJ	38	4	0	111°41′41.14″	35°45′12.36″	墓葬	凤架坡村北500米。西北高	墓葬为残墓，南北宽1.5、深2.5米，填土为黄花土，有椁板灰
YCTFJ	39	0	0	111°41′37.19″	35°46′12.04″	墓葬	凤架坡村村北150米。断垣西壁	墓内填土为黄花土，较密，南北宽1.5、深4米
YCTFJ	40	4	0	111°41′09.31″	35°46′10.33″	地表采集	凤架坡村红枣第一家门楼北300米。东部高，西部低，台阶形	采集范围20×20平方米

地点	编号	遗物采集数量	标本数量	东经（文本）	北纬（文本）	备注	位置及地貌	遗迹及包含物
YCTFJ	41	6	1	111°41′14.67″	35°46′09.17″	夯土	凤架坡村西北350米，路边断崖。东部高，西部低，台阶形	夯土东西长1.5、总厚度0.8～1、每层厚0.1～0.12、夯窝直径0.1米。黄花土，质地坚硬
YCTFJ	42	10	0	111°41′15.16″	35°46′09.31″	文化层	凤架坡村西北300米，土路南边。东部高，西部低，台阶形	文化层东西长40、厚1.5～2米，堆积为黄褐灰花土，较密
YCTFJ	43	1	1	111°41′24.42″	35°46′09.26″	墓葬	凤架坡村西北坡上。北高南低，西邻大冲沟，南邻村庄民居	竖穴墓，南北宽3、现存深度4.5米
YCTFJ	44	0	0	111°41′30.71″	35°46′08.33″	墓葬	凤架坡村西北。地形北高南低，为不规则的冲沟断崖	墓口南北4、东西3米
YCTFJ	45	4	0	111°41′41.01″	35°46′10.72″	地表采集	凤架坡村水冲沟内西崖旁，地面上。应是自上方坍塌而下，西部较高	
YCTFJ	46	0	0	111°41′15.85″	35°46′06.52″	陶窑	凤架坡村西北350米，西距苇沟村200米。北部高南部低，东边为水泥路，总地形为阶梯状	陶窑为残陶器烧窑，残高0.8、烧结面0.02～0.03、东西长、残高0.6米，底部为灰土
YCTFJ	47	2	0	111°41′06.65″	35°46′06.52″	地表采集	凤架坡村唐霸大道北2000米，地形为冲沟凹地，北东南三面高，小阶梯形	采集范围3×5平方米
YCTFJ	48	0	0	111°41′24.94″	35°46′06.01″	地表采集	凤架坡村西北。"丁"字形路口南30米处。地形为北高南低的大坡	距地表0.7～0.8、南北长30米
YCTFJ	49	2	1	111°41′53.48″	35°45′06.19″	地表采集	凤架坡村东沟之东崖上，水泥路两侧	属较早时的路面，呈南北走向，有四层之多，每层的厚度约有0.2～0.3米，路面坚硬，黄褐色，内有极少的陶片和较多的碎小石子，最上层的路面距地表深约0.8米
YCTFJ	50	4	0	111°41′20.77″	35°46′02.54″	灰坑	凤架坡村西30米，苇沟老村东200米，位于断崖拐角处。西北高	坑内堆积黄褐花土，较密，南北1.5、东西2、深0.7米，包含木炭粒
YCTFJ	51	9	5	111°41′19.67″	35°46′02.29″	灰坑	凤架坡村西，北高南低	灰坑位于耕土层下，东西1.5、深0.8米，直壁，灰土疏松

续表

地点	编号	遗物采集数量	标本数量	东经（文本）	北纬（文本）	备注	位置及地貌	遗迹及包含物
YCTFJ	52	3	1	111°41′19.01″	35°46′10.19″	地表采集	凤架坡村西北200米。西北高东南低，阶梯形	
YCTFJ	53	0	0	111°41′22.72″	35°46′09.94″	陶窑	凤架坡村西北角向西200米水泥路边。西北高东南低，阶梯形	陶窑火膛位于北部，南北0.7、总长2.5、烧结面厚0.05、红烧层厚0.15米，堆积灰土
YCTFJ	54	0	0	111°41′19.26″	35°46′08.35″	墓葬	凤架坡村西北角向西50米。西北高东南低，阶梯形	墓葬夯土层厚0.15米
YCTFJ	55	3	0	111°41′23.43″	35°46′04.96″	地表采集	凤架坡村西北第3家西50米。西北高东南低，阶梯形	采集范围42×30平方米
YCTFJ	56	4	1	111°41′17.75″	35°46′05.09″	地表采集	凤架坡村西北250米，枣园平房东北80米。北部高南部低，东边水泥路，总地形为阶梯状	采集范围0.4×1平方米
YCTFJ	57	4	0	111°41′22.69″	35°46′07.43″	地表采集	凤架坡村西北农家院50米。西北高东南低，阶梯形	采集范围40平方米
YCTFJ	58	5	2	111°41′19.86″	35°45′58.74″	文化层	凤架坡村西180米，薛家沟村北80米，苇沟老村东50米。北高南低的阶梯形梯田的陡坎	文化层距地表深0.4米，为黄褐灰花土。土质较密。东西长30、厚度为1～2米，底部高低不平
YCTFJ	59	4	0	111°41′21.43″	35°45′59.09″	灰坑	凤架坡村西120米，薛家沟村北160米，苇沟老村东80米。北高南低的阶梯形梯田的陡坎	灰坑距地表深0.3米，坑壁较直，底部不平。东西长10、深度1.5～2米，黄褐花土，土质较密
YCTFJ	60	0	0	111°41′23.83″	35°45′57.57″	灰坑	凤架坡村西1000米，薛家沟村北60米，苇沟老村东100米。北高南低的阶梯形梯田的陡坎	灰坑距地表深0.3米，坑壁较直，东西宽1.5米，堆积为黄褐花土
YCTFJ	61	3	1	111°41′22.99″	35°45′57.61″	灰坑	凤架坡村西1000米，薛家沟村北60米，苇沟老村东100米。北高南低的阶梯形梯田的陡坎	灰坑距地表0.3米，坑口东西2、坑深2米，呈袋状，平底
YCTFJ	62	8	2	111°41′22.33″	35°45′59.18″	灰坑	苇沟老村东180米，薛家沟北80米，凤架坡村西50米。北高南低的阶梯形梯田的陡坎	坑内堆积为黄褐花土，结构紧密，开口于耕土层下，东西长9、深1.5米，形状为直壁，平底

地点	编号	遗物采集数量	标本数量	东经（文本）	北纬（文本）	备注	位置及地貌	遗迹及包含物
YCTFJ	63	5	1	111°41′23.43″	35°45′57.68″	灰坑	凤架坡村西100米，薛家沟村北60米，苇沟老村东100米。北高南低，呈阶梯形分布	坑口距现地表0.3米，东西长约2、深度为1.5米
YCTFJ	64	4	1	111°41′20.82″	35°45′57.27″	灰坑	凤架坡村西150米，苇沟村东50米，薛家沟村北60米。断崖的陡坎	灰坑开口于耕土层下，黄褐黄花土，结构紧密，包含木炭粒，东西长4米，厚度1~1.5米，底部高低不齐
YCTFJ	65	3	1	111°41′41.61″	35°45′56.83″	灰坑	凤架坡村YCTFJ69以北约70米处南北向冲沟西崖上。西部较高，沟内较平坦	灰坑为活土坑，坑口距地表约1.2、坑深2.2米，坑口较大，斜壁
YCTFJ	66	6	6	111°41′48.95″	35°45′53.19″	墓葬	凤架坡村YCTFJ68东北约30米处。北部为台地，南部是新近平整的沟内平地	墓葬东西长近3、深约4.6米，墓口距地表约6米，填土呈黄褐花土，略有加夯
YCTFJ	67	3	1	111°41′30.35″	35°45′53.05″	文化层	凤架坡村西南，位于YCTFJ73以北约100米处。西南处较高	文化层距地表深1.2米，土质较硬，黄褐色，较纯净，层内其厚度不详
YCTFJ	68	1	1	111°41′47.79″	35°45′52.68″	墓葬	凤架坡村YCTFJ66西南约30米的西部断崖上。西部为台地，东部为新近平整的壕沟	墓葬呈东西向，底部较平，有较薄的棺灰，填土呈黄褐色，土质较密，其深度约为2.7、南北为1.3米。墓口距地表约6米，墓壁竖直
YCTFJ	69	3	1	111°41′39.77″	35°45′51.81″	文化层	凤架坡村YCTFJ72以西近60米。西部较高，东部略低地表较平坦	文化层距地表深约1.2、堆积较厚约1.7米，黄褐色土，较纯净，土质略硬
YCTFJ	70	7	0	111°41′32.02″	35°45′50.13″	文化层	凤架坡村YCTFJ71以东约35米处水泥路西侧较低洼处。四周地形均较高	文化层呈黄褐色堆积，土质较硬，内含有石块、烧土块等，堆积层厚约1米，层面距地表深约0.6米，分布范围较大
YCTFJ	71	1	1	111°41′31.23″	35°45′49.71″	灰坑	凤架坡村西南与苇沟新村之间，位于YCTFJ70以西约35米。南部是民居房屋，向北是新近推平的一处空白地	灰坑内土质较疏松，黄褐色，纯净，堆积近平，坑口距地表深约0.6、东西2.6米，坑深不详，未见底部
YCTFJ	72	2	1	111°41′48.37″	35°45′49.27″	地表采集	凤架坡村村南略偏东，位于YCTFJ69以东约60米。两侧较高，东部略低，总体较平整	

续表

地点	编号	遗物采集数量	标本数量	东经（文本）	北纬（文本）	备注	位置及地貌	遗迹及包含物
YCTFJ	73	9	0	111°41′30.38″	35°45′49.74″	文化层	凤架坡村西南与苇沟新村之间，YCTFJ71以西约30米处。南部是民居房屋，向北是新近推平的一处空白地	文化层土质较密，黄褐色，内含有石块、烧土粒、料姜等，堆积厚约0.7，层面距地表深1.3米，近水平状
YCTL	74	9	2	111°40′53.14″	35°45′38.31″	地表采集	老君沟村北呈缓坡状，北高南低的梯田里	
YCTL	75	3	2	111°40′49.70″	35°45′31.54″	文化层	老君沟村西边的西北高、东南低的梯田形坡地上，地表为麦田	黄褐色土层中，夹杂有绳纹陶片，地层厚度约1米
YCTL	76	2	0	111°40′49.32″	35°45′34.99″	地表采集	老君沟村西北，永益铸业南墙外的一条水泥路边的虚土上，地形呈缓坡状，北高南低	
YCTL	77	4	2	111°41′02.70″	35°45′35.24″	文化层	老君沟沟内，东部较低	堆积层厚度约1.7米，层面距地表深1.2米，黄褐色，较纯净，土质较疏松
YCTL	78	7	0	111°41′14.34″	35°45′34.90″	文化层	老君沟村的一处西部较高，东部偏低的农田，向南地势渐低	文化堆积层为浅灰褐色，内有草木灰、木炭粒和少量的烧土块，土质较疏松，堆积厚度约1.5～2米，层面距地表深1.7米，范围约有80米
YCTL	79	8	0	111°40′51.38″	35°45′31.00″	地表采集	老君沟村西北，永益铸业墙外的一条水泥路边东边麦田上，地形呈缓坡状，北高南低	
YCTL	80	6	0	111°41′12.78″	35°45′32.04″	文化层	老君沟村一土崖断面处，西部为农田，东部为绿化带	南北长20余米，灰褐色，土质较为疏松，内有草木灰，烧土块多，厚度约1米，层面距地表深3.7米，呈坡状堆积，北高南低
YCTL	81	2	2	111°41′02.78″	35°45′30.68″	灰坑	老君沟沟内，YCTL77南偏西，西侧较高，为村东边土路	坑内堆积黄褐色土，范围不清晰，倒有生活垃圾，暂为活土坑，土质纯净
YCTL	82	1	0	111°41′12.25″	35°45′31.79″	砖室墓	老君沟村西南为小麦地，东部为杨树林，西北方向高，属于修建唐霸大道时取土后而成	砖室，呈东西向，顶部呈拱形，墓室内为黄褐土淤土，土质较疏松、纯净，墓深约4.6，墓口距地表约0.6米，属于大开口后砌筑而成

地点	编号	遗物采集数量	标本数量	东经（文本）	北纬（文本）	备注	位置及地貌	遗迹及包含物
YCTL	83	1	0	111°41'10.63"	35°45'31.08"	墓葬	老君沟村西，西南部略高，东北部偏低	墓葬被破坏殆尽，墓内填土有少许料姜，土质较疏松
YCTL	84	4	0	111°41'07.97"	35°45'30.50"	灰坑	老君沟村西，北边是乡间小道，小道北边低凹，东低西高	坑内堆积较纯净，内有小石子，土质较硬，黄褐色，东西1.7、坑深1.2、坑口距地表深0.5米
YCTL	85	7	2	111°41'00.44"	34°45'26.63"	文化层	老君沟村西，北部较高，向南渐低，现为小麦地	堆积层范围不大，浅灰色，土质较密，内有草木灰，东西宽7.6米、厚0.6、层面距地表1.2米
YCTL	86	2	2	111°41'05.28"	35°45'26.50"	文化层	老君沟村水泥路南一台地旁，北高南低，呈阶梯状	文化堆积层土质较密，内有少许石子，黄褐色，厚约0.9、层面距地表深0.4米
YCTL	87	5	1	111°41'06.46"	35°45'25.52"	地表采集	老君沟村水泥路南第二台地旁，北高南低，向东渐低	
YCTC	88	12	0	111°41'10.00"	35°45'25.34"	灰坑	老君沟村崖壁处，西高东低，北高南低	坑内堆积较为集中，灰褐色，内有较多草木灰和少量烧土粒，土质松软，南北2.3、深0.6、口距地表深1.4米，下有冲积层和陶片
YCTL	89	5	0	111°41'10.00"	35°45'24.47"	文化层	老君沟村地层内，西部较高，北高南低，北距YCTC88约20米	土质较硬，内有少许草木灰，黄褐色，略显浅灰，堆积厚度约1.4、层面距地表深1、南北近40米
YCTL	90	3	0	111°41'10.14"	35°45'20.63"	灰坑	老君沟村东南，西、北较高，东部较低	南北近2.6、坑深约1.2、坑口距现地表深约0.6米，坑内堆积土呈黄褐色，土质疏松，坑底呈圜形
YCTL	91	2	0	111°41'06.93"	35°45'17.88"	地表采集	老君沟村东南，北高南低呈阶梯状，向东地势渐低，西北距村庄200米	
YCTL	92	4	0	111°40'55.03"	35°45'10.39"	灰坑	老君沟村一处民居略偏西的一处断崖拐角处，北部较高，向南往东渐低，呈阶梯状	坑内堆积为黄褐色，内有少许的烧土块，草木灰，土质较密，坑深1.2、东西1.5、坑口距地表深1.3米，圜形底

地点	编号	遗物采集数量	标本数量	东经（文本）	北纬（文本）	备注	位置及地貌	遗迹及包含物
YCTL	93	4	0	111°41′01.05″	35°45′08.50″	文化层	老君沟村东偏南一处较高的崖壁旁，北高南低，呈阶梯状	地层厚度不详，距地表深度约1.1米，黄褐色，内有少许木炭柱和烧土块，东西范围可辨约80米
YCTL	94	9	0	111°41′06.93″	35°45′05.23″	地表采集	清华园中学北，北部略高	
YCTL	95	3	0	111°40′56.35″	35°45′03.39″	地表采集	老君沟村东北，西高东低，呈阶梯状，其北部为一废弃厂房	
YCTW	96	0	0	111°40′39.40″	35°45′12.29″	墓葬	苇沟老村西北一处地垮上	墓葬南北向，长2米，口大底小
YCTW	97	3	1	111°41′42.34″	35°46′08.75″	灰坑	苇沟老村西北，华兴铸造厂北边养殖场西侧的坡地边的断崖上	灰坑为圜底，长1.5、距地表0.5米
YCTW	98	0	0	111°40′52.31″	35°45′52.31″	墓葬	苇沟老村西1000米，华星铸造厂东北300米。西部高，呈阶梯形状	墓葬为东西向，南北宽0.8、深2.5米，无骨架，填土为黄褐花土，质地较密，直壁，平底
YCTW	99	1	0	111°40′35.42″	35°46′00.71″	灰坑	苇沟老村西北，西北高东南低	坑东西宽1.3、坑口距离地表1米，坑内堆积为黄褐色土，偶含有深灰色或白灰色土
YCTW	100	2	1	111°41′02.15″	35°45′58.69″	灰坑	苇沟村西北60米铁厂东南角水渠边。沟西台地呈阶梯形，北高南低	灰坑被现代水渠破坏过，南北2、深1.5米，堆积为黄褐淤花土，质地较密
YCTW	101	2	0	111°41′03.05″	25°46′01.41″	房址	苇沟老村西北100米，铁厂及铸造厂东60米。沟西台地呈阶梯形，北高南低	房屋底部为白灰平面，南北2、现地表深1.5米，堆积为黄褐淤花土，较密
YCTW	102	0	0	111°40′51.76″	35°46′20.11″	墓葬	苇沟老村西1000米，华星铸造厂东北300米。西部高，阶梯形状	墓葬为直壁，平底，南北宽0.9、深1.2米，无骨架，填土为黄褐花土，质地较密
YCTW	103	2	0	111°41′02.01″	35°46′01.11″	灰坑	苇沟村西北100米，铁厂东5米。沟西台地呈阶梯形，北高南低	灰坑为直壁，南北1.5、现暴露深1.2米，堆积为黄褐花土，质地较密
YCTW	104	1	1	111°40′48.36″	35°45′57.64″	墓葬	华星铸造厂东200米，苇沟村铁厂大门西150米	墓口距地表深0.4米，袋形，南北向，口东西宽1.2、底部东西宽1.5米。陶鬲距骨架0.8米，棺内为黄花淤土

地点	编号	遗物采集数量	标本数量	东经（文本）	北纬（文本）	备注	位置及地貌	遗迹及包含物
YCTW	105	1	0	111°40′54.15″	35°45′57.71″	文化层	苇沟村西750米，华星铸造厂东350米。沟槽状	文化层南北长30、厚1.5～2.5米，黄褐花土，质地较密，包含碎陶片
YCTW	106	4	2	111°40′56.57″	35°45′57.90″	灰坑	苇老沟村西700米，华星铸造厂东400米。西北高，呈阶梯形状	灰坑直壁，平底，东西长3、深1.2米，堆积为灰土，包含陶片
YCTW	107	0	0	111°41′03.71″	35°45′57.07″	灰坑	苇沟村公路北200米，西北高	灰坑大口尖底，东西宽5、深3米，内堆积为灰黄褐花土，质地较密
YCTW	108	4	0	111°41′04.54″	35°45′57.06″	地表采集	西距北环路150米，砖下取土厂东边30米。苇沟老村西边窑洞上	采集范围20×20平方米
YCTW	109	9	1	111°41′07.64″	35°45′59.44″	地表采集	南距北环路400米	采集范围10×10平方米
YCTW	110	1	1	111°41′15.27″	35°46′03.64″	地表采集	沟边台阶地，东高西低	
YCTW	111	5	1	111°41′14.75″	35°46′04.70″	地表采集	沟边台阶地，东高西低	采集范围10×10平方米
YCTW	112	0	0	111°41′09.78″	35°46′02.47″	灰坑	唐霸大道北1500米，苇沟村水泥路东300米。沟底为一级台地，东部为高崖，属小凹地	灰坑为直壁，平底，南北1.2、深2米
YCTW	113	4	1	111°41′09.78″	35°46′07.73″	地表采集	苇沟老村沟边台地，红枣门第一家200米。台阶地形，东高西低	采集范围30×30平方米
YCTW	114	1	0	111°41′11.79″	35°46′06.37″	墓葬	苇沟老村东部，东部高，西部低，呈阶梯形	已被盗，盗洞位于断垣下，东西长1、南北宽1.8、深1.5米，黄褐花土，质地较密，盗洞边有盆骨
YCTW	115	6	0	111°41′10.52″	35°46′07.77″	地表采集	苇沟村东部	采集范围10×10平方米
YCTW	116	0	0	111°41′15.08″	35°46′00.25″	房址	唐霸大道北1000米。东北高，为冲沟凹地	房址开口距地表深1米，袋状，平地，口部南北长3.5、底部南北长5米，堆积为黄褐淤土
YCTW	117	1	0	111°40′55.42″	35°45′54.35″	灰坑	东距苇沟村800米，西距华星铸造厂300米。呈北高南低阶梯状	灰坑口大于底，口距地表深0.4米，东西长5、深0.8米，不到底，堆积为灰褐黄化土，较密

地点	编号	遗物采集数量	标本数量	东经（文本）	北纬（文本）	备注	位置及地貌	遗迹及包含物
YCTW	118	10	4	111°41′03.60″	35°45′55.73″	地表采集	北环路北150米，村西50米。苇沟老村西边窑洞上	采集范围10×10平方米
YCTW	119	6	1	111°41′10.39″	35°45′54.82″	灰坑	北环路北200米，沟西为二级台地	灰坑内堆积为黄褐花土，底部有0.02～0.03米的灰土，包含兽骨，呈袋状，东西长9、深4米
YCTW	120	3	0	111°41′18.87″	35°45′55.49″	地表采集	唐霸大道北600米凹地	采集范围5×5平方米
YCTW	121	7	2	111°41′52.94″	35°45′52.56″	文化层	苇沟村西1000米，华星铸造厂东200米。北高南低，呈阶梯状	文化层东西长50、厚1～2米，堆积为黄褐花土，较密，包含碎陶片
YCTW	122	2	1	111°40′53.55″	35°45′54.52″	灰坑	苇沟村西约1000米，华星铸造厂东250米。呈北高南低的阶梯状	灰坑为直壁，平底，南北长2.5、深1米，堆积为黄褐花土，质地较密，包含陶片
YCTW	123	2	0	111°41′03.93″	35°45′51.36″	灰坑	苇老沟村西700米，华星铸造厂东400米。呈西北高的阶梯形状	
YCTW	124	5	1	111°41′05.83″	35°45′54.78″	灰坑	苇老沟村油路边取土厂东北	灰坑呈袋状，口部南北长2.5、底部南北长3、深度残存0.5～1米，平底，坑内堆积为黄褐灰花土
YCTW	125	5	0	111°41′04.76″	35°45′54.38″	文化层	南距北环路150米，农家院西南边	文化层南北长15、厚1.5米，堆积为灰褐黄花土，质地较密
YCTW	126	7	0	111°41′23.32″	35°45′55.31″	地表采集	薛家沟北路12号农家窑洞上平地	采集范围20×20平方米
YCTW	127	0	0	111°41′24.81″	35°45′54.62″	灰坑	薛家沟北路第11号农家院。窑洞断崖北部	灰坑东西宽1、深2米，坑底部有陶片，堆积为黄褐灰花土
YCTW	128	0	0	111°41′23.19″	35°45′53.54″	房址	薛家沟北路31号农家院门北边	
YCTW	129	1	0	111°40′58.27″	35°45′53.90″	灰坑	东距苇沟老村300米，公路北80米。西北高	灰坑形状为直壁，现暴露深2米，不到底，南北宽3米，堆积为灰花土，较密
YCTW	130	0	0	111°40′58.63″	35°45′53.57″	陶窑	东距苇沟老村300米，公路北70米。西北高	陶窑现残存底部，上部有黄褐花土叠压，南北长1.8、深0.4米，堆积为灰土及烧土块

地点	编号	遗物采集数量	标本数量	东经（文本）	北纬（文本）	备注	位置及地貌	遗迹及包含物
YCTW	131	7	0	111°41′03.77″	35°45′50.69″	陶窑	苇沟老村西，北高南低	
YCTB	132	10	0	111°41′03.74″	35°45′54.52″	灰坑	苇沟村公路北150米。西北高	灰坑呈袋形，口部南北长2.5、底部长3、深3.5米，底部平整，内堆积为灰褐黄花土，较密
YCTW	133	1	0	111°41′05.11″	35°45′53.93″	灰坑	苇沟村南距公路100米，东距苇沟100米。北高西高	灰坑三个间隔5米，东西长3、底部长2.8、深1.5米，口大于底，平底，堆积为灰褐黄花土
YCTW	134	1	1	111°41′04.32″	35°45′53.98″	灰坑	苇沟村公路北100米。西北高	灰坑呈袋形，口部南北长2.5、深4米，平底，堆积为灰黄花淤土
YCTW	135	4	1	111°41′05.41″	35°45′50.55″	灰坑	苇沟老村西取土场西边	灰坑南北宽1米，口距地表深2.5米。坑内堆积为灰褐色土
YCTW	136	6	0	111°41′01.18″	35°45′51.58″	地表采集	苇沟老村西北，坡地最顶部	
YCTW	137	20	1	111°40′55.94″	35°45′50.19″	灰坑	苇沟老村西北，坡地最顶部	灰坑南北长2、口距离地表0.7～0.8米。土色为黄褐色土
YCTW	138	11	3	111°40′58.74″	35°45′50.48″	地表采集	苇沟老村西北，坡地最顶部	
YCTW	139	5	0	111°41′01.35″	35°45′51.25″	地表采集	苇沟老村西小冲沟内西壁断崖上	
YCTW	140	5	2	111°41′06.21″	35°45′45.95″	地表采集	苇沟老村西取土场西南角，北高南低	
YCTW	141	12	3	111°41′07.80″	35°45′45.57″	地表采集	苇沟老村西取土场南部地埝上，北高南低	
YCTW	142	0	0	111°41′07.96″	35°45′53.01″	墓葬	沟边台地，西高东低，北沟凹地	墓南北向，长6米，现暴露深3米，夯层坚硬，每层厚0.2～0.25米，黄花土。为斗状，口大底小
YCTW	143	4	0	111°41′13.63″	35°45′52.68″	灰坑	北环路北100米。西部凹地，南部、西部高的阶梯状	灰坑东西长7、深3米，直壁，平底，内堆积为黄褐灰花土，较密
YCTW	144	0	0	111°41′15.33″	35°45′50.03″	灰坑	苇沟北外环路39号农家院，北窑洞断面	灰坑为袋形，口小，底大，口东西长3、深1米，底部东西长3.3米，内堆积为黄褐灰花土，比较疏松

地点	编号	遗物采集数量	标本数量	东经（文本）	北纬（文本）	备注	位置及地貌	遗迹及包含物
YCTW	145	0	0	111°41′26.62″	35°45′50.15″	灰坑	苇沟老村东壁，农家院断面	灰坑为袋状，口部2.5～3、底部3～5.2米，堆积为灰褐花土
YCTW	146	0	0	111°41′25.55″	35°45′50.22″	灰坑	苇沟村薛家沟沟口第四家院断崖	灰坑南北5、深1～1.5米，堆积为灰褐花土
YCTW	147	0	0	111°41′24.97″	35°45′49.60″	灰坑	苇沟村沟口东壁，距北环路30米的北部断崖	灰坑呈袋形，南北2～3、深3米，底部平整，堆积为灰褐土
YCTW	148	5	4	111°40′58.11″	35°45′47.58″	文化层	苇沟老村西北，北高南低	文化层东西长30米，堆积为黄褐土
YCTW	149	6	1	111°40′59.23″	35°45′47.52″	房址	苇沟老村西北，北高南低	房址内部堆积为红烧土，烧土面边上有一层白灰地面，内有陶片，红烧土面厚0.1米
YCTW	150	0	0	111°41′09.37″	35°45′47.05″	墓葬	苇沟老村西取土场内东部	墓葬应为土坑竖穴，内部堆积为黄褐花土，深7～8米
YCTW	151	3	3	111°41′13.02″	35°45′52.46″	灰坑	南距北环路100米。西部为凹地	袋状灰坑，口东西宽1.5～2、深2米，底部东西长2～2.5米，堆积为黄褐灰土
YCTW	152	3	1	111°41′40.52″	35°45′46.16″	文化层	苇沟新村东断崖上	文化层堆积为黄褐色，土质较密，内含有少许石块
YCTW	153	10	5	111°41′47.30″	35°45′46.82″	文化层	苇沟新村东断崖上	文化层堆积为黄褐色，土质较密，内含有少许石块
YCTW	154	12	6	111°41′49.88″	35°45′46.76″	文化层	苇沟新村东断崖上	文化层堆积为黄褐色，土质较密，内含有少许石块
YCTW	155	5	0	111°41′49.69″	35°45′45.21″	文化层	苇沟新村东断崖上	文化层堆积为黄褐色，土质较密，内含有少许石块
YCTW	156	1	1	111°41′49.99″	35°45′46.02″	文化层	苇沟新村东，北外环北侧	文化层堆积为黄褐色，土质较密，内含有少许石块
YCTW	157	1	1	111°41′09.20″	35°45′46.77″	墓葬	苇沟老村西取土场东南部	墓葬推测为竖穴土坑墓，土色为黄褐色，墓深7～8米
YCTW	158	5	1	111°40′59.43″	35°45′49.41″	地表采集	苇沟老村西北	
YCTW	159	3	2	111°41′24.45″	35°45′45.07″	灰坑	苇沟新村西边西冲沟，东为断崖，西距唐霸大道10米	灰坑口部南北长7、深2.5米，堆积为黄褐花土，土质紧密

地点	编号	遗物采集数量	标本数量	东经（文本）	北纬（文本）	备注	位置及地貌	遗迹及包含物
YCTW	160	11	9	111°41′43.37″	35°45′43.68″	陶窑	苇沟新村东100米，北环路南的一处断崖上	
YCTW	161	0	0	111°41′00.75″	35°45′45.66″	墓葬	苇沟老村西北	墓葬范围不详，土色为红花土，含有料姜石
YCTW	162	0	0	111°41′08.77″	35°45′46.64″	墓葬	苇沟老村西取土场东南部	墓葬呈袋状，下部有塌方，内部填土为黄褐花土，深7~8米
YCTW	163	0	0	111°41′23.93″	35°45′44.06″	文化层	东距苇沟新村10米，西距唐霸大道15米，一级台地东断崖	文化层为南北走向道路，残存厚度0.5米，分三个小层，间隔为0.1米
YCTW	164	4	4	111°41′42.16″	35°45′43.45″	陶窑	苇沟新村东100米苹果园内	
YCTW	165	10	2	111°41′43.51″	35°45′42.37″	文化层	苇沟新村东果园内东南部断崖上	堆积土色为红褐色
YCTW	166	5	1	111°40′59.23″	35°45′44.10″	灰坑	苇沟老村西北陡坎上	坑范围不详，坑内填土为黄褐色
YCTW	167	3	2	111°41′00.94″	35°45′43.46″	灰坑	苇沟老村西北，北高南低的梯田上	
YCTW	168	0	0	111°41′02.31″	35°45′43.24″	墓葬	苇沟老村西北，北高南低	土坑竖穴墓，填土为黄褐色，经过夯打
YCTW	169	7	2	111°41′01.10″	35°45′42.43″	地表采集	苇沟老村西北北高南低的梯田上	
YCTW	170	5	2	111°41′02.94″	35°45′39.78″	地表采集	苇沟老村西北北高南低的梯田上	
YCTW	171	6	1	111°41′24.34″	35°45′41.18″	地表采集	苇沟新村北环路南200米，西距唐霸大道30米，位于沟底东断崖下	
YCTW	172	1	0	111°41′24.42″	35°45′41.06″	地表采集	北环路南205米，西距唐霸大道30米。位于沟上中部的断崖上	
YCTW	173	5	4	111°41′40.70″	35°45′41.20″	陶窑	苇沟新村东，大冲沟内东部断崖上	
YCTW	174	7	6	111°41′23.87″	35°45′39.94″	文化层	唐霸大道东，北环路南，苇沟村西。沟壁中上部	文化层呈长条状，南北40米，东西不详，厚度1.5~2米，黄褐浅灰土。土质较密
YCTW	175	6	5	111°41′40.46″	35°45′40.70″	地表采集	苇沟新村东，大冲沟内东部断崖上	

续表

地点	编号	遗物采集数量	标本数量	东经（文本）	北纬（文本）	备注	位置及地貌	遗迹及包含物
YCTW	176	6	3	111°41′39.83″	35°45′39.88″	陶窑	苇沟新村东部，大冲沟东部断崖上	窑室在东，火膛在西，已被破坏，仅剩窑室
YCTW	177	7	6	111°41′43.59″	35°45′39.62″	地表采集	苇沟新村东部、北环路南的麦田里。北高南低	
YCTW	178	0	0	111°41′35.43″	35°45′37.04″	陶窑	苇沟新村东部大冲沟内西壁断崖上	距离地表1.8～2米，距冲沟底3米左右
YCTW	179	6	3	111°41′45.32″	35°45′37.30″	地表采集	苇沟新村东，YCTW177正南50米的麦田地塄边上，北高南低	
YCTW	180	3	1	111°41′31.04″	35°45′35.98″	地表采集	苇沟新村南地塄上，北高南低	
YCTW	181	5	4	111°41′42.82″	35°45′36.36″	地表采集	苇沟新村东部麦田内，北高南低	
YCTW	182	8	6	111°41′43.39″	35°45′36.43″	地表采集	苇沟新村东部麦田内，北高南低	
YCTW	183	0	0	111°41′36.07″	35°45′35.40″	灰坑	苇沟新村东部冲沟内东部断崖上	坑南北1.2、距离地表2.5、深1米
YCTW	184	6	6	111°41′42.03″	35°45′35.05″	地表采集	苇沟新村东麦田内现代坟墓上，北高南低	
YCTW	185	4	4	111°41′36.04″	35°45′34.46″	地表采集	苇沟新村东部冲沟内东部断崖下	
YCTW	186	7	1	111°41′44.50″	35°45′34.30″	地表采集	苇沟新村东麦田地堰上，北高南低	
YCTW	187	70	14	111°41′36.40″	35°45′33.56″	地表采集	苇沟新村东部大冲沟东边路上，应为村民平地时捡出	
YCTW	188	3	1	111°41′20.30″	35°45′33.10″	文化层	西距唐霸大道35米，村门楼西南10米。沟壁断崖中部	文化层南北长15米，厚度3米，黄花土，土质紧密，包含碎陶渣
YCTW	189	3	0	111°41′24.67″	35°45′32.92″	地表采集	苇沟新村南30米，第二块地东北部，南距北寿城村1000米，北高南低的阶梯形，西边冲沟，东边为水泥路	采集范围20×10平方米
YCTW	190	2	0	111°41′20.96″	35°45′33.21″	文化层	东北距村门楼10米，西距唐霸大道40米	文化层南北长10米，黄褐花土，土质较密，现存厚度1米

地点	编号	遗物采集数量	标本数量	东经（文本）	北纬（文本）	备注	位置及地貌	遗迹及包含物
YCTW	191	2	2	111°41′20.91″	35°45′32.04″	灰坑	北距苇沟村西南门楼50米，西距唐霸大道45米，沟壁断崖	灰坑开口距地表深1米，呈袋状，口小，底大，底部南北长1.8、深1.2米，底部基本平整，堆积为黄褐花土，包含烧土颗粒
YCTW	192	11	4	111°41′22.09″	35°45′31.61″	地表采集	苇沟新村南50米，第四块地，西北距门楼60米，为北高南低的阶梯形，西边为冲沟，东边为水泥路	采集范围30×10平方米
YCTW	193	4	0	111°41′25.57″	35°45′31.56″	地表采集	苇沟新村南50米，第四块地东北部，东距水泥路30米。北高南低，呈阶梯形	采集范围20×20平方米
YCTW	194	3	1	111°41′26.59″	35°45′32.73″	灰坑	苇沟新村村南口冲沟，第一块地西壁	灰坑开口距地表深0.5米，直壁，平底，南北宽2.5、深2米，堆积为灰褐灰花土，比较密
YCTW	195	5	1	111°41′26.89″	35°45′32.27″	灰坑	苇沟新村南10米，冲沟第一块地西壁	灰坑开口距地表深0.5米，圆形，直壁，平底，南北长2.5、深1.5米，堆积为黄褐花土，土质较密
YCTW	196	3	3	111°41′27.50″	35°45′32.12″	灰坑	苇沟新村南10米冲沟东壁，沟底第一块地	灰坑开口位于耕土层0.3米下，南北长0.2、深1～2.5米。黄褐花土，较密
YCTW	197	1	0	111°41′20.93″	35°45′31.85″	夯土	苇沟新村门楼南50米，西距唐霸大道45米。位于冲沟东壁	夯土总厚度1.5、每层厚0.1米，黄花土，质地坚硬，且包含灰陶片
YCTW	198	10	0	111°41′23.32″	35°45′30.28″	地表采集	苇沟新村南70米，门楼东南100米，第五块小平地中部。北高南低，台阶形地块，东西两侧为冲沟	采集范围30×15平方米
YCTW	199	2	0	111°41′20.88″	35°45′32.75″	灰坑	西距唐霸大道40米，北距苇沟新村西南门楼30米	坑口距地表0.3米，圜底，口径1.5、深1米，堆积为黄褐灰花土，较密，包含木炭颗粒
YCTW	200	6	6	111°41′36.86″	35°45′32.12″	灰坑	苇沟新村东南大冲沟内北壁断崖上	坑东西3米，开口距地表1、深2米
YCTW	201	9	9	111°41′42.96″	35°45′32.42″	地表采集	苇沟新村东南部水渠下的断崖上	

续表

地点	编号	遗物采集数量	标本数量	东经（文本）	北纬（文本）	备注	位置及地貌	遗迹及包含物
YCTW	202	7	2	111°41′20.80″	35°45′32.64″	灰坑	西距唐霸大道40米，北距苇沟新村西南门楼33米。冲沟东断崖	坑口南北长2、深1.5米，堆积为黄褐花土，较密
YCTW	203	4	3	111°41′21.12″	35°45′30.40″	灰坑	苇沟村西南门楼南100米冲沟东壁，西距唐霸大道45米	灰坑为平底状，南北长5、堆积厚度为2米，灰土，土质较密
YCTW	204	0	0	111°41′26.87″	35°45′30.79″	灰坑	苇沟新村南10米冲沟第一块地西壁	坑口距地表深0.3～0.5米，略呈袋状，底部平整，口部南北3、底部3.2米，黄褐灰花土，较密
YCTW	205	1	1	111°41′27.66″	35°45′37.17″	灰坑	苇沟新村南10米冲沟沟底第一块地	坑口距地表深0.4米，圆形，直壁，平底，坑口南北2、深2米，黄褐花土，较密
YCTW	206	16	4	111°41′37.88″	35°45′32.33″	灰坑	苇沟新村东南大冲沟内东壁上	
YCTW	207	10	6	111°41′43.04″	35°45′31.42″	地表采集	苇沟新村东南，田间路南侧	
YCTW	208	2	0	111°41′21.10″	35°45′29.91″	陶窑	苇沟村西南门楼南110米，冲沟东壁	陶窑开口距地表0.3、底部南北长2.5、深1.5米，北壁、南壁有烧土硬面，厚度0.01～0.02、红烧土厚0.04米，窑内堆积为灰花土
YCTW	209	2	1	111°41′27.66″	35°45′30.24″	灰坑	苇沟新村南冲沟东壁，距村80米	灰坑开口距地表深0.3米，直壁，平底，南北宽3、深1米，堆积为灰褐花土，比较密
YCTW	210	0	0	111°41′37.16″	35°45′30.42″	灰坑	苇沟新村东南大冲沟内西壁断崖上	坑南北宽1.5、距离地表2米，坑内堆积为黄褐色
YCTW	211	7	5	111°41′21.15″	35°45′29.96″	陶窑	苇沟新村西南门楼南118米，冲沟东壁	陶窑开口距地表0.8米，形状为半圆形，口部不详，据现状判断为火膛，南北2.5、深1.3、中部深1.9米
YCTW	212	8	2	111°41′24.59″	35°45′29.21″	地表采集	苇沟新村南90米北高南低的台阶地，南距北寿城村约900米	采集范围20×20平方米
YCTW	213	2	1	111°41′26.96″	35°45′29.90″	瓮缸葬	苇沟新村南50米，沟西壁第二块地	坑口距地表深1米，略呈袋状，口南北2、深2米，黄褐淤花土，较密

地点	编号	遗物采集数量	标本数量	东经（文本）	北纬（文本）	备注	位置及地貌	遗迹及包含物
YCTW	214	3	1	111°41′27.72″	35°45′29.47″	灰坑	苇沟新村南，沟东壁70米村南第二块地，北高南低的阶梯形	坑口距地表深0.3米，直壁，平底，南北宽2.5、深2米，堆积为黄褐灰土，较密
YCTW	215	0	0	111°41′21.45″	35°45′28.50″	地表采集	苇沟新村西南门楼南200米，位于冲沟东壁	距地表0.8米，黄褐花土，南北宽5、厚0.1～0.15米
YCTW	216	3	1	111°41′27.06″	35°45′29.37″	墓葬	苇沟新村10米冲沟西壁，距村90米	墓葬开口距地表深0.8米，长方形，南北1米，直壁，平底，填土为黄花淤土，比较密
YCTW	217	2	2	111°41′27.06″	35°45′28.78″	瓮缸葬	苇沟新村沟西壁，距村95米，通往北寿城村水泥路旁	坑口距地表深0.7米，直壁，平底，缸距地表深2米，两个缸对扣
YCTW	218	3	2	111°41′27.74″	35°45′28.61″	灰坑	苇沟新村南10米，冲沟东壁90米。村南第二块地，北高南低的阶梯形	坑口距地表深0.3米，直壁，底部高低不平，南北0.8、深1.5～1.8米，黄褐灰淤土，较密
YCTW	219	4	0	111°41′15.96″	35°45′29.29″	地表采集	苇沟新村村门楼西南200米沟边，西距唐霸大道东边20米	采集范围10×10平方米
YCTW	220	2	1	111°41′21.48″	35°45′27.52″	陶窑	苇沟村西南门楼南200米冲沟东壁	陶窑南北4、深2米，南北及底部为烧面，厚0.02～0.03、红烧土厚0.3米
YCTW	221	8	4	111°41′22.77″	35°45′28.34″	文化层	苇沟新村，新建门楼东南150米，呈北高南低的阶梯形，东、西均为冲沟	文化层现暴露0.7～0.8、东西长0.5、厚0.4～0.5米，黄褐灰花土，包含碎陶片
YCTW	222	17	6	111°41′24.12″	35°45′28.34″	文化层	苇沟新村南120米，新建村门楼东南150米	现暴露东西3、厚0.7米
YCTW	223	4	4	111°41′27.22″	35°45′28.61″	灰坑	苇沟新村，冲沟西壁，距村100米	灰坑开口距地表深0.3米，直壁，平底，南北宽5、深1.2米，堆积为灰褐灰花土，质疏松
YCTW	224	0	0	111°41′27.83″	35°45′28.04″	陶窑	苇沟新村村南冲沟100米，呈北高南低的阶梯形	陶窑开口距地表深0.3米，有烧土块，为残陶烧窑，南部为火膛，北部为残窑床，南北长2、深0.8～1.2米

续表

地点	编号	遗物采集数量	标本数量	东经（文本）	北纬（文本）	备注	位置及地貌	遗迹及包含物
YCTW	225	10	2	111°41′16.35″	35°45′28.02″	地表采集	苇沟新村村门楼西南200米沟边，西距唐霸大道东边30米。冲沟西边平地，不规则三角形	采集范围15×10平方米
YCTW	226	2	1	111°41′21.48″	35°45′26.85″	地表采集	苇沟新村村门楼西南250米，冲沟东壁断崖下	
YCTW	227	7	1	111°41′22.70″	35°45′27.06″	地表采集	苇沟新村南第8块地，新建门楼东南200米，呈北高南低的阶梯形	采集范围10×10平方米
YCTW	228	9	1	111°41′27.39″	35°45′28.03″	地表采集	苇沟新村南冲沟西壁，距村700米	为古代路面，厚0.2～0.3米
YCTW	229	0	0	111°41′16.54″	35°45′28.84″	墓葬	西距唐霸大道20米，东北距苇沟新建门楼150米，位于沟西壁	墓葬，直壁，南北宽2、深2米，堆积为黄褐淤土
YCTW	230	11	2	111°41′22.64″	35°45′27.44″	地表采集	苇沟新村新建门楼南150米，苇沟新村南130米，第8块地	采集范围20×10平方米
YCTW	231	6	1	111°41′26.37″	35°45′26.64″	地表采集	苇沟新村门楼东南250米，呈北高南低的阶梯形	采集范围20×10平方米
YCTW	232	1	1	111°41′28.16″	35°45′26.23″	灰坑	苇沟新村南310米	灰坑开口距地表深0.3米，直壁，平底，南北宽0.9、深2.5米，堆积为灰褐黄花淤土
YCTW	233	4	0	111°41′14.97″	35°45′28.26″	地表采集	苇沟新建门楼西南180米，唐霸大道东10米。冲沟西部凹地断崖壁下	
YCTW	234	7	1	111°41′24.86″	35°45′26.00″	地表采集	苇沟新村新建门楼东南300米，呈北高南低的阶梯形，东西部为冲沟	采集范围10×10平方米
YCTW	235	15	2	111°41′23.40″	35°45′26.22″	地表采集	苇沟新村门楼东南260米，呈北高南低的阶梯形	采集范围10×10平方米
YCTW	236	3	3	111°41′28.32″	35°45′25.15″	灰坑	苇沟新村村南330米	灰坑开口距地表深0.3米，直壁，南北宽1、深3米，堆积为灰褐花土，质地较密
YCTW	237	5	1	111°41′13.87″	35°45′24.11″	地表采集	苇沟新村村门楼西南400米沟边，西距唐霸大道20米	采集范围20×10平方米

地点	编号	遗物采集数量	标本数量	东经（文本）	北纬（文本）	备注	位置及地貌	遗迹及包含物
YCTW	238	1	1	111°41′15.33″	35°45′26.74″	地表采集	南距北寿城村500米，东北距苇沟新村门楼200米，西距唐霸大道30米。位于冲沟西壁断崖直壁下的小台地	
YCTW	239	2	0	111°41′16.24″	35°45′24.18″	灰坑	南距北寿城村500米，东北距苇沟新村门楼300米，西距唐霸大道40米。位于冲沟西壁断崖直壁下的小台地	坑口距地表0.3、南北长0.13、深0.8米，底部平整，堆积为灰黄花土，土质较密
YCTW	240	2	1	111°41′18.08″	35°45′24.79″	地表采集	苇沟新村村门楼西南，冲沟底部一级台地	采集范围30×30平方米
YCTW	241	9	3	111°41′21.89″	35°45′26.35″	地表采集	苇沟新村门楼东南320米，第九块地西北部。呈北高南低的阶梯形。距沟边2米，地块比较平整	采集范围3×5平方米
YCTW	242	7	0	111°41′25.27″	35°45′25.61″	地表采集	苇沟新村西南门楼东南370米，第九块地中南部，呈阶梯形	采集范围20×20平方米
YCTW	243	3	2	111°41′27.77″	35°45′24.58″	灰坑	苇沟新村南300米，北寿城村北500米，平整	开口距地表深0.4米，直壁，南北长3、深1.2米，平底，堆积为黄褐灰花土，土质紧密
YCTW	244	3	1	111°41′20.32″	35°45′25.23″	灰坑	苇沟新村南350米，北寿城村北450米，冲沟东壁沟底第三块地，基本平整，北高南低	坑口距地表深0.4米，圆形，直壁，平底，口南北宽1.8、深2.5米，黄褐花土，土质较密
YCTW	245	0	0	111°41′24.98″	35°45′24.98″	文化层	苇沟新村南冲沟400米，北寿城村北300米。冲沟东壁沟底第三块地，基本平整，北高南低	黄褐灰花土，厚1米
YCTW	246	16	1	111°41′16.40″	35°45′23.88″	灰坑	南距北寿城村520米，东北距苇沟新建门楼300米，西距唐霸大道40米。位于沟西壁断崖小台地三角形地块西部	现暴露深1米，底部不详
YCTW	247	2	0	111°41′27.08″	35°45′23.92″	地表采集	南距北寿城村500米，东北距苇沟新建门楼300米，西距唐霸大道40米。位于沟西底部小台地三角形地块	采集范围10×20平方米

地点	编号	遗物采集数量	标本数量	东经（文本）	北纬（文本）	备注	位置及地貌	遗迹及包含物
YCTW	248	8		111°41′22.83″	35°45′24.84″	地表采集	苇沟村门楼东南300米。呈北高南低的阶梯形	采集范围15×15平方米
YCTW	249	8	0	111°41′25.57″	35°45′24.77″	地表采集	苇沟新村门楼南约250～300米，第十块地东北部。呈北高南低的阶梯形，西部为冲沟，东部为水泥路，北部断崖高7米	采集范围20×20平方米
YCTW	250	9	1	111°41′15.76″	35°45′23.03″	地表采集	苇沟新村村门楼西南400米沟边，西距唐霸大道60米。沟西边平地，西北高，呈阶梯形	采集范围20×20平方米
YCTW	251	3	1	111°41′16.95″	35°45′23.32″	灰坑	西距唐霸大道30米，位于苇沟村新建门楼西南300米。南距北寿城村500米。沟西壁凹地，西北角为直壁，断崖	坑内堆积为灰褐黄花土，质地较密。包含木炭颗粒、烧土颗粒，南北壁略向内斜，底部较平整，口部南北长1.3、深1.5、底部长1.15米
YCTW	252	9	0	111°41′22.88″	35°45′24.33″	地表采集	苇沟新村门楼东南340米。呈北高南低的阶梯形	采集范围10×5平方米
YCTW	253	7	1	111°41′25.11″	35°45′24.02″	地表采集	苇沟新村门楼东南约360～400米，呈北高南低的阶梯形	采集范围15×15平方米
YCTW	254	5	2	111°41′26.78″	35°45′23.90″	地表采集	苇沟新村门楼东南450米，呈北高南低的阶梯形	采集范围10×10平方米
YCTW	255	2	0	111°41′27.85″	35°45′23.32″	文化层	苇沟新村南500米，北寿城村北300米，位于南北向自然冲沟之西边断崖上	文化层厚0.8～1.5米，堆积为黄褐花土，密度较大
YCTW	256	10	5	111°41′23.62″	35°45′23.69″	地表采集	苇沟村新建门楼东南400米。呈北高南低的阶梯形，东西两端为自然冲沟，呈南北向	随机采集
YCTW	257	5	1	111°41′24.92″	35°45′23.61″	文化层	苇沟村新建门楼东南400米。呈北高南低的阶梯形，东西两端为自然冲沟，呈南北向	东西长90、厚0.8米，土色为黄褐花土，比较密实
YCTW	258	4	1	111°41′25.90″	35°45′23.52″	地表采集	苇沟村新建门楼东南400米。呈北高南低的阶梯形，东西两端为自然冲沟，呈南北向	地堰上随机采集

地点	编号	遗物采集数量	标本数量	东经（文本）	北纬（文本）	备注	位置及地貌	遗迹及包含物
YCTW	259	6	0	111°41′26.55″	35°45′23.55″	地表采集	苇沟村新建门楼东南400米。呈北高南低的阶梯形，东西两端为自然冲沟，呈南北向	地堰上随机采集
YCTW	260	5	1	111°41′22.50″	35°45′21.85″	地表采集	苇沟新村新建门楼东南400米，第二块地	采集范围5×5平方米
YCTW	261	17	11	111°41′24.42″	35°45′23.32″	地表采集	苇沟村新建门楼东南400米。呈北高南低的阶梯形，东西两端为自然冲沟，呈南北向，第二块地的中西部	
YCTW	262	10	3	111°41′22.88″	35°45′22.88″	灰坑	苇沟新村门楼西南300米。北高南低，西部为大冲沟	坑口东西长8、南北宽4米，内堆积为黄褐花土，厚度为0.5～0.8米，内含陶片
YCTW	263	6	2	111°41′23.73″	35°45′22.81″	地表采集	苇沟新村门楼东南400米，第二块地东南部。呈北高南低的阶梯形，西部为水渠和冲沟，东部为水泥路	采集范围20×20平方米
YCTW	264	9	1	111°41′25.74″	35°45′22.09″	地表采集	苇沟新村门楼东南400米，第二块地东南部。呈北高南低的阶梯形，西部为水渠、冲沟，东部为水泥路	随机采集
YCTW	265	3	2	111°41′28.71″	35°45′32.81″	文化层	苇沟新村南冲沟，北高南低	文化层距离地表0.3、南北长80、厚度为0.8～1米
YCTW	266	0	0	111°41′27.99″	35°45′22.52″	灰坑	苇沟新村南500米	灰坑位于沟的西壁上，堆积为黄褐花土，南北长0.7、深0.8～1.5米
YCTW	267	0	0	111°41′29.12″	35°45′22.51″	灰坑	苇沟新村南400米，北寿城村北400米处。平整	灰坑开口距地表深0.3、南北长度约为0.8、深0.8～1米，堆积为黄褐灰花土，质地较密
YCTW	268	1	1	111°41′17.07″	35°45′22.36″	墓葬	苇沟新村西南村门楼取土场	墓葬东西长2.7、深2、夯层厚0.2米左右
YCTW	269	3	0	111°41′21.89″	35°45′23.21″	文化层	苇沟新村新建门楼南300米，总地形北高南低，西部为大冲沟	文化层位于沟边的断崖上，南北40米，黄褐灰花土，厚度为0.5～0.8米，有少量陶片

地点	编号	遗物采集数量	标本数量	东经（文本）	北纬（文本）	备注	位置及地貌	遗迹及包含物
YCTW	270	2	0	111°41′21.07″	35°45′23.22″	地表采集	苇沟新村门楼南300米，总地形北高南低，西部为大冲沟	
YCTW	271	6	0	111°41′24.01″	35°45′22.11″	地表采集	苇沟新村门楼东南450～500米，第二块地。呈北高南低的阶梯形，西部为冲沟，东部为水泥路	采集范围20×20平方米
YCTW	272	9	6	111°41′25.57″	35°45′22.17″	地表采集	苇沟新村新建村门楼东南500米左右。为北高南低的缓坡状梯田，西部为大冲沟，东部为小冲沟	采集范围15×10平方米
YCTW	273	3	0	111°41′17.20″	35°45′23.28″	地表采集	东部距苇沟新村门楼300米，西距唐霸大道30米。位于冲沟西壁取土场南壁下	
YCTW	274	7	2	111°41′25.96″	35°45′22.25″	地表采集	苇沟新村西南门楼之东南500～550米，北高南低，呈阶梯状分布	采集范围5×5平方米
YCTY	275	1	1	111°41′57.57″	35°45′56.10″	地表采集	营里村西，北环路北的凤架坡路东的麦田地堰上，地形呈缓坡状，为北高南低的梯田	
YCTY	276	6	5	111°41′59.00″	35°45′55.85″	地表采集	营里村西，凤架坡路东的麦田地堰上，地形呈缓坡状，为北高南低的梯田	
YCTY	277	3	3	111°42′00.73″	35°45′55.77″	地表采集	营里村西北，凤架坡路东的现代坟头上，地形呈缓坡状，为北高南低的梯田	
YCTY	278	2	1	111°42′02.35″	35°45′55.58″	地表采集	营里村西，凤架坡路东的麦田地堰上，地形呈缓坡状，为北高南低的梯田	
YCTY	279	0	0	111°42′14.52″	35°45′56.11″	灰坑	营里村内通过的大冲沟里一村民院内的西壁断面上	呈袋形，坑口距地表2、坑南北宽3.5米，坑内填土为黄褐土，口小底大，坑壁向外倾斜
YCTY	280	0	0	111°42′13.69″	35°45′55.67″	灰坑	营里村内通过的大冲沟里一村民院内的西壁断面上	呈袋形，坑距地表2.5、坑南北宽1.5米，坑内填土为黄褐土，口小底大，坑壁向外倾斜

地点	编号	遗物采集数量	标本数量	东经（文本）	北纬（文本）	备注	位置及地貌	遗迹及包含物
YCTY	281	11	3	111°41′56.28″	35°45′49.55″	地表采集	营里村西，北环路北的凤架坡路东的麦田里一处现代坟头边上，地形呈缓坡状，北高南低	
YCTY	282	0	0	111°41′51.56″	35°45′41.75″	陶窑	营里村南，北环路营里段路南的冲沟内东崖壁上	开口距地表1.2、南北长约1.5米
YCTY	283	0	0	111°41′52.22″	35°45′39.23″	墓葬	营里村南，北环路营里段路南的冲沟内东崖壁上	填土夯打，夯层厚0.2~0.3米
YCTY	284	4	1	111°42′00.07″	35°45′38.58″	地表采集	营里村北环路南部，距营里村200米处坟头的封土上，地形呈北高南低的缓坡梯田	
YCTY	285	10	1	111°41′52.60″	35°45′38.41″	灰坑	营里村南，北环路营里段路南的冲沟内东崖壁上	坑形状不明
YCTY	286	0	0	111°42′06.31″	35°45′37.57″	灰坑	营里村南150米，大冲沟的东侧，原为砖瓦窑厂	呈缓坡形圜底状，直径东西1.3、底部距地表1.6米，坑内堆积为灰土
YCTY	287	6	4	111°41′59.36″	35°45′36.64″	地表采集	营里村北环路南部，距营里村200处麦田内，地形北高南低呈缓坡	
YCTY	288	0	0	111°41′53.57″	35°45′36.30″	墓葬	营里村南，北环路营里段路南，苹果园以东的冲沟内东壁崖上	
YCTY	289	2	2	111°41′56.14″	35°45′35.49″	地表采集	营里村北环路南，苹果园以东冲沟内的东崖边地面上	
YCTY	290	6	5	111°41′54.66″	35°45′35.36″	陶窑	营里村北环路南，苹果园以东冲沟内的东崖边断面上，地形为北高南低的冲沟	南北长3.2、距地表2.3、烧结面厚0.08米
YCTY	291	5	3	111°41′53.23″	35°45′30.10″	地表采集	营里村南冲沟内西崖壁上	
YCTY	292	3	2	111°41′53.48″	35°45′28.21″	地表采集	营里村南冲沟内东崖壁上	
YCTY	293	3	3	111°41′53.40″	35°45′28.15″	地表采集	营里村南冲沟内东崖壁上	
YCTY	294	7	5	111°41′53.29″	35°45′28.07″	地表采集	营里村南冲沟内东崖壁上	

地点	编号	遗物采集数量	标本数量	东经（文本）	北纬（文本）	备注	位置及地貌	遗迹及包含物
YCTY	295	7	2	111°41′52.79″	35°45′27.66″	地表采集	营里村南冲沟内西崖壁上	
YCTB	296	3	2	111°41′49.96″	35°45′38.70″	文化层	北寿城村北YCTB297北侧地垅上，北高南低	厚0.6~0.8米
YCTB	297	6	6	111°41′48.01″	35°45′38.00″	灰坑	北寿城村北，苇沟新村东300米，营里村南，古城墙北100米的田间土壁上	
YCTB	298	11	5	111°41′48.78″	35°45′37.09″	地表采集	北寿城村北水渠内，北高南低	
YCTB	299	4	4	111°41′46.45″	35°45′35.80″	地表采集	北寿城村北，南距城墙150米，北高南低	
YCTB	300	3	3	111°41′42.16″	35°45′30.25″	地表采集	北寿城村北，苇沟新村东南的水渠内	
YCTB	301	3	3	111°41′44.97″	35°45′30.01″	地表采集	北寿城村北，苇沟村东南，北距城墙50米，南高北低	
YCTB	302	13	7	111°41′45.02″	35°45′28.85″	地表采集		
YCTB	303	9	6	111°41′50.98″	35°45′28.47″	地表采集	北寿城村北，北距城墙50米，北高南低	
YCTB	304	5	0	111°41′33.54″	35°45′29.61″	灰坑	北寿城村北一条小冲沟内东壁上	坑南北长3、距地表2.5米
YCTB	305	6	3	111°41′33.26″	35°45′29.09″	地表采集	北寿城村北一条小冲沟内东壁上	
YCTB	306	3	2	111°41′33.13″	35°45′28.56″	地表采集	北寿城村北一条小冲沟内东壁上	
YCTB	307	8	3	111°41′32.41″	35°45′28.61″	灰坑	北寿城村北一条小冲沟的西壁上	坑南北宽3、距地表深3米
YCTB	308	4	1	111°41′32.85″	35°45′27.91″	房址	北寿城村北一条小冲沟内东壁上	筒瓦做的烟道叠压在路面下
YCTB	309	5	4	111°41′31.97″	35°45′27.49″	灰坑	北寿城村北一条冲沟的西壁上	坑南北宽1、距地表深1米
YCTB	310	25	13	111°41′37.25″	35°45′27.16″	地表采集	苇沟新村东南大冲沟内的西壁断崖上	
YCTB	311	7	3	111°41′31.62″	35°45′26.41″	灰坑	北寿城村北一条冲沟的西壁上	坑南北宽1、距地表深1米
YCTB	312	8	3	111°41′32.52″	35°45′26.26″	地表采集	北寿城村北一条小冲沟内东壁上	发现一层厚0.3米的道路

地点	编号	遗物采集数量	标本数量	东经（文本）	北纬（文本）	备注	位置及地貌	遗迹及包含物
YCTB	313	10	6	111°41′38.02″	35°45′26.23″	灰坑	苇沟新村东南大冲沟内的东壁上	
YCTB	314	15	12	111°41′45.10″	35°45′26.72″	地表采集	北寿城村北，浅沟地头	
YCTB	315	4	3	111°41′31.34″	35°45′25.91″	灰坑	北寿城村北一条冲沟的西壁上	坑口南北长1、距地表2.5米，坑内堆积为黄褐土
YCTB	316	4	2	111°41′32.08″	35°45′35.78″	地表采集	北寿城村北一条小冲沟内东壁上	
YCTB	317	28	11	111°41′38.29″	35°45′25.90″	灰坑	苇沟新村东南大冲沟内的东壁上	
YCTB	318	4	4	111°41′31.29″	35°45′25.78″	灰坑	北寿城村北冲沟西壁断崖上	坑口南北长1.5、距地表1米，坑内堆积为黄褐土
YCTB	319	0	0	111°41′37.47″	35°45′24.93″	灰坑	北寿城村北冲沟西壁断崖上	坑口南北宽1、距地表1米，内有浅灰色纯净堆积
YCTB	320	6	5	111°41′31.20″	35°45′25.46″	灰坑	北寿城村北一条冲沟的西壁上	坑口南北长1.5、距地表深2.5米，坑内堆积为黄褐色
YCTB	321	11	9	111°41′34.45″	35°45′20.28″	地表采集	北寿城村北一条冲沟的西壁上	
YCTB	322	6	2	111°41′31.15″	35°45′25.24″	灰坑	北寿城村北一条冲沟的西壁上	坑口南北长1、距地表深2.5米
YCTB	323	7	5	111°41′31.81″	35°45′24.68″	灰坑	北寿城村北一条小冲沟内东壁上	坑口南北长6、距地表3.5米
YCTB	324	2	1	111°41′37.69″	35°45′24.62″	灰坑	北寿城村北冲沟内西壁断崖上	坑口南北宽1、距地表1.5米，内有灰土堆积
YCTB	325	5	5	111°41′31.04″	35°45′24.73″	地表采集	北寿城村北一条冲沟的西壁上	
YCTB	326	4	1	111°41′31.75″	35°45′24.02″	灰坑	北寿城村北一条小冲沟内东壁上	坑口南北长5、距地表3.5米，坑内堆积为灰杂土
YCTB	327	16	6	111°41′31.81″	35°45′23.74″	陶窑	北寿城村北一条小冲沟内东壁上	陶窑附带工作坑，南北长4、距离地表1米
YCTB	328	7	6	111°41′31.59″	35°45′23.30″	灰坑	北寿城村北一条小冲沟内东壁上	南北长2.5、距地表0.6米，坑内堆积为灰杂土，含烧土
YCTB	329	9	8	111°41′33.10″	35°45′23.39″	地表采集	北寿城村北大棚温室的墙头	
YCTB	330	5	5	111°41′37.55″	35°45′23.13″	地表采集	北寿城村北冲沟南部西壁上	

续表

地点	编号	遗物采集数量	标本数量	东经（文本）	北纬（文本）	备注	位置及地貌	遗迹及包含物
YCTB	331	13	8	111°41′31.40″	35°45′22.52″	灰坑	北寿城村北一条小冲沟内东壁上	坑南北长5、距地表2.5米，坑内填土为土黄色黄褐花土，含有灰粒
YCTB	332	8	8	111°41′37.69″	35°45′22.59″	地表采集	北寿城村北大冲沟内南部	
YCTB	333	9	2	111°41′31.31″	35°45′22.18″	灰坑	北寿城村北一条小冲沟内东壁上	坑南北长2.5、距离地表1.5米
YCTB	334	0	0	111°41′37.66″	35°45′22.19″	灰坑	北寿城村北冲沟西壁	坑宽0.7、深2.5米，坑内堆积为灰色土
YCTB	335	3	1	111°41′28.05″	35°45′21.55″	陶窑	北寿城村北300米冲沟	窑口距离地表0.5米，形状为袋状，上部宽0.8、下部宽1.2、烧结层厚0.2～0.3、红烧土厚0.3米，内部堆积为黄褐灰土
YCTB	336	17	14	111°41′31.01″	35°45′21.34″	灰坑	北寿城村北一条小冲沟内东壁上	坑南北长3、距离地表1米
YCTB	337	5	5	111°41′28.16″	35°45′20.46″	灰坑	北寿城村北冲沟西壁尾部	灰坑距地表深0.3米，形状不规则，斜坡底，南北长7、深0.5～1.5米。坑内为灰褐花土，质地较密
YCTB	338	11	4	111°41′17.72″	35°45′20.72″	文化层	北寿城村西北沟尾部西部断崖，西高东低	文化层厚1.1～1.2米，上面有0.3米厚的耕土层，堆积为黄褐色花土，质地较密
YCTB	339	4	1	111°41′19.89″	35°45′20.00″	地表采集	北寿城村西北250米养鹿场墙外，北高南低	
YCTB	340	5	0	111°41′21.21″	35°45′20.10″	地表采集	北寿城村西北250米养鹿场墙外，北高南低	
YCTB	341	5	2	111°41′31.23″	35°45′19.76″	夯土	北寿城村北冲沟东壁	夯土层现存0.4～0.9米，每层厚0.1米左右，南部被晚期灰坑破坏
YCTB	342	8	8	111°41′39.50″	35°45′20.61″	陶窑	北寿城村北养殖场东侧水渠内	
YCTB	343	4	3	111°41′39.31″	35°45′19.65″	文化层	北寿城村北大冲沟东壁上	
YCTB	344	6	3	111°41′31.75″	35°45′19.24″	灰坑	北寿城村北冲沟东壁	坑口距离地表深0.4米，形状为袋状，口部南北长2.5米，坑内堆积为黄褐花土，质地较密

地点	编号	遗物采集数量	标本数量	东经（文本）	北纬（文本）	备注	位置及地貌	遗迹及包含物
YCTB	345	4	0	111°41′31.48″	35°45′19.12″	灰坑	北寿城村北冲沟东壁，北高南低	坑口距地表深0.3米，坑形状为直壁平底，南北长5、深1.5米，坑内堆积为黄褐灰花土，质地较密
YCTB	346	7	5	111°41′39.50″	35°45′19.57″	地表采集	北寿城村北大冲沟东部路边	
YCTB	347	5	3	111°41′39.50″	35°45′18.11″	灰坑	北寿城村北大冲沟东壁上	
YCTB	348	2	0	111°41′23.93″	35°45′18.28″	地表采集	北寿城村西北养鹿场南	
YCTB	349	13	4	111°41′31.45″	35°45′16.63″	灰坑	北寿城村北冲沟东壁	坑形状为大口，斜坡底，南北长8、深0.5～1.5米，坑内堆积为黄褐花土，包含红烧土块，土质疏松
YCTB	350	13	7	111°41′39.61″	35°45′17.45″	文化层	北寿城村北大冲沟东壁上	
YCTB	351	0	0	111°41′31.78″	35°45′16.39″	灰坑	北寿城村北	坑口南北长10、深2～3米，直壁，底部高低不平，坑内堆积为黄褐花土，土质较密
YCTB	352	5	1	111°41′31.78″	35°45′15.68″	文化层	北寿城村北	文化层南北长30米，现暴露深2.5米。堆积为黄褐色浅灰土，土质较密
YCTB	353	9	1	111°41′19.97″	35°45′15.59″	地表采集	北寿城村西北冲沟西部断崖下平地	
YCTB	354	4	0	111°41′13.96″	35°45′09.43″	地表采集	北寿城村西北断垣下，北高南低	
YCTB	355	9	7	111°41′43.07″	35°45′07.65″	地表采集	北寿城村东边的一个砖厂取土坑内东壁下	
YCTB	356	10	9	111°41′40.96″	35°45′07.02″	地表采集	北寿城村东砖厂取土坑内南壁下	
YCTB	357	27	23	111°41′42.19″	35°45′06.81″	地表采集	北寿城村东砖厂取土坑内南壁下	
YCTN	358	1	1	111°40′38.53″	35°45′03.98″	墓葬	南官庄村东	被盗掘
YCTD	359	0	0	111°42′00.54″	35°45′30.89″	墓葬	东寿城村北瓦厂西边的断崖上	被盗掘
YCTD	360	1	1	111°42′12.24″	35°45′26.92″	地表采集	东寿城村北500米，东寿城村机制瓦厂东150米处的麦田里。北高南低	

续表

地点	编号	遗物采集数量	标本数量	东经（文本）	北纬（文本）	备注	位置及地貌	遗迹及包含物
YCTD	361	3	0	111°41′55.57″	35°45′24.73″	陶窑	东寿城村北部，瓦厂西边断崖的南头。北高南低	有红烧土和青灰色窑壁，包含有粗绳纹夹砂陶片、粗绳纹瓦片
YCTD	362	1	1	111°42′01.72″	35°45′23.18″	墓葬	北寿城村北500米，东寿城村机制瓦厂东50米处的麦田里。呈北高南低的缓坡，西距大冲沟50米，北邻一小的取土沟	
YCTD	363	0	0	111°42′00.75″	35°45′22.25″	墓葬	东寿城村—北高南低的缓坡上	
YCTD	364	0	0	111°42′01.50″	35°45′20.79″	墓葬	东寿城村北500米处北高南低的缓坡地上。西距从营里村向下的大冲沟50米	
YCTD	365	7	7	111°41′58.84″	35°45′19.14″	地表采集	东寿城村北300米，东寿城瓦厂东北50米北高南低的缓坡地上。西北边为从北向南延伸的一条大冲沟	
YCTD	366	3	3	111°42′23.03″	35°45′17.12″	地表采集	东寿城村北500米，营里村南500米。东距翼城至浮山公路200米。为坡度较缓的坡地梯田，北高南低	
YCTD	367	6	5	111°41′44.09″	35°45′23.92″	陶窑	东寿城村北小冲沟东边断崖上。西为麦田，东为田间路	
YCTD	368	5	3	111°41′46.48″	35°45′22.85″	灰坑	东寿城村北机制瓦厂北边一条小冲沟内。缓坡地形，北高南低	灰坑南北长1.5、距地表1米，内有瓦片
YCTD	369	18	13	111°41′48.62″	35°45′10.53″	地表采集	东寿城村北边的一处断崖上。缓坡状地形，南部有苹果园，东部有一条田间小路，西部为麦田	
YCTD	370	1	1	111°41′51.50″	35°45′08.35″	陶窑	东寿城村北断崖	
YCTD	371	17	7	111°41′52.68″	35°45′07.04″	灰坑	东寿城村北边50米。北高南低的缓坡上的断崖	
YCTD	372	6	5	111°41′56.58″	35°45′06.92″	地表采集	东寿城村北的断崖上	

附　　录

附录一　老君沟墓地出土人骨的人种学研究

郭　林[1]　王　伟[1、2]　张全超[1]

（1.吉林大学边疆考古研究中心；2.海宁市博物馆）

2011年翼城县规划修建唐霸大道工程，需通过省级重点文物保护单位"苇沟-北寿城"遗址区。翼城县文物旅游局报请山西省文物勘探中心，在工程经过的老君沟附近进行勘探，发现大量古墓葬。山西省考古研究所随即组织人员对墓地进行了抢救性发掘，共发掘墓葬54座。

2012年9月山西省文物考古研究所谢尧亭先生和王金平先生邀请本文作者赴侯马工作站，对这批人骨进行了性别年龄鉴定和观察测量工作。颅骨保存较好的人骨多为金元时期，汉代及明清人骨保存相对较差。性别年龄鉴定结果见附表一。

本文选取了各时期可供人类学研究的21例人骨进行了观察、测量和人种学分析，并结合相关资料对其种族属性和有关问题做了一些探讨，以期深入了解晋南地区汉金元明清时期居民的体质特征和种系构成情况。其中汉代颅骨标本2例，金元时期标本9例，明代标本6例，清代标本4例。现将研究结果报告如下。

一、颅骨特征描述

（一）汉代时期人骨

汉代的颅骨标本共计2例，均为男性，保存情况很差。观察和测量的标准参照邵象清编著的《人体测量手册》[①]，以下同（No.1、No.2为笔者编号，括号内为考古发掘时的编号）。

---

① 邵象清：《人体测量手册》，上海辞书出版社，1985年。

1. No.1（11YLM21）

该个体为一年轻男性，年龄在25岁左右。颅骨保存较差。颅型为菱形，颅长宽指数为中颅型，但其绝对值接近圆颅型下限。颧颌下缘转角处欠圆钝。前额倾斜，无额中缝，额指数为狭额型。颅顶缝结构较为简单：前囟段为微波型、顶孔段和后段为深波型，顶段为复杂型。颅顶部发育有矢状嵴。眉弓粗壮，乳突发达，枕外隆突呈喙状。犬齿窝较弱。方形眼眶。心形梨状孔，鼻前窝型梨状孔下缘，鼻前棘已残。"U"型腭，腭指数为中腭型，嵴状腭圆枕。方形下颏，下颌角区外翻，下颌圆枕发育较弱。

2. No.2（11YLM48）

该标本为一例年龄在30～35岁左右的男性，保存情况非常差。前额倾斜，无额中缝。眉弓发育中等，乳突发达，枕外隆突显著。椭圆形眶型，眶指数为低眶型。梨状孔已残，下缘呈钝型。鼻根凹较弱。腭形较开阔，属"V"型，丘状腭圆枕。方形下颏，下颌角区外翻，无下颌圆枕。

由于该组颅骨仅发现两例，并且保存情况非常差，缺少很多重要的测量数据，仅能进行粗略的描述和分析，无法进一步进行对比。因此，关于该时期居民的体质特征还不能得出一个确定性的结论，全面的系统研究期待更多同时期完整个体标本的发现后才能进行。

（二）宋金元时期人骨

老君沟墓地宋金元时期颅骨标本共9例标本。其中4例男性，5例女性（No.1～No.9为笔者编号，括号内为考古发掘时的编号）。

1. 男性颅骨

（1）No.1（11YLM1东侧，图版一八二）

此个体为一中年男性，年龄在30～35岁之间。颅骨保存很完整，颅形为卵圆形，颅长宽指数为偏长的中颅型，颅长高指数为高颅型，颅宽高指数为狭颅型。上面指数为狭上面型，面部较高而狭窄，颧颌下缘转角处欠圆钝。前额较平直，保留有全部的额中缝，额指数为中额型。颅顶缝结构较为简单：前囟段、顶孔段和后段为微波型，顶段为深波型。有矢状嵴发育。眉弓和乳突发育中等，枕外隆突发达。无鼻根凹和犬齿窝。方形眼眶，眶指数为中眶型。梨状孔呈心形，鼻前窝型梨状孔下缘，鼻前棘发达，属BrocaⅣ级，鼻指数为狭鼻型。"U"型腭，腭指数为中腭型，丘状腭圆枕。下颏为方形，下颌角区较直，未发育下颌圆枕。

（2）No.2（11YLM5东侧）

该标本为一成年男性个体。颅骨保存较差，面部和颅基底部残破。椭圆形颅，从颅指数上看，长宽比例为长颅型。颧骨突出，颧颌下缘转角处欠圆钝。额部平直，额指数为阔额型，保留有完整的额中缝。颅顶缝结构相对复杂：前囟段为深波形、顶段为复杂型，顶孔段和后段均已隐没。矢状嵴不明显。眉弓发达，乳突较小，枕外隆突发育显著。方形眼眶，眶指数为偏低的高眶型。心形梨状孔，梨状孔下缘为鼻前沟型；鼻前棘残破，鼻根较浅，右侧犬齿窝较浅，左侧显著。鼻指数为中鼻型。"U"型腭，腭指数为阔腭型，嵴状腭圆枕。下颌骨缺失。

（3）No.3（11YLM7 南侧）

此标本为一中年男性个体，年龄在35～45岁之间。颅骨保存较差，右面部残破。颅形为椭圆形，颅长宽指数为中颅型，颅长高指数为偏低的高颅型，颅宽高指数为偏狭的中颅型。颧颌下缘方折明显，面部扁平。前额倾斜，无额中缝，额指数为偏狭的中额型。颅顶缝结构较简单：前囟段和顶孔段为微波型，顶段复杂型，后段为深波型。颅顶部存在矢状嵴。眉弓和枕外隆突均很显著，乳突发达。方形眼眶，眶指数为偏低的中眶型。梨状孔残，下缘呈钝型；鼻前棘很发达，属Broca V级，无鼻根凹和犬齿窝。"U"型腭，腭指数为阔腭型，腭圆枕呈嵴状。方形下颏，下颌角区残损，无下颌圆枕发育。

（4）No.4（11YLM23 北Ⅱ，图版一八五）

此标本为35岁左右的男性个体。下颌骨牙槽骨有萎缩的迹象，并伴有根尖脓肿。颅骨保存较完整，颅后部存在变形的情况。具体原因不明，可能为埋葬过程中受挤压所致，导致部分数据不可测。椭圆形颅，由于颅后部向左偏移，无法取得颅长颅宽值。颧部突出，颧颌下缘的转角处方折明显。前额倾斜，无额中缝。颅顶缝结构相对复杂：前囟段呈微波型、顶孔段深波微波型，顶段和后段为锯齿型。颅顶部存在矢状嵴。眉弓发育显著，枕外隆突和乳突很发达。方形眼眶，眶指数为中眶型。梨形梨状孔，梨状孔下缘为鼻前沟型；鼻前棘已残，鼻根凹浅，无犬齿窝发育。"U"型腭，腭指数为阔腭型，瘤状腭圆枕。圆形下颏，下颌角区外翻明显，下颌圆枕发育较弱。

2. 女性颅骨

（1）No.5（11YLM1 西侧，图版一八三）

年龄在25～30岁之间的女性个体。颅骨保存完整。颅形为卵圆形，从颅骨指数上看，长宽比例为长颅型，长高比例为高颅型，宽高比例为狭颅型。上面指数为狭上面型，颧颌下缘方折明显，面部中等程度扁平。前额平直，无额中缝，额指数为接近中额型值上限的阔额型。颅顶缝结构简单：前囟段为微波型，顶段和后段为深波型，顶孔段为锯齿型。颅顶部发育有很弱的矢状嵴。眉弓发育弱，乳突较小，枕外隆突稍显。方形眼眶，眶指数为中眶型。心形梨状孔，梨状孔下缘为钝型；鼻前棘低矮，属Broca Ⅱ级，无鼻根凹和犬齿窝，鼻指数为接近中鼻型值下限的狭鼻型。腭形为"Ⅴ"型，腭指数为中腭型，无腭圆枕。方形下颏，下颌角区较直，无下颌圆枕。

（2）No.6（11YLM7 北侧）

该颅骨为一例25岁左右的女性个体。颅骨大部分保存较好，两侧颧弓和右侧颧骨残损。颅形为卵圆形，颅长宽指数为圆颅型，颅长高指数为高颅型，颅宽高指数为偏狭的中颅型。前额平直，无额中缝，额指数为狭额型。颅顶缝结构简单：前囟段和顶孔段为微波型，顶段和后段为深波型。颅顶发育有很弱的矢状嵴。眉弓很弱，乳突较小，枕外隆突稍显。方形眼眶，眶指数为中眶型。心形梨状孔，梨状孔下缘呈锐型；鼻前棘低矮，属Broca Ⅱ级，犬齿窝较浅，无鼻根凹，鼻指数为狭鼻型。腭形为"V"型，腭指数为阔腭型，无腭圆枕。尖形下颏，下颌角区较直，左右两侧都发育有很弱的下颌圆枕。

（3）No.7（11YLM19 北侧 Ⅱ）

该颅骨属于20～23岁之间的女性个体。颅骨保存完整。颅形为圆形，从颅骨指数上看，长宽比例为圆颅型，长高比例为高颅型，宽高指数为狭颅型。前额平直，无额中缝，额指数为狭额型。颅顶缝结构较简单：前囟段和顶孔段为微波型，顶段为锯齿型，后段为深波型。颅顶部无矢状嵴。眉弓很弱，乳突较小，枕外隆突显著。眶型为方形，眶指数为高眶型。心形梨状孔，梨状孔下缘右侧呈锐型，左侧呈钝型；鼻前棘残损，无鼻根凹和犬齿窝，鼻指数为狭鼻型。腭形为"V"型，腭指数为阔腭型，腭圆枕呈丘状。圆形下颏，下颌角区平直，未发育下颌圆枕。

（4）No.8（11YLM23 西 Ⅰ，图版一八四）

中年女性，年龄约在30～35岁之间。颅骨保存完整，矢状缝已完全愈合。颅形为卵圆形，颅长宽指数为中颅型。由于矢状缝已愈合，无法测得准确颅高值。但从正投影照片看，颅长高指数和颅宽高指数应该为高颅型结合中颅型。颅顶缝已全部愈合。颅顶部发育很弱的矢状嵴。前额中等倾斜，无额中缝，额指数为阔额型。上面指数为极其接近中面型下限的阔上面型。颧部略突出，颧颌下缘转角处欠圆钝，面部低阔而且扁平。眉弓发育显著，乳突中等，枕外隆突稍显。方形眼眶，眶指数为偏高的中眶型。梨形梨状孔，梨状孔下缘为鼻前窝型；鼻前棘中等，属Broca Ⅲ级，鼻根凹较浅，犬齿窝发达。腭形为"U"型，腭指数为极其接近中腭型上限的阔腭型，无腭圆枕。方形下颏，下颌角区外翻，在右侧下颌骨内侧面有发育很弱的下颌圆枕。

（5）No.9（11YLM23 东 Ⅳ）

中年女性，年龄在40岁左右。颅骨保存情况一般，左侧眼眶外缘有破损，左侧颞鳞处破损，枕骨大孔近基底部处有骨质增生。颅形为卵圆形，颅长高指数为高颅型。上面指数为阔上面型，接近中上面型的下限。颧骨高而宽，颧颌下缘转角处方折明显。前额平直，无额中缝。颅顶缝结构比较简单：前囟段和顶段已隐没，依稀可以辨认颅顶点位置，顶孔段和后段均为深波型。颅顶部发育很弱的矢状嵴。眉弓较弱，乳突较小，枕外隆突较中等。心形梨状孔，梨状孔下缘呈钝型；鼻前棘发达，属Broca Ⅳ级，无鼻根凹，犬齿窝较浅，鼻指数为阔鼻型。腭形为"V"型，腭指数为阔腭型，腭圆枕呈丘状。尖形下颏，下颌角区外翻，下颌骨内侧面未见下颌圆枕。

女性颅骨的总体特征可概括为偏圆的中颅型、高颅型和狭颅型，眶指数为中眶型，鼻指数为中鼻型，腭指数为阔腭型等。

通过综合分析以上标本的测量与非测量特征，老君沟墓地金元时期男性颅骨的主要体质特征可以概括为：中颅型、高颅型结合偏阔的狭颅型，颅形多为卵圆形。颅顶缝结构较简单。额部向后倾斜，额型复杂；眶部中等，多呈方形；鼻部中等偏阔，梨状孔多为心形，其下缘多为鼻前沟和鼻前窝型，鼻前棘发达；腭部多呈"U"型，为阔腭型；面部宽度值中等，高度中等，垂直方向突出不明显，水平方向扁平度较大，颧骨上颌骨下缘欠圆钝；乳突发育均较大；枕外隆突发育均显著；上门齿皆为铲形；犬齿窝发育不显著；矢状脊均较明显；下颌骨颏部多为方形，少数为圆形；下颌角多外翻，多数无下颌圆枕。

女性颅骨除了前额偏直、眉弓发育较弱，乳突较小，枕外隆突稍显、下颌角区多直形等反映性别差异的特征以外，其种族特征基本与男性相同。所不同的是与男性组相比，女性组具有更圆更狭的颅形和较高的眶型。

鉴于本文颅骨标本上所反映出的简单的颅顶缝、欠发达的犬齿窝和鼻根凹、宽阔而扁平的面形、转角处欠圆钝的颧骨上颌骨下缘、铲型齿和鼻前窝型梨状孔下缘的较高出现率等特点，我们认为该组颅骨应归属于亚洲蒙古人种的范围。

（三）明清时期人骨

老君沟墓地明清时期颅骨标本共10例标本，5例是男性，5例是女性（No.1～No.10为笔者编号，括号内为考古发掘时的编号）。

1. 男性颅骨

（1）明代

①No.1（11YLM29北Ⅳ）

此个体为一年轻男性个体，年龄在20～25岁之间。颅骨保存很完整，下颌臼齿均已脱落，对应处的齿槽骨已愈合。楔形颅骨，颅长宽指数为值接近中颅型的上限圆颅型，颅长高指数为高颅型，颅宽高指数为中颅型。上面指数为阔上面型，面部较矮而宽阔。颧颌下缘转角处欠圆钝。前额倾斜，无额中缝，额指数为狭额型。颅顶缝结构简单：前囟段、顶段、顶孔段和后段均为微波型。矢状嵴欠发达。眉弓发育中等，乳突和枕外隆突发达。无鼻根凹，犬齿窝很浅。方形眼眶，眶指数为中眶型。梨状孔呈心形，梨状孔下缘左侧为鼻前窝型、右侧为锐形。鼻前棘发育中等，属BrocaⅢ级，鼻指数为阔鼻型。"V"型腭，无腭圆枕。下颏为方形，下颌角区较直，未发育下颌圆枕。

②No.2（11YLM29北Ⅲ）

该标本为一例年龄在31～34岁之间的男性。颅形为椭圆形。颅长宽指数为圆颅型，但其值接近中颅型的上限；颅长高指数为高颅型；颅宽高指数为狭颅型。面宽值缺失，但从较大的耳点间宽值，较小的上面高值来看，该个体的面部应该宽阔且低矮。颧颌下缘明显方折。前额倾斜，无额中缝。矢状缝结构略复杂：其中前囟段和顶孔段为微波型，顶段为锯齿型，后段为复杂型。颅顶正中有发达的矢状嵴。眉弓显著，乳突中等，枕外隆突稍显。长方形眶型，眶指数为低眶型。心形梨状孔，梨状孔下缘呈鼻前窝型；鼻前棘欠发达，属Broca I级，鼻根凹较浅，犬齿窝发育很弱，鼻指数为阔鼻型。腭形较开阔，属"U"型，无腭圆枕。存在人字缝骨。下颌骨缺失。

③No.3（11YLM29 西南 I）

该颅骨属于一成年男性个体。保存较差，面部残损严重，下颌骨缺失。颅形为椭圆形，颅长宽指数为中颅型，颅长高指数为偏正的高颅型，颅宽高指数为狭颅型。颧弓缺损，但从中等耳点间宽值来看，可以推测出该个体具有中等面宽。矢状缝结构简单：前囟段、顶孔段和后段呈微波型，顶段呈深波型。颅顶部发育有矢状嵴。眉弓显著，枕外隆突和乳突很发达。面部残损严重，无法观察鼻眶等部位的特征。

（2）清代

①No.4（11YLM36 中部 IV）

该标本为一中年男性个体，年龄在40～50岁之间。颅骨保存较完整。卵圆形颅，从颅指数上看，长宽比例为中颅型，但其值接近圆颅型的下限。额部倾斜，额指数为狭额型，无额中缝。颅顶缝结构为：前囟段为微波形、顶段为锯齿型，顶孔段和后段均已隐没。矢状嵴不明显。颧骨突出，颧颌下缘转角处欠圆钝。眉弓较显著，乳突发达，枕外隆突呈喙状。方形眼眶，眶指数为高眶型。梨型梨状孔，梨状孔下缘为锐型；鼻前棘发育较弱，属Broca II级。无鼻根凹，犬齿窝很浅。鼻指数为狭鼻型。"U"型腭，腭指数为阔腭型，嵴状腭圆枕。下颌骨缺失。

②No.5（11YLM55 东侧）

此标本为一中年男性个体，年龄在35～39岁之间。颅骨保存残破，无法拼合，所得测量项目数据很少。颧颌下缘方折明显，面部扁平度大。前额倾斜，无额顶缝。在颅顶缝结构中，只能观察到前囟段呈深波型，其余部分已残损。眉弓和枕外隆突均很显著，乳突发达。圆形眼眶。梨形梨状孔，梨状孔下缘呈锐型；鼻前棘发达，属Broca IV级，鼻根凹和犬齿窝均很浅。"V"型腭，腭圆枕呈瘤状。方形下颏，下颌角区外翻，无下颌圆枕发育。

2. 女性颅骨

（1）明代

①No.6（11YLM8东 I）

此个体为一年轻女个体，年龄在20～25岁之间。颅骨保存情况一般，右侧顶骨破损，下颌骨缺失。楔形颅骨，颅长宽指数为特圆颅型，颅长高指数为高颅型，颅宽高指数为阔颅型。颧弓破损，面部低矮，颧颌下缘转角处欠圆钝。前额中等倾斜，无额中缝，额指数为狭额型。颅顶缝结构较简单：前囟段、顶孔段均为微波型，顶段为锯齿型，后段为微波型。矢状嵴欠发达。眉弓发育很弱，乳突较小，枕外隆突稍显。无鼻根凹，犬齿窝发育中等。方形眼眶，眶指数为中眶型。梨状孔呈心形，梨状孔下缘为鼻前窝型。鼻前棘发育中等，属Broca III级，鼻指数为中鼻型。"U"型腭，丘状腭圆枕。

②No.7（11YLM29 中部Ⅱ，图版一八六）

此个体为中年女性个体，年龄在45～50岁之间。颅骨保存较完整。上颌门牙已脱落，齿槽愈合；下颌颊齿均已脱落，对应处的齿槽骨已愈合。楔形颅骨，颅长宽指数为圆颅型，其值接近中颅型的上限；颅长高指数为高颅型；颅宽高指数为中颅型。上面指数为中上面型，颧颌下缘转角处欠圆钝。前额倾斜，无额中缝，额指数为狭额型。颅顶缝大部分愈合，依稀可见颅顶点，后段为深波型。矢状嵴欠发达。眉弓很弱，乳突中等，枕外隆突极显著。无鼻根凹，犬齿窝发育显著。方形眼眶，眶指数为中眶型，接近高眶型的下限。梨状孔呈心形，梨状孔下缘呈钝型。鼻前棘发育很弱，属BrocaⅠ级，鼻指数为中鼻型，接近阔鼻型下限。"U"型腭，嵴状腭圆枕。下颏为圆形，下颌角区破损，未发育下颌圆枕。

③No.8（11YLM33 南Ⅰ，图版一八七）

此个体为一35岁左右的女性。颅骨保存完整。颅呈五角形，属中颅型、高颅型结合中颅型。上面指数为中上面型，颧颌下缘转角处欠圆钝。前额平直，无额中缝，额指数为狭额型，极其接近中额型的下限。颅顶缝结构简单：前囟段、顶孔段和后段呈微波型，顶段为深波型。矢状嵴欠发达。眉弓稍显，乳突发达，枕外隆突显著。无鼻根凹，犬齿窝极其显著。圆形眼眶，眶指数为高眶型。梨状孔呈心形，梨状孔下缘呈鼻前窝型。鼻前棘发达，属BrocaⅣ级，鼻指数为阔鼻型。"V"型腭，嵴状腭圆枕。方形下颏，下颌角区外翻，未发育下颌圆枕。

（2）清代

①No.9（11YLM36 西Ⅰ）

此个体为一35岁左右的女性。颅骨保存很差，面部残损，下颌骨缺失。颅呈椭圆形，属中颅型、高颅型结合中颅型。前额平直，无额中缝。颅顶缝结构简单：前囟段、顶孔段呈微波型，顶段呈锯齿型，后段呈深波型。矢状嵴欠发达。眉弓稍显，乳突较小，枕外隆突稍显。人字点附近有缝间骨存在。

②No.10（11YLM36 中部Ⅲ）

此个体为一成年女性。颅骨保存很差，面部残损。颅呈椭圆形，属中颅型、正颅型结合中颅型。前额平直，保留有全部的额中缝。颅顶缝结构简单：前囟段呈深波型，顶段呈锯齿型，顶孔段和后段呈微波型。矢状嵴欠发达。眉弓稍显，乳突较小，枕外隆突稍显。人字缝有缝间骨存在。圆形下颏，下颌角区直形，未发育下颌圆枕。

通过综合分析以上标本的测量与非测量特征，老君沟墓地明清时期男性颅骨的主要体质特征可以概括为：偏圆的中颅型、高颅型结合狭颅型，颅形多为椭圆形。颅顶缝结构较简单。额部向后倾斜，额型偏狭；眶部中等，多呈方形；鼻部中等偏阔，梨状孔心形和梨形兼而有之，其下缘多为锐型，鼻前棘中等发育；腭部多呈"U"型，为阔腭型；面部宽阔，高度中等，垂直方向突出不明显，水平方向扁平度较大，颧骨上颌骨下缘欠圆钝；乳突发育均较大；枕外隆突发育均显著；上门齿皆为铲形；犬齿窝发育不显著；矢状脊均较明显；下颌骨颏部皆为方形；下颌角区外翻，多数无下颌圆枕。

　　女性颅骨除了前额中等偏直、眉弓发育较弱，乳突较小，枕外隆突欠稍显等反映性别差异的特征以外，其种族特征基本与男性相同，所不同的是与男性组相比，女性组具有更圆更阔的颅型，更发达的犬齿窝以及相对突出的颌部。

　　鉴于本文颅骨标本上所反映出的简单的颅顶缝、欠发达的犬齿窝和鼻根凹、宽阔而扁平的面形、转角处欠圆钝的颧骨上颌骨下缘、铲型齿和鼻前窝型梨状孔下缘的较高出现率等特点，我们认为该组颅骨应归属于亚洲蒙古人种的范围。

二、与亚洲各近代组的比较

　　为了进一步考察老君沟金元组、明清组古代居民与现代亚洲蒙古人种各个地区居民在种族类型上的渊源关系，以及考察老君沟金元、明清古代居民在体质特征上是否存在一致性，我们选择华北组、抚顺组、爱斯基摩（东南）组、爱斯基摩（勒俄康）组、楚克奇（河滨）组、楚克奇（驯鹿）组、蒙古组、布里亚特组、通古斯组[①]等9个近代颅骨组进行比较，对比组见表一。本文采用计算老君沟明清组与金元组及各近代组之间欧氏距离系数的方法进行定量分析，并根据欧氏距离系数绘制聚类图。

　　根据表二的欧氏距离系数值，我们进一步对其进行聚类分析（Cluster analysis），聚类分析的基本思想是根据一批样品的多个观测指标，具体找出一些能够度量样品或指标之间的相似程度的统计量，以这些统计量为划分类型的依据，把一些相似程度较大的样品（或指标）聚为一类，把另外一些彼此之间相似程度较大的样品（或指标）又聚为另一类……关系密切的聚合到一个小的分类单位，关系疏远的聚到一个大的分类单位，直到把所有的样品（或指标）都聚合完毕，把不同的类型一一划分出来，形成一个由小到大的分类系统。最后再把整个分类系统画成一张分群图（又称谱系图），用它把所有样品（或指标）间的亲属关系表示出来[②]，基于以上思想我们绘制出聚类图（图一），清晰地反映出了老君沟组与各近代组之间的关系，在刻度25的范围内，10个颅骨组大致可以区分为两个聚类群，第一聚类群（9～11组）基本代表了亚洲蒙古人种中的北亚类型群体，第二聚类群（1～8组）主要代表了亚洲蒙古人种中的东亚和东北亚类型群体。在刻度15的范围内，又分为两个聚类群，第一聚类群（5～8组）代表了东北亚类型群体，在第二聚类群（1～4组）中老君沟明清组、金元组与亚洲蒙古人种中的东亚类型群体聚为一类，可见这两组古代居民与亚洲蒙古人种东亚类型居民在颅骨特征上较为一致，同时也反映了这两组居民在体质特征上的一致性。此外，由表3的欧氏距离系数可知，老君沟金元组、明清组与近代抚顺组、华北组之间的距离值最小，反映了三者在颅面部形态上十分接近。

　　①　潘其风、韩康信：《柳湾墓地的人骨研究》，《青海柳湾》附录一，文物出版社，1984年；韩康信：《沈阳郑家洼子的两具青铜时代人骨》，《考古学报》1975年第1期；韩康信、潘其风：《安阳殷墟中小墓人骨的研究》，《安阳殷墟头骨研究》，文物出版社，1985年。

　　②　何晓群：《多元统计分析》，中国人民大学出版社，2004年。

表一　老君沟组与各近代颅骨组的比较（男）　（长度：毫米；角度：度；指数：%）

比较项目	老君沟金元组	老君沟明清组	华北组	抚顺组	爱斯基摩（东南）组	爱斯基摩（勒俄康）组	楚克奇（河滨）组	楚克奇（驯鹿）组	蒙古组	布里亚特组	通古斯组
1颅长（g-op）	181.7	178.1	178.5	180.8	181.8	183.9	182.9	184.4	182.2	181.9	185.5
8颅宽（eu-eu）	137.9	140.9	138.2	139.7	140.7	143.0	142.3	142.1	149.0	154.6	145.7
17颅高（ba-b）	140.7	137.1	137.2	139.2	135.0	137.1	133.8	136.9	131.4	131.9	126.3
9最小额宽	95.3	89.5	89.4	90.8	94.9	98.1	95.7	94.8	94.3	95.6	90.6
45颧宽（zy-zy）	132.2	133.0	132.7	134.3	137.5	140.9	140.8	140.8	141.8	143.5	141.6
48上面高（n-sd）	76.7	73.3	75.3	76.2	77.5	78.2	78.0	78.9	78.0	77.2	75.4
52眶高R	34.0	34.1	35.5	35.5	35.9	35.9	36.3	36.9	35.8	36.2	35.0
51眶宽（mf-ek）R	42.1	43.3	44.0	42.9	43.4	44.5	44.1	43.6	43.2	42.2	43.0
54鼻宽	24.3	26.1	25.0	25.7	24.4	23.5	24.6	24.9	27.4	27.3	27.1
55鼻高（n-ns）	54.4	53.4	55.3	55.1	54.6	54.7	55.7	56.1	56.5	56.1	55.3
72面角（n-prFH）	89.5	86.2	83.4	83.6	83.8	85.6	83.2	83.1	87.5	87.7	86.6
8:1颅指数	75.9	79.1	77.6	77.3	77.6	77.5	77.9	77.2	82.0	85.1	[78.7]
17:1颅长高指数	77.4	77.6	77.0	77.1	[74.3]	[74.6]	[73.2]	[74.2]	[72.1]	[72.5]	[68.1]
17:8颅宽高指数	101.0	98.1	99.5	100.0	[96.0]	[95.9]	[94.0]	[96.3]	[88.2]	[85.3]	[86.7]
52:51眶指数R	80.9	71.6	80.7	83.0	83.0	80.8	82.4	84.5	82.9	86.0	[81.5]
54:55鼻指数	47.0	51.0	45.2	46.9	44.8	43.0	44.7	44.5	48.6	48.7	[49.4]
9:8额宽指数	69.4	64.3	64.7	[65.0]	[67.5]	[68.6]	[67.3]	[66.7]	[63.3]	[61.8]	[62.2]

注：[　]中的数值是根据平均数计算所得的近似值

使用平均联接（组间）的树状图
重新调整距离聚类合并

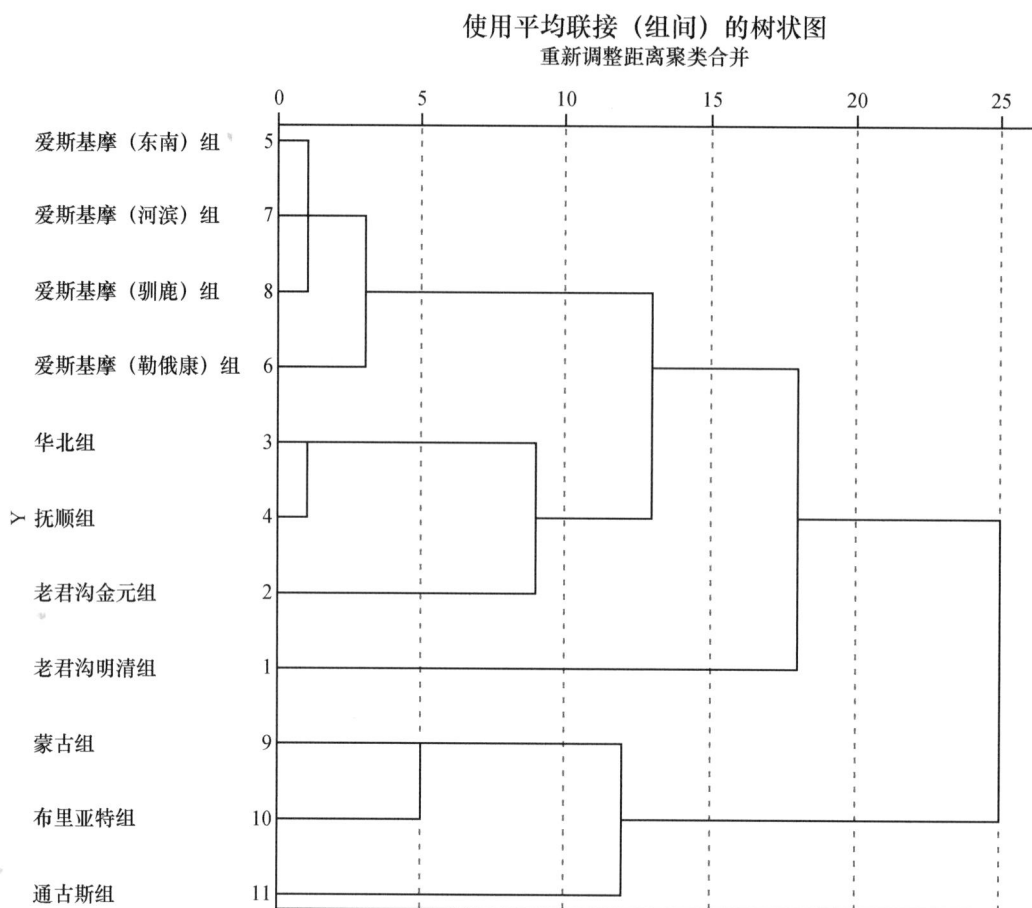

图一　老君沟金元、明清组与亚洲蒙古人种各近代组之聚类图

表二　老君沟金元、明清组与亚洲蒙古人种各近代组之 Dij 值（男性）

	1	2	3	4	5	6	7	8	9	10	11
1	0.0										
2	15.6	0.0									
3	12.1	11.6	0.0								
4	13.8	9.9	5.2	0.0							
5	17.2	12.6	10.7	9.3	0.0						
6	19.9	14.4	15.9	13.9	7.2	0.0					
7	19.6	16.7	14.7	13.3	5.0	6.3	0.0				
8	20.5	15.3	14.1	11.2	5.7	6.7	5.1	0.0			
9	22.9	24.5	22.2	20.8	15.6	16.1	12.9	15.4	0.0		
10	29.2	30.7	28.7	27.0	22.2	22.0	19.5	21.4	8.3	0.0	
11	24.6	27.8	24.3	23.8	18.6	20.5	16.1	19.1	10.2	15.6	0.0

1 老君沟明清组　2 老君沟金元组　3 华北组　4 抚顺组　5 爱斯基摩（东南）组　6 爱斯基摩（勒俄康）组　7 楚克奇（河滨）组　8 楚克奇（驯鹿）组　9 蒙古组　10 布里亚特组　11 通古斯组

三、讨论与结论

（1）老君沟东汉时期仅发现两例颅骨标本并且保存情况非常差，缺少很多重要的测量数据，仅能进行粗略的描述和分析，无法进行更深入的对比研究。因此关于该时期居民的体质特征还不能得出一个确定性的结论，全面的系统研究期待更多完整的东汉时期个体标本的发现后才能进行。

（2）老君沟墓地金元时期男性颅骨的主要体质特征可以概括为：中颅型、高颅型结合偏阔的狭颅型，颅形多为卵圆形。颅顶缝结构较简单。额部向后倾斜，额型复杂；眶部中等，多呈方形；鼻部中等偏阔，梨状孔多为心形，其下缘多为鼻前沟和鼻前窝型，鼻前棘发达；腭部多呈"U"型，为阔腭型；面部宽度值中等，高度中等，垂直方向突出不明显，水平方向扁平度较大，颧骨上颌骨下缘欠圆钝；乳突发育均较大；枕外隆突发育均显著；上门齿皆为铲形；犬齿窝发育不显著；矢状脊均较明显；下颌骨颏部多为方形，少数为圆形；下颌角多外翻，多数无下颌圆枕。女性颅骨除了前额偏直、眉弓发育较弱，乳突较小，枕外隆突稍显、下颌角多直形等反映性别差异的特征以外，其种族特征基本与男性相同，所不同的是与男性组相比，女性组具有更圆更狭的颅形和较高的眶型。

（3）老君沟墓地明清时期男性颅骨的主要体质特征可以概括为：偏圆的中颅型、高颅型结合狭颅型，颅形多为椭圆形。颅顶缝结构较简单。额部向后倾斜，额型偏狭；眶部中等，多呈方形；鼻部中等偏阔，梨状孔心形和梨形兼而有之，其下缘多为锐型，鼻前棘中等发育；腭部多呈"U"型，为阔腭型；面部宽阔，高度中等，垂直方向突出不明显，水平方向扁平度较大，颧骨上颌骨下缘欠圆钝；乳突发育均较大；枕外隆突发育均显著；上门齿皆为铲形；犬齿窝发育不显著；矢状脊均较明显；下颌骨颏部皆为方形；下颌角区外翻，多数无下颌圆枕。女性颅骨除了前额中等偏直、眉弓发育较弱，乳突较小，枕外隆突欠稍显等反映性别差异的特征以外，其种族特征基本与男性相同，所不同的是与男性组相比，女性组具有更圆更阔的颅形，更发达的犬齿窝以及相对突出的颌部。

（4）与现代亚洲各个蒙古人种的欧式距离的计算结果表明：老君沟金元、明清时期居民的人种学特征与现代蒙古人种东亚亚类型居民存在较多的一致性，并且两个时期的居民在体质特征上存在延续性。尤其与近现代华北地区居民在颅骨的基本形态特征方面最为接近。

（5）人种学研究在历史时期，尤其是唐以后属于薄弱环节。山西地区这一时段相关人种学材料较少。老君沟金元明清时期人骨材料的发现和研究，为我们了解这一时期晋南地区居民体质特征提供了一份重要的基础资料。

致谢：本文的研究得到了国家哲学社会科学基金重大项目（项目编号：11&ZD182）；2009吉林大学基本科研业务费资助项目（2009JC009）；国家基础科学人才培养基金项目（J1210007）的支持；本文所使用的颅骨标本是由山西省考古研究院提供的，在标本的观测中得到了侯马工作站张王俊和解宙鹏两位师傅的支持和帮助，文章的写作中山西省考古研究院的王金平先生也给予了很大的支持和帮助，并提出了宝贵的意见，同时吉林大学边疆考古研究中心硕士研究生张博和孙志超在照片处理方面给予了帮助和支持，在此一并致以衷心的感谢。

附表一　老君沟墓地性别年龄鉴定表

编号	墓号	性别	年龄（岁）
01	M1东侧	男	30~35
02	M1西侧	女	25~30
03	M5东侧	男	成年
04	M5西侧	不详	30~35
05	M7北侧	女	25±
06	M7南侧	男	35~45
07	M8北端Ⅲ	不详	成年
08	M8北端南侧Ⅱ	男	成年
09	M8东侧Ⅰ	女	20~25
10	M9东侧	男	35±
11	M9西侧	女	成年
12	M10	女	成年
13	M13	女	成年
14	M15	女	成年
15	M16	男	31~34
16	M17前端Ⅰ	不详	不详
17	M17后端Ⅱ	女？	25~30
18	M18东侧	男	40±
19	M18西侧	女	40±
20	M19北侧Ⅱ	女	20~23
21	M19南侧Ⅰ	男？	18~19
22	M20	男？	成年
23	M21	男	25±
24	M22西侧	不详	不详
25	M22东侧	男	35±
26	M23西Ⅰ	女	30~35
27	M23北Ⅱ	男	35±
28	M23东Ⅲ	男？	成年
29	M23东Ⅳ	女	40±
30	M28东侧	不详	成年
31	M28西侧	男？	成年
32	M29西南角Ⅰ	男	成年
33	M29中部偏北Ⅲ	男	31~34
34	M29中部Ⅱ	女	45~50
35	M29北端Ⅳ	男	20~25

续表

编号	墓号	性别	年龄（岁）
36	M32南侧Ⅰ	女	25～30
37	M32北侧Ⅱ	男	25～30
38	M33南侧Ⅰ	女	35±
39	M33北侧Ⅱ	不详	不详
40	M34	男	25～30
41	M35	男?	成年
42	M36西侧Ⅰ	女	35±
43	M36中部偏西Ⅱ	女	18～19
44	M36中部Ⅲ	女	成年
45	M36中部Ⅳ	男	40～50
46	M37北侧	男?	不详
47	M37南侧	不详	不详
48	M41	不详	不详
49	M43北侧	不详	成年
50	M43南侧	不详	不详
51	M46北侧	男	30～40
52	M46南侧	不详	成年
53	M48	男	30～35
54	M49	不详	不详
55	M50扰土	女?	成年
56	M51扰土	男	成年
57	M55西侧	女	成年
58	M55东侧	男	35～39
59	M56后端南侧Ⅰ	不详	不详
60	M56后端北侧Ⅱ	男?	25～30
61	M56前端南侧Ⅲ	女	25～30
62	M56前端中部Ⅳ	男?	成年
63	M56前端北侧Ⅴ	不详	成年

注：男？表示"疑似男性"，女？表示"疑似女性"；墓号依据出土标签

（吉林大学边疆考古研究中心：王　伟　郭　林）

附表二　测量项目说明

马丁号	测量项目	英文说明及代号
1	颅骨最大长	Maximum cranial length （g-op）
8	颅骨最大宽	Maximum cranial breadth （eu-eu）
17	颅高	Basi-bregmatic height （b-ba）
21	耳上颅高	Auricular height （po-po）
9	最小额宽	Minimum frontal breadth （ft-ft）
7	枕骨大孔长	Foraman magnum length （ba-o）
16	枕骨大孔宽	Foraman magnum breadth
25	颅矢状弧	Cranial sagittal arc （n-o）
26	额骨矢状弧	Frontal arc （n-b）
27	顶骨矢状弧	Parietal arc （b-l）
28	枕骨矢状弧	Occipital arc
29	额骨矢状弦	Frontal chord （n-b）
30	顶骨矢状弦	Parietal （b-l）
31	枕骨矢状弦	Occipital chord （l-o）
23	颅周长	Cranial Horizontal circum ference （g,op）
24	颅横弧	Cranial Transverse arc （po-b-po）
5	颅基底长	Basis length （n-enba）
40	面底长	Profile length （pr-enba）
48	上面高	Upper facial height （n-pr）
	上面高	Upper facial height （n-sd）
47	全面高	Morphological facial height （n-gn）
45	面宽	Bizygomatic breadth （zy-zy）
46	中面宽	Middle facial breadth （zm-zm）
43（1）	两眶外缘宽	Biorbital breadth （fmo-fmo）
50	眶间宽	Interorbital breadth （mf-mf）
MH	颧骨高	Malar （fmo-zm）
MB′	颧骨宽	Malar breadth （zm-rim.orb.）
54	鼻宽	Nasal breadth
55	鼻高	Nasal height （n-ns）
SC	鼻骨最小宽	Simotic chord
SS	鼻骨最小宽高	Simotic subtense
51	眶宽	Orbital breadth （mf-ek）
51a	眶宽	Orbital breadth from dacryon （d-ek）
52	眶高	Orbital height
60	上颌齿槽弓长	Maxillo-alveolar length （pr-alv）
61	上颌齿槽弓宽	Maxillo-alveolar breadth （ecm-ecm）
62	腭长	Palatal length （ol-sta）

马丁号	测量项目	英文说明及代号
63	腭宽	Palatal breadth （enm-enm）
12	枕骨最大宽	Maximum occipital breadth （ast-ast）
11	耳点间宽	Interauriculare breadth （au-au）
44	两眶宽	Biorbital breadth （ec-ec）
FC	两眶内宽	fmo-fmo
FS	鼻根点至两眶内宽之高	Nasio-frontal subtence （sub. fmo-n-fmo）
DC	眶间宽	d-d
32	额侧角Ⅰ	Forehead slope angle （∠n-m FH）
	额侧角Ⅱ	Profile angle of frontal bone （∠g-m FH）
	前囟角	Bregmatic angle （∠g-b FH）
72	面角	Total facial angle （∠n-pr FH）
73	鼻面角	Nasal profile angle （∠n-ns FH）
74	齿槽面角	Alveolar profile angle （∠ns-pr FH）
75	鼻梁侧角	Nasalia roof angle （∠ns-rhi FH）
77	鼻颧角	Nasion-frontal angle （∠fmo-n-fmo FH）
SSA	颧上颌角	Zygomaxillary angle （∠zm-ss-zm FH）
	面三角Ⅰ（上齿槽角）	Alveolar angle （∠n-pr-ba FH）
	面三角Ⅱ（鼻根点角）	Nasal angle （∠pr-n-ba FH）
	面三角Ⅲ（颅底角）	Basilar angle （∠n-ba-pr FH）
	鼻梁角	72-75
8：1	颅长宽指数	Cranial index
17：1	颅长高指数	Cranial length-height index
17：8	颅宽高指数	Breadth basio-bregmatic
21：1	颅长耳高指数	Cranial length-aurical height index
9：8	额宽指数	Fronto-parietal index
16：7	枕骨大孔指数	Occipital foramen index
40：5	面突指数	Gnathic index
48：17	垂直颅面指数	Vertical cranio-facial index
48：45	上面指数（K）	Upper facial index
48：46	中面指数（V）	Middle facial index
54：55	鼻指数	Nasal index
52：51	眶指数Ⅰ	Orbital index Ⅰ
52：51a	眶指数Ⅱ	Orbital index Ⅱ
54：51	鼻眶指数Ⅰ	Nasion-orbital index Ⅰ
54：51a	鼻眶指数Ⅱ	Nasion-orbital index Ⅱ
SS：SC	鼻根指数	Simotic index
63：62	腭指数	Palatal index

马丁号	测量项目	英文说明及代号
45：（1+8）/2	横颅面指数	Breadth mean cranio-facial index
17：（1+8）/2	高平均指数	Height mean cranio-facial index
65	下颌髁突间宽	Bicondylar breadth （cdl-cdl）
66	下颌角间宽	Bigonial breadth （go-go）
67	颏孔间宽	Bimentalbreite
68	下颌体长	Mandibular body length
68（1）	下颌体最大投影长	Maximum projective mandibular breadth
69	下颌联合高	Symphysial height （id-gn）
MBH	下颌体高Ⅰ（颏孔位）	Height of the mandibular body Ⅰ
	下颌体高Ⅱ（臼齿位）	Height of the mandibular body Ⅱ
MBT	下颌体厚Ⅰ（颏孔位）	Thickness of the mandibular body Ⅰ
	下颌体厚Ⅱ（臼齿位）	Thickness of the mandibular body Ⅱ
70	下颌支高	Height of the mandibular ramus
71	下颌支宽	Breadth the mandibular ramus
71a	下颌支最小宽	Minimum breadth the mandibular
	颏孔间弧	Bimental bogen
79	下颌角	Mandibular angle （go）
68：65	下颌骨指数	Mandibular index
71：70	下颌支指数	Mandibular ramus index

附表三　老君沟墓地男性个体测量表（长度：毫米；角度：度；指数：%）

项目↓	M1东	M5东侧	M7南侧	M23北Ⅱ	M29 Ⅰ	M29 Ⅳ	M29 Ⅲ	M36 Ⅳ	M55东侧
1	180.1	181.4	183.5	—	179.8	172.6	177.8	182.3	—
5	101.2	—	100.1	105.0	—	94.6	103.4	—	—
8	136.2	134.7	142.8	—	135.6	138.2	145.4	144.2	—
9	91.5	100.6	94.8	94.3	90.5	89.9	—	88.0	—
11	119.5	—	133.5	127.2	126.4	126.2	131.8	128.5	—
12	104.8	101.5	108.3	—	111.8	108.9	112.9	112.2	—
7	36.6	—	41.6	—	33.0	32.3	35.6	—	—
16	28.0	—	33.5	—	—	26.5	32.0	—	31.3
17	142.1	—	139.4	140.7	134.9	130.2	146.2	—	—
21	118.2	112.9	—	111.5	—	109.0	116.8	110.5	—
23	515.0	—	532.0	—	515.0	505.0	—	520.0	—
24	318.0	—	322.0	—	305.0	—	—	310.0	—
25	383.0	—	376.0	—	—	358.0	—	365.0	—
26	130.0	125.0	124.0	121.0	127.0	122.0	—	121.0	—
27	135.0	131.0	122.0	—	129.0	122.0	127.0	115.0	—
28	118.0	—	130.0	—	118.0	114.0	116.0	129.0	—
29	111.1	107.3	110.3	109.3	114.2	109.5	117.5	113.3	—
30	119.6	117.0	108.5	—	113.5	108.6	111.0	104.9	—
31	96.8	—	108.7	—	97.4	93.3	100.8	104.6	—
40	99.4	—	—	—	—	91.3	100.3	—	—
43	98.4	105.2	108.2	104.6	—	105.9	—	102.8	—
44	94.8	92.2	—	97.1	—	98.1	97.7	96.8	—
45	129.1	—	—	135.2	—	133.0	—	—	—
46	92.3	—	—	—	—	95.3	—	110.3	99.1
47	128.9	—	—	118.2	—	—	—	—	—
48（pr）	72.2	—	—	—	—	60.5	63.4	80.3	—
48（sd）	76.7	—	—	—	—	65.9	70.1	84.0	—
50	17.6	18.0	18.5	16.4	—	15.5	13.3	18.8	18.8
51 L	43.3	41.4	44.7	44.2	—	43.2	44.0	41.3	—
51 R	42.9	39.9	—	43.5	—	43.4	44.0	42.5	—
51a L	37.3	36.6	42.4	39.0	—	38.9	39.1	—	—
51a R	37.8	36.8	—	39.8	—	39.1	40.2	39.3	—
52 L	34.9	—	37.1	34.5	—	32.0	—	37.7	—
52 R	33.7	34.1	—	34.1	—	33.9	32.4	36.1	—
MH L	46.5	—	45.1	44.8	—	45.5	—	48.6	52.6
MH R	45.3	—	—	—	—	45.6	41.4	51.7	53.7
MB L	25.8	—	27.2	24.8	—	26.7	26.4	29.4	27.0
MB R	24.9	—	—	—	—	26.5	25.3	32.1	28.0

项目↓	M1东	M5东侧	M7南侧	M23北Ⅱ	M29 Ⅰ	M29 Ⅳ	M29 Ⅲ	M36 Ⅳ	M55东侧
54	24.5	24.1	—	—	—	25.5	27.5	28.2	23.0
55	54.3	49.2	53.8	60.3	—	48.0	51.7	60.6	—
SC	7.9	6.1	8.5	5.2	—	—	4.5	—	—
SS	1.3	0.5	2.3	1.7	—	—	1.0	—	—
60	52.5	—	—	—	—	49.6	50.0	50.3	—
61	66.3	64.1	64.6	—	—	66.9	—	—	—
62	42.3	—	41.4	37.3	—	—	42.5	41.3	—
63	34.8	36.7	40.4	40.2	—	40.4	37.5	40.2	36.6
FC	93.8	94.6	101.2	95.7	—	98.4	—	95.8	96.4
FS	17.7	15.0	13.3	16.0	—	14.3	—	16.2	14.0
DC	22.9	22.4	21.7	21.2	—	21.7	19.5	—	—
∠n-m FH	94.5	92.0	—	83.0	—	81.0	—	77.0	—
∠g-m FH	97.5	85.0	—	78.5	—	75.0	—	71.0	—
∠g-b FH	53.0	46.5	—	45.0	—	50.0	49.0	42.0	—
72	89.5	—	—	—	—	89.0	82.5	87.0	—
73	97.0	81.0	—	88.0	—	93.5	83.0	94.0	—
74	74.0	—	—	—	—	66.0	63.0	71.0	—
75	78.0	—	—	—	—	—	—	—	—
∠fmo-n-fmo	139.7	144.2	150.7	143.6	—	147.8	—	142.3	147.3
∠zm-ss-zm	123.5	—	—	—	—	133.0	134.0	125.5	137.0
72-75	11.5	—	—	—	—	—	—	—	—
∠pr-n-ba	66.0	—	—	—	—	66.0	68.0	—	—
∠n-pr-ba	71.0	—	—	—	—	75.0	75.0	—	—
∠n-ba-pr	43.0	—	—	—	—	39.0	37.0	—	—
8∶1	75.6	74.3	77.8	—	75.4	80.1	81.8	79.1	—
17∶1	78.9	—	76.0	—	75.0	75.4	82.2	—	—
17∶8	104.3	—	97.6	—	99.5	94.2	100.6	—	—
9∶8	67.2	74.7	66.4	—	66.8	65.1	—	61.0	—
16∶7	76.5	—	80.6	—	—	82.1	89.9	—	—
40∶5	98.2	—	—	—	—	96.5	97.0	—	—
48∶17 pr	50.8	—	—	—	—	46.5	43.4	—	—
48∶17 sd	54.0	—	—	—	—	50.6	47.9	—	—
48∶45 pr	55.9	—	—	—	—	45.5	—	—	—
48∶45 sd	59.4	—	—	—	—	49.5	—	—	—
48∶46 pr	78.2	—	—	—	—	63.5	—	72.8	—
48∶46 sd	83.2	—	—	—	—	69.1	—	76.1	—
54∶55	45.0	48.9	—	—	—	53.2	53.2	46.5	—

项目↓	M1东	M5东侧	M7南侧	M23北Ⅱ	M29 Ⅰ	M29 Ⅳ	M29 Ⅲ	M36 Ⅳ	M55东侧
52：51 L	80.5	—	83.1	78.2	—	74.2	—	91.2	—
52：51 R	78.6	85.6	—	78.5	—	78.0	73.7	84.9	—
52：51a L	93.4	—	87.6	88.5	—	82.3	—	—	—
52：51a R	89.1	92.6	—	85.7	—	86.5	80.5	91.8	—
54：51 L	56.5	58.2	—	—	—	59.0	62.6	68.2	—
54：51 R	57.1	60.4	—	—	—	58.8	62.6	66.3	—
54：51a L	65.5	65.8	—	—	—	65.5	70.4	—	—
54：51a R	64.7	65.4	—	—	—	65.1	68.4	71.7	—
SS：SC	16.5	8.2	27.1	32.7	—	—	22.2	—	—
63：62	82.2	—	97.5	107.8	—	—	88.1	97.5	—
45：（1+8）/2	81.6	—	—	—	—	85.6	—	—	—
17：（1+8）/2	89.9	—	85.4	—	85.5	83.8	90.5	—	—
65	116.1	—	—	—	—	82.1	—	—	—
66	—	—	—	109.5	—	103.8	—	—	—
67	47.2	—	49.5	49.0	—	50.9	—	—	44.4
68	71.1	—	—	74.2	—	68.4	—	—	—
68（1）	104.1	—	—	104.7	—	94.7	—	—	—
69	39.2	—	33.2	—	—	31.7	—	—	36.1
MBH I L	33.9	—	34.6	34.5	—	31.0	—	—	—
R	32.9	—	—	—	—	31.6	—	—	—
MBH II L	31.2	—	30.0	29.0	—	—	—	—	—
R	31.0	—	27.7	—	—	—	—	—	—
MBT I L	13.4	—	11.4	10.7	—	15.8	—	—	13.0
R	13.9	—	11.4	12.7	—	16.9	—	—	13.1
MBT II L	15.7	—	15.3	14.8	—	20.4	—	—	16.2
R	16.6	—	16.0	15.3	—	21.3	—	—	17.0
70 L	—	—	—	52.2	—	—	—	—	—
70 R	70.0	—	—	52.9	—	55.3	—	—	—
71 L	42.9	—	—	41.4	—	—	—	—	—
71 R	43.7	—	—	43.9	—	41.3	—	—	—
71a L	35.9	—	—	33.1	—	31.5	—	—	34.4
71a R	34.1	—	—	—	—	31.2	—	—	—
79	123.0	—	—	127.5	—	133.0	—	—	—
68：65	61.2	—	—	—	—	—	—	—	—
71：70 L	—	—	—	79.2	—	—	—	—	—
71：70 R	62.4	—	—	83.1	—	74.6	—	—	—
（额孔间弧）	57.0	—	58.0	56.0	—	57.0	—	—	—

附表四　老君沟墓地女性个体测量表（长度：毫米；角度：度；指数：%）

项目↓	M1西	M7北侧	M8东Ⅰ	M19 北侧Ⅱ	M23 西Ⅰ	M23 东Ⅳ	M29Ⅱ	M33 南Ⅰ	M36 西Ⅰ	M36 中部Ⅲ
1	177.2	167.6	168.4	164.5	179.6	173.4	176.2	174.1	174.6	175.1
5	100.3	95.0	94.0	94.5	104.6	—	100.0	98.5	—	93.4
8	130.3	139.6	145.8	137.7	139.2	—	142.9	137.1	136.2	135.0
9	90.5	90.2	82.3	87.2	97.6	91.1	92.1	90.4	—	—
11	118.3	126.1	124.8	128.7	131.5	121.7	125.0	123.1	119.2	114.6
12	103.5	109.8	107.4	110.6	111.0	102.0	113.5	103.2	101.3	104.9
7	33.4	29.5	30.7	39.3	35.7	—	31.7	30.6	34.2	32.4
16	31.1	25.9	30.1	32.0	31.5	27.6	27.6	28.8	27.9	26.4
17	136.9	136.4	128.7	136.8	—	139.0	138.5	133.4	131.5	128.5
21	115.5	120.0	109.0	109.5	108.1	119.5	121.8	113.5	—	—
23	498.0	493.0	—	491.0	520.0	—	528.0	500.0	—	—
24	304.0	320.0	—	307.0	—	—	—	312.0	—	306.0
25	363.0	—	351.0	—	—	368.0	—	370.0	—	—
26	123.0	124.0	118.0	122.0	—	128.0	—	130.0	—	128.0
27	126.0	—	109.0	111.0	—	126.0	—	122.0	126.0	118.0
28	114.0	—	124.0	119.0	—	114.0	140.0	118.0	111.0	119.0
29	107.0	108.0	104.5	—	—	111.8	—	111.9	—	108.7
30	113.3	—	99.9	102.0	—	112.2	—	108.3	114.5	107.7
31	96.7	—	105.4	101.8	—	100.0	118.3	97.2	94.2	98.0
40	94.5	95.3	94.2	102.4	97.8	—	95.5	98.0	—	—
43	98.3	—	99.8	99.3	105.5	100.0	99.4	101.0	—	—
44	92.4	94.8	95.1	92.7	97.9	—	93.2	94.8	—	—
45	120.3	—	—	133.9	136.3	128.7	129.1	133.1	—	—
46	90.3	—	—	105.3	99.4	98.6	96.2	101.9	—	—
47	113.2	—	—	114.9	113.7	—	—	113.8	—	—
48（pr）	64.6	65.7	61.0	68.1	64.4	59.9	65.8	63.8	—	—
48（sd）	67.7	68.6	64.5	71.4	67.5	63.3	69.5	68.6	—	—
50	18.9	16.8	17.8	12.4	18.4	18.2	16.3	17.5	—	—
51 L	39.1	40.2	40.1	41.5	42.9	—	41.0	41.4	—	—
51 R	41.1	41.4	41.3	42.7	41.4	41.3	41.1	41.3	—	—
51a L	37.3	37.7	35.7	37.8	40.8	—	36.5	37.8	—	—
51a R	38.8	39.3	37.6	39.2	38.7	—	36.8	38.1	—	—
52 L	32.4	34.0	33.3	37.3	33.1	33.4	34.7	36.3	—	—
52 R	32.2	33.2	34.0	35.5	35.1	33.8	34.4	35.0	—	—
MH L	40.7	43.0	42.0	46.2	43.3	—	46.2	44.4	—	—
MH R	42.1	—	—	46.2	43.3	42.0	46.3	43.7	—	—

续表

项目↓	M1西	M7北侧	M8东 I	M19 北侧 II	M23 西 I	M23 东 IV	M29 II	M33 南 I	M36 西 I	M36 中部 III
MB L	22.5	25.1	19.9	28.4	25.1	23.3	26.3	23.4	—	—
MB R	23.2	—	—	27.9	25.4	23.7	25.8	23.1	—	—
54	22.8	23.7	23.5	22.8	—	25.9	25.1	28.0	—	—
55	49.0	51.9	47.7	55.7	53.0	49.6	49.7	51.5	—	—
SC	11.1	10.0	11.3	5.7	9.4	—	9.2	9.4	—	—
SS	2.3	2.1	3.3	3.0	6.0	—	1.8	3.8	—	—
60	47.5	49.5	47.6	47.2	54.0	47.2	51.9	50.0	—	—
61	60.2	67.2	62.0	65.5	65.2	57.5	—	60.4	—	—
62	39.5	39.8	39.3	39.6	45.6	38.1	40.8	45.3	—	—
63	31.9	40.8	38.6	39.6	39.1	39.1	38.7	37.3	—	—
FC	91.4	92.0	93.6	90.2	97.5	—	93.8	93.7	—	—
FS	16.5	15.0	12.7	14.0	16.3	—	16.3	15.0	—	—
DC	20.6	20.4	24.0	18.2	21.5	—	22.4	23.2	—	—
∠n-m FH	94.0	96.0	89.0	89.0	83.0	94.0	90.0	92.0	—	—
∠g-m FH	90.0	93.0	85.0	86.0	78.0	91.0	88.5	89.0	—	—
∠g-b FH	51.0	54.0	49.0	51.0	—	52.0	—	46.0	—	—
72	89.0	85.5	84.0	85.0	83.0	92.0	92.0	86.0	—	—
73	91.0	91.0	89.0	86.0	88.0	101.5	99.0	90.0	—	—
74	72.5	66.0	68.0	74.0	64.0	68.0	76.0	64.0	—	—
75	—	—	67.0	—	70.0	—	—	77.0	—	—
∠fmo-n-fmo	139.7	145.0	150.3	145.0	143.3	—	141.5	143.5	—	—
∠zm-ss-zm	121.0	—	—	120.0	129.0	133.8	122.0	129.0	—	—
72-75	—	—	17.0		13.0	—	—	9.0	—	—
∠pr-n-ba	65.0	69.0	70.0	—	64.0	—	66.0	69.0	—	—
∠n-pr-ba	76.0	70.0	71.0	—	79.0	—	74.0	73.0	—	—
∠n-ba-pr	39.0	41.0	39.0	—	37.0	—	40.0	38.0	—	—
8 : 1	73.5	83.3	86.6	83.7	77.5	—	81.1	78.7	78.0	77.1
17 : 1	77.3	81.4	76.4	83.2	—	80.2	78.6	76.6	75.3	73.4
17 : 8	105.1	97.7	88.3	99.3	—	—	96.9	97.3	96.5	95.2
9 : 8	69.5	64.6	56.5	63.3	70.1	—	64.5	65.9	—	—
16 : 7	93.1	88.0	97.8	81.5	88.2	—	87.1	94.2	81.7	81.7
40 : 5	94.2	100.3	100.2	108.4	93.5	—	95.5	99.5	—	—
48 : 17 pr	47.2	48.2	47.4	49.8	—	43.1	47.5	47.8	—	—
48 : 17 sd	49.4	50.3	50.1	52.2	—	45.6	50.2	51.4	—	—
48 : 45 pr	53.7	—	—	50.9	47.3	46.6	50.9	48.0	—	—
48 : 45 sd	56.2	—	—	53.3	49.5	49.2	53.8	51.6	—	—

项目↓	M1西	M7北侧	M8东Ⅰ	M19 北侧Ⅱ	M23 西Ⅰ	M23 东Ⅳ	M29 Ⅱ	M33 南Ⅰ	M36 西Ⅰ	M36 中部Ⅲ
48∶46 pr	71.6	—	—	64.7	64.8	60.7	68.4	62.6	—	—
48∶46 sd	74.9	—	—	67.8	67.9	64.2	72.2	67.3	—	—
54∶55	46.5	45.6	49.3	40.9	—	52.2	50.4	54.3	—	—
52∶51 L	82.8	84.5	83.0	89.8	77.1	—	84.7	87.5	—	—
52∶51 R	78.3	80.2	82.3	83.3	84.8	81.8	83.9	84.7	—	—
52∶51a L	86.7	90.2	93.1	98.8	81.1	—	95.0	96.0	—	—
52∶51a R	83.0	84.6	90.3	90.8	90.6	—	93.6	91.7	—	—
54∶51 L	58.3	58.9	58.7	54.8	—	—	61.2	67.5	—	—
54∶51 R	55.5	57.1	57.0	53.3	—	62.7	61.1	67.7	—	—
54∶51a L	61.1	62.8	65.8	60.3	—	—	68.7	74.1	—	—
54∶51a R	58.8	60.3	62.6	58.1	—	—	68.2	73.4	—	—
SS∶SC	20.7	21.0	29.2	52.6	63.8	—	19.6	40.4	—	—
63∶62	80.8	102.5	98.1	100.0	85.8	102.6	94.9	82.5	—	—
45∶（1+8）/2	78.2	—	—	88.6	85.5	—	80.9	85.5	—	—
17∶（1+8）/2	89.0	88.8	81.9	90.5	—	—	86.8	85.7	84.6	82.9
65	—	—	—	127.3	—	—	—	128.5	—	—
66	94.5	—	—	93.1	112.9	—	—	108.1	—	88.3
67	46.3	47.2	—	48.7	47.7	46.2	—	44.7	—	46.2
68	70.5	—	—	72.5	71.7	—	—	71.1	—	69.3
68（1）	103.4	—	—	98.0	100.5	—	—	102.8	—	93.1
69	32.1	32.0	—	29.7	31.8	—	—	33.2	—	27.0
MBH Ⅰ L	29.3	26.5	—	28.5	29.4	—	—	29.7	—	26.8
R	29.9	28.2	—	29.1	31.3	27.6	—	29.7	—	27.1
MBH Ⅱ L	27.0	24.1	—	26.7	29.0	25.4	—	24.8	—	25.0
R	26.5	25.3	—	27.3	28.1	26.7	—	25.6	—	25.8
MBT Ⅰ L	13.6	13.3	—	12.2	12.9	11.4	14.3	12.6	—	13.7
R	13.8	13.6	—	12.6	12.6	11.6	—	12.2	—	13.2
MBT Ⅱ L	16.9	16.1	—	16.5	16.1	14.4	18.8	18.5	—	16.8
R	18.0	17.1	—	17.0	16.4	15.0	—	18.0	—	16.7
70 L	46.8	—	—	66.6	60.4	—	38.2	53.8	—	—
70 R	53.4	—	—	66.0	62.4	50.3	—	56.2	—	52.4
71 L	—	—	—	39.7	—	—	—	41.1	—	—
71 R	41.1	—	—	—	43.4	42.0	—	41.3	—	—
71a L	32.3	—	—	34.7	—	—	—	30.9	—	31.3
71a R	31.9	—	—	33.8	35.9	36.1	—	31.8	—	31.6
79	133.0	—	—	115.5	121.0	—	—	129.5	—	120.0

项目↓	M1西	M7北侧	M8东Ⅰ	M19北侧Ⅱ	M23西Ⅰ	M23东Ⅳ	M29Ⅱ	M33南Ⅰ	M36西Ⅰ	M36中部Ⅲ
68：65	—	—	—	57.0	—	—	—	55.3	—	—
71：70 L	—	—	—	59.6	—	—	—	76.4	—	—
71：70 R	76.9	—	—	—	69.5	83.6	—	73.5	—	—
（颏孔间弧）	55.0	59.0	—	60.0	56.0	55.5	—	53.0	—	56.0

附录二　苇沟墓地出土人骨的性别年龄鉴定报告

李墨岑　郭　林　张全超

（吉林大学边疆考古研究中心）

　　2012年，山西省翼城县规划改造北环路工程，工程开始之前，文物考古单位介入，山西省考古研究所组织人员对工程建设路段所经过的营里—苇沟村发现的灰坑、陶窑、墓葬进行了抢救性发掘，共发掘墓葬22座，其中战国墓葬20座，明代墓葬2座。2013年9月，本文作者赴侯马工作站对苇沟墓地人骨进行了性别年龄鉴定和观察测量工作。由于受到埋藏环境的影响，苇沟墓地人骨资料保存状况不甚理想，多数人骨破碎不完整，可供性别年龄鉴定的个体数为21例。综合骨盆、颅骨、肢骨的形态特征和牙齿磨耗程度等多方证据，我们对保存下来的21例人骨进行了性别年龄鉴定，鉴定结果详见表一。

表一　山西翼城苇沟墓地人骨性别年龄鉴定表

战国		
墓号	性别	年龄（岁）
M3	男	40~45
M4	男	45~50
M5	男	40~45
M6	男	25±
M7	男	40±
M10	男	45±
M11	男	不详
M12	女	35±
M13	女	35~40
M14	不详	12~16
M15	男	成年
M16	女	40~45
M18	男	40~45
M19	女	40~45
M20	男	50±
M22	不详	未成年
M21	男	50±
M24	女	35±

明代		
M1西 I	女	成年
M1中 II	男	40～50
M1东 III	女	18～19

　　苇沟墓地的21例人骨中，无1例完整颅骨可供测量观察。无法对该墓地古代人群进行人种学研究实属遗憾，但通过统计苇沟墓地人骨个体死亡年龄分布的情况，仍可对当时的人群结构进行推测。

　　古代墓地中出土的人骨是古人口学研究的对象。古代人群大多聚族而葬，墓地中出土人骨的信息往往是当时人群生活状态的直观反映。苇沟墓地共清理出墓葬22座，其中20座为战国时期墓葬。对这20座墓中出土的人骨进行人口学的统计与分析，有助于推测当时人群的人口构成。20座战国墓葬可进行性别年龄鉴定的人骨共有18例。在21例骨骼标本中，年龄明确者17例，鉴定率为80.95%。性别明确者19例，鉴定率为90.48%，其中男性12例，女性7例，男女比例为1.7∶1。

　　了解某一墓地人群死亡年龄分布特点需统计出该墓地人群在每一年龄阶段的死亡个体数，用每一年龄阶段的个体数比上样本总数，便可得出每一年龄阶段的人口死亡率。在统计中，本文对个体年龄鉴定结果作出如下定量界定：有确切年龄的取原值；有准确年龄范围的数值取年龄上下限平均值，如个体鉴定为30～35岁，取其均值32.5岁作为该个体的死亡年龄；带有±的死亡年龄个体，取±前面的数值作为个体的死亡年龄，如30±岁，即取30岁。苇沟墓地人骨死亡年龄分布统计结果见表二。

表二　苇沟墓地人骨死亡年龄分布统计　　　　　　　　　　（单位：例）

年龄分期	男性/%	女性/%	性别不明/%	合计/%
婴儿期（X～2岁）	0（0.0）	0（0.0）	0（0.0）	0（0.0）
幼儿期（3～6岁）	0（0.0）	0（0.0）	0（0.0）	0（0.0）
少年期（7～14岁）	0（0.0）	0（0.0）	1（100.0）	1（6.7）
青年期（15～23岁）	0（0.0）	0（0.0）	0（0.0）	0（0.0）
壮年期（24～35岁）	1（11.1）	2（40.0）	0（0.0）	3（20.0）
中年期（36～55岁）	8（88.9）	3（60.0）	0（0.0）	11（73.3）
老年期（＞55岁）	0（0.0）	0（0.0）	0（0.0）	0（0.0）
合计	9（100.0）	5（100.0）	1（100.0）	15（100.0）

　　通过统计可知，苇沟墓地人骨的平均死亡年龄为39.4岁，男性平均死亡年龄为42.8岁，女性平均死亡年龄为38.5岁。另根据表二，利用WPS表格软件制出苇沟墓地各年龄段死亡率对比图（图一）和男女两性各年龄段死亡率对比图（图二）。为便于比较，把婴儿期、幼儿期和少年期统一合并为未成年期。图一显示，该墓地古代人群死亡的高峰期出现在中年期。图二显

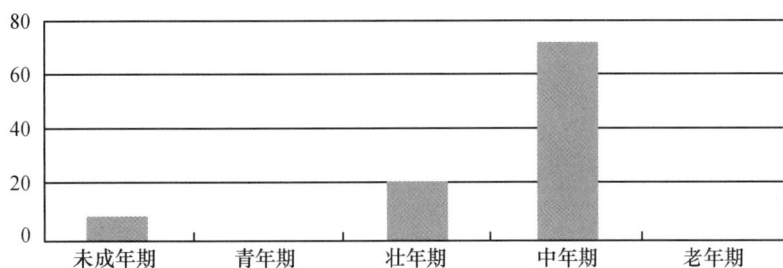

图一 苇沟墓地各年龄段死亡率对比图

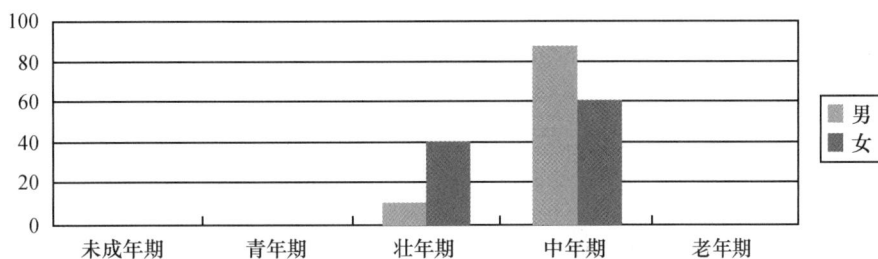

图二 苇沟墓地男女两性各年龄段死亡率对比图

示，壮年期女性死亡率高于男性；中年期男性死亡率明显高于女性。众所周知，古代人群的营养状况和医疗水平较为低下。正是由于恶劣的生存条件，使得苇沟墓地古代人群的平均死亡年龄较低，并在中年期大量死亡，无一例个体存活至老年期。

致谢：本文的研究得到了国家哲学社会科学基金重大项目（项目编号：11&ZD182）；2009吉林大学基本科研业务费资助项目（2009JC009）；国家基础科学人才培养基金项目（J1210007）的支持；本文所使用的颅骨标本是由山西省考古研究院提供的，在标本的鉴定中得到了侯马工作站张王俊老师和解宙鹏老师的支持和帮助，山西省考古研究院的王金平先生也在文章的写作中给予了很大的支持和帮助，并提出了宝贵的意见，在此一并致以衷心的感谢。

附录三 老君沟墓地汉代墓葬出土铁器、炉渣的检测报告

南普恒[1] 李建西[2]

（1.山西省考古研究院；2.北京科技大学冶金与材料史研究所）

老君沟墓地位于翼城县县城西北部约2千米处唐兴镇老君沟村。2011年，山西省考古研究所对其进行了抢救性考古发掘，发掘清理了汉代至清代时期的各类墓葬50余座，出土了大量的陶、漆、铁、铜质文物。而在该墓地的汉代墓葬中，发现有较多数量的釜、罐、灶、带钩、环等生活、农业铁质器具和斧、剑等铁质兵器。尤其值得关注的是，在汉代墓葬M50中，还发现了数块炉渣。这些遗物代表了当时社会农业、手工业生产力发展水平，具有重要的历史和科学价值。

在地下埋藏中，这些铁质文物均发生了严重的腐蚀。出土后，部分铁器极为脆弱，具有不同程度的断裂、裂隙、矿化等病害。为保护文物的稳定和安全，我们采用了机械物理去锈、丙烯酸树脂渗透加固及环氧树脂粘接等措施对其实施了稳定化处理和保护修复。

为深入了解此批铁质文物的材质和锈蚀物组成，我们使用金相分析和主成分分析的方法，对在保护中采集的少量铁器脱落金属基体和表面锈蚀物样品进行了检测分析，确定了铁质文物的材质和锈蚀物的主成分组成特征。同时，我们还采集了少量的M50出土炉渣样品，使用扫描电镜对其进行了微区形貌和元素分析，确定了炉渣的属性。

现将检测分析结果简报如下：

一、铁 器

（一）金属基体的金相分析

在此批铁质文物的保护中，我们采集了M15：4铁釜、M48：14铁灶、M51：13铁剑及M56：9铁釜4件铁质文物少量脱落的金属基体。在北京科技大学冶金与材料史研究所冶金考古实验室，我们使用金相分析专用的电木粉包埋后，经镶样、磨光及抛光后，使用LEICA DM400M专业级金相显微镜对其进行了金相分析（浸蚀液为4%的硝酸酒精）。

分析结果详见图一~图八。

1. M15∶4铁釜

（1）浸蚀前

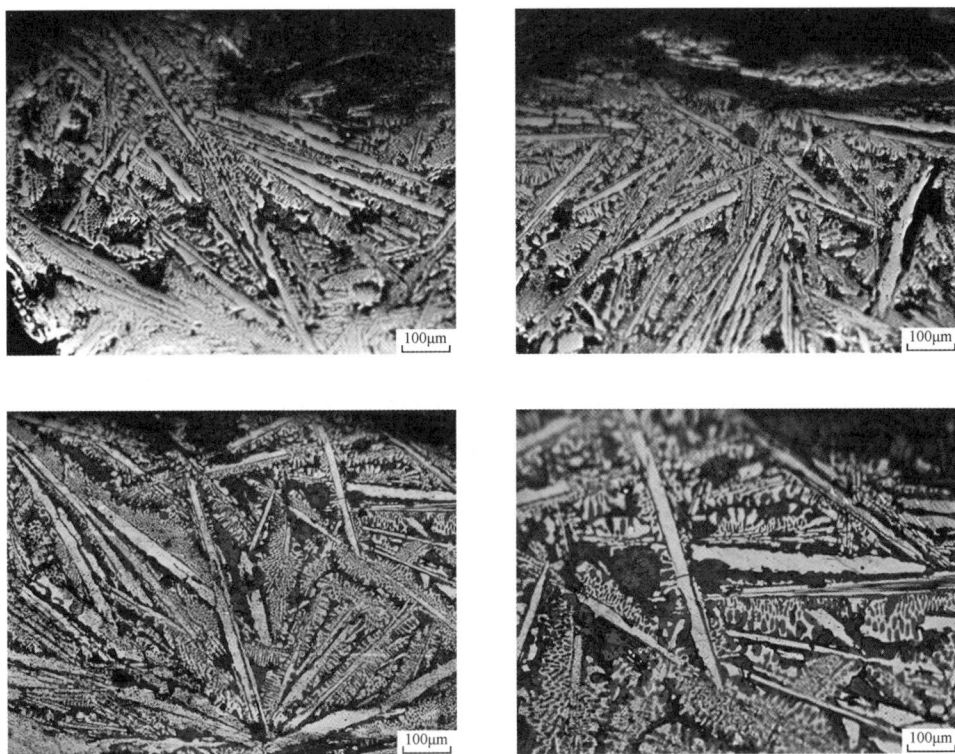

图一　M15∶4铁釜浸蚀前金相分析结果

（2）浸蚀后

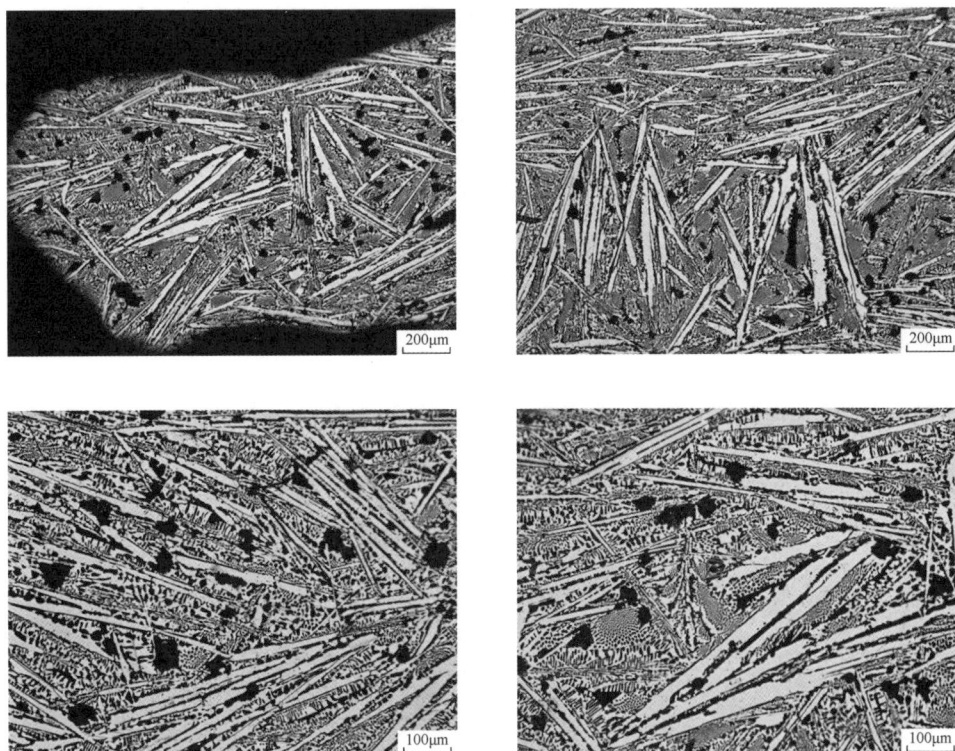

图二　M15∶4铁釜浸蚀后金相分析结果

2. M48：14铁灶

（1）浸蚀前

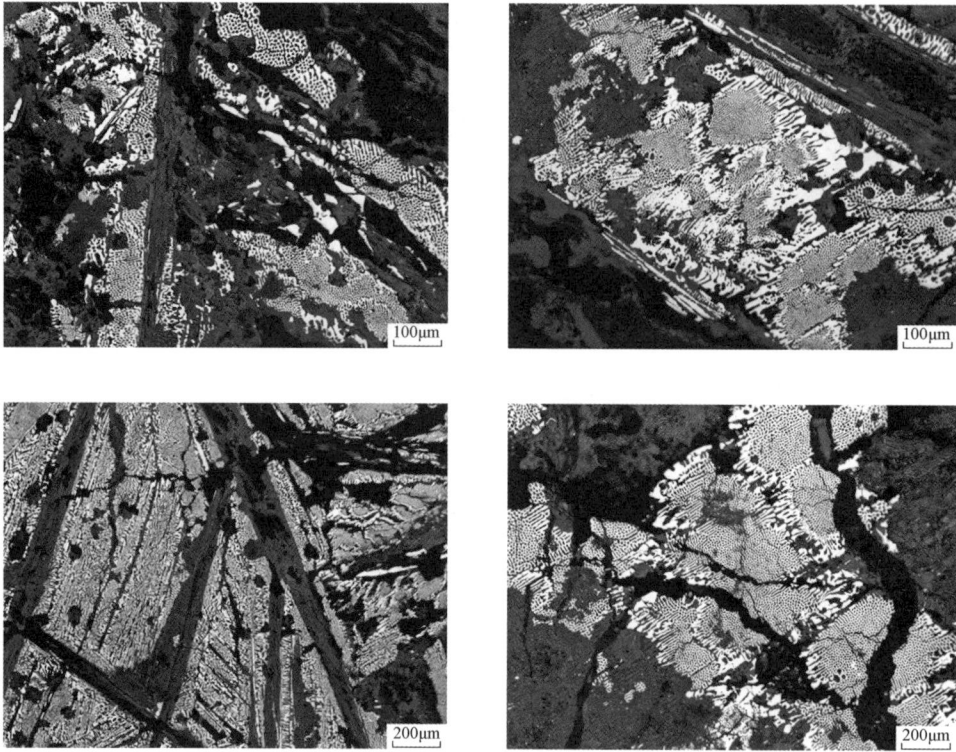

图三　M48：14铁灶浸蚀前金相分析结果

（2）浸蚀后

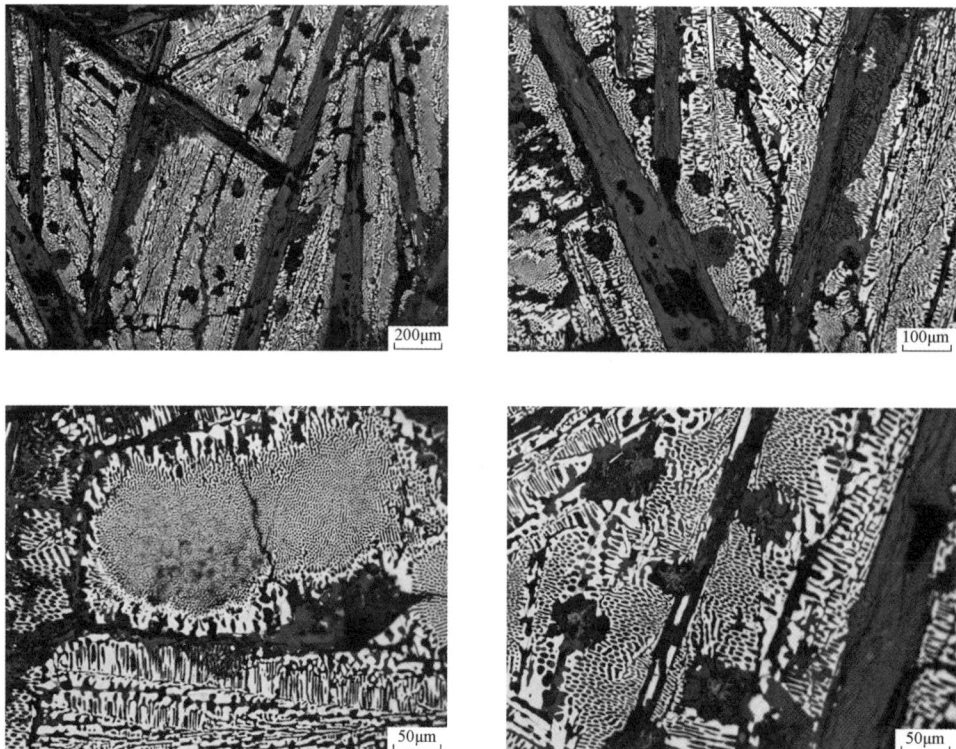

图四　M48：14铁灶浸蚀后金相分析结果

3. M51：13铁剑

（1）浸蚀前

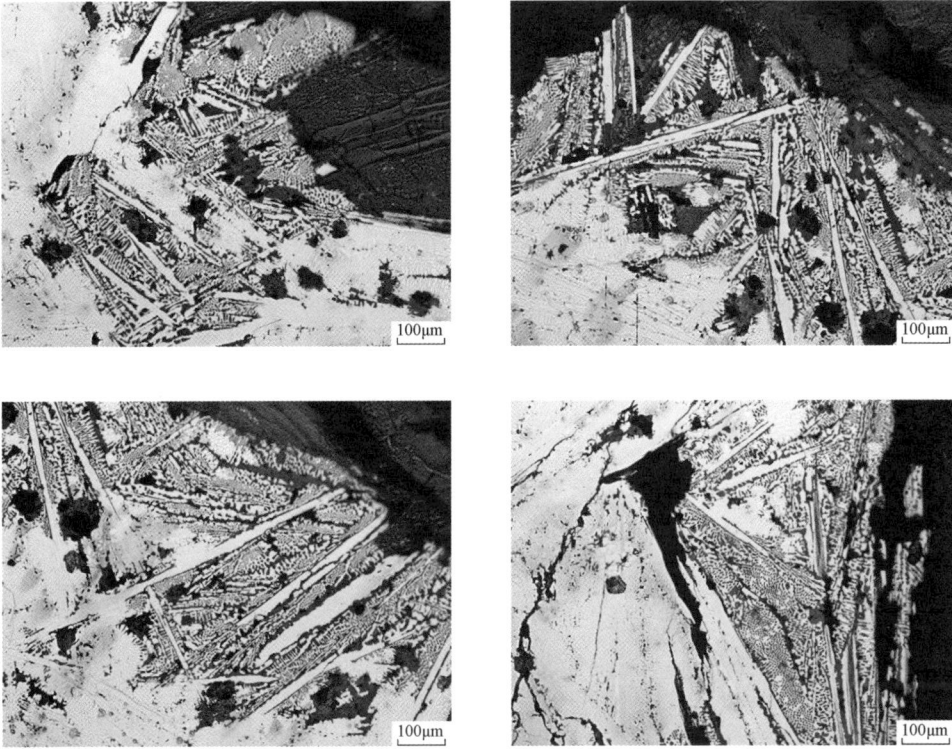

图五　M51：13铁剑浸蚀前金相分析结果

（2）浸蚀后

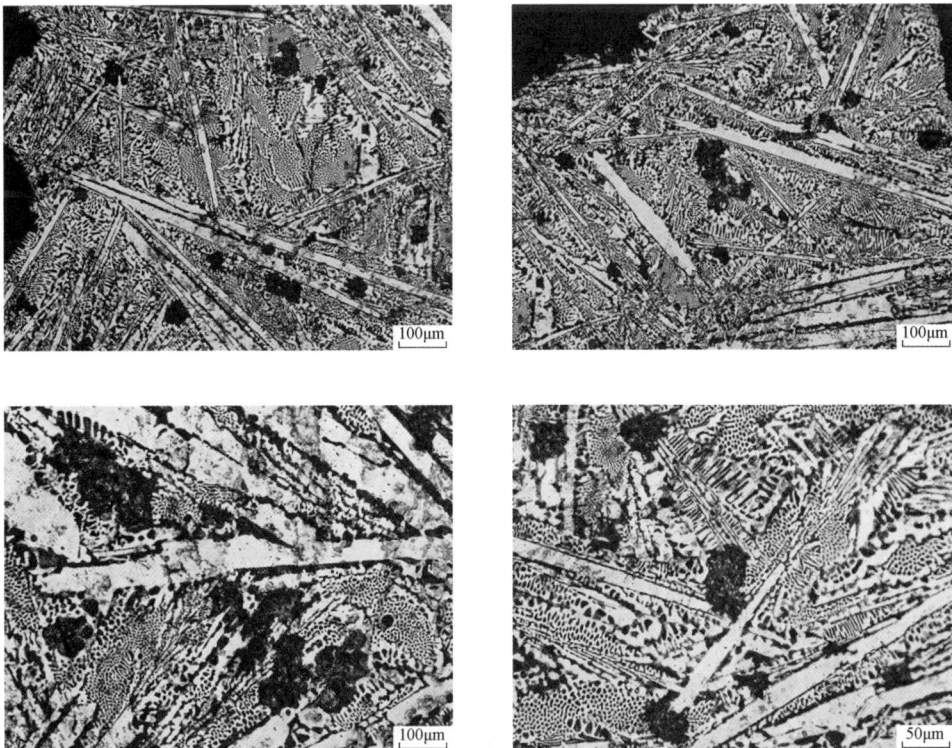

图六　M51：13铁剑浸蚀后金相分析结果

4. M56：9铁釜

（1）浸蚀前

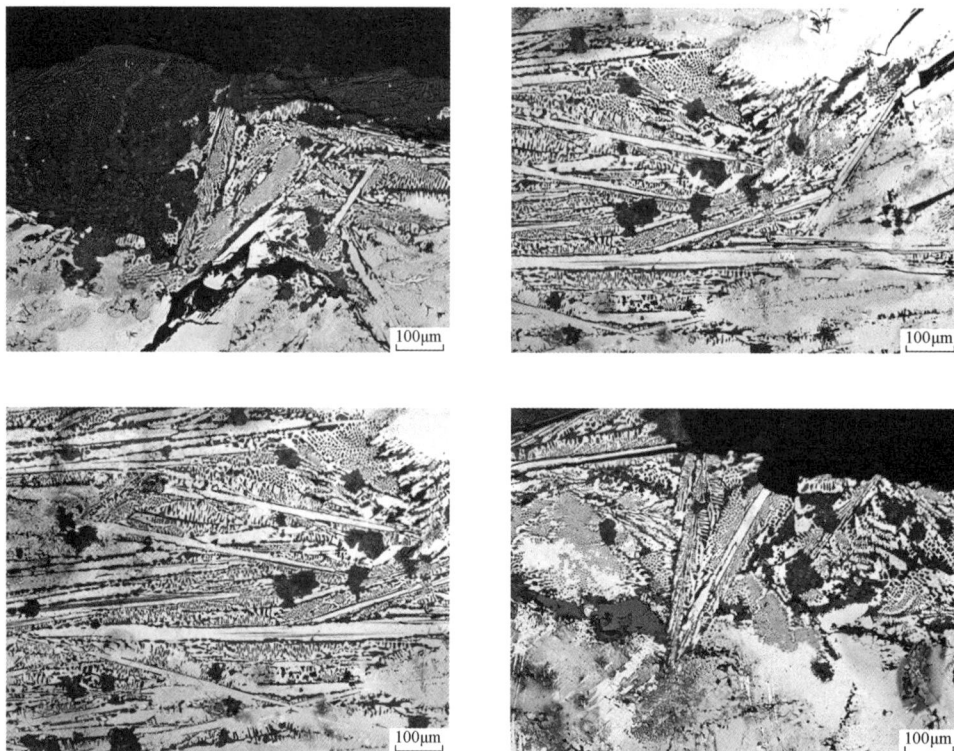

图七　M56：9铁釜浸蚀前金相分析结果

（2）浸蚀后

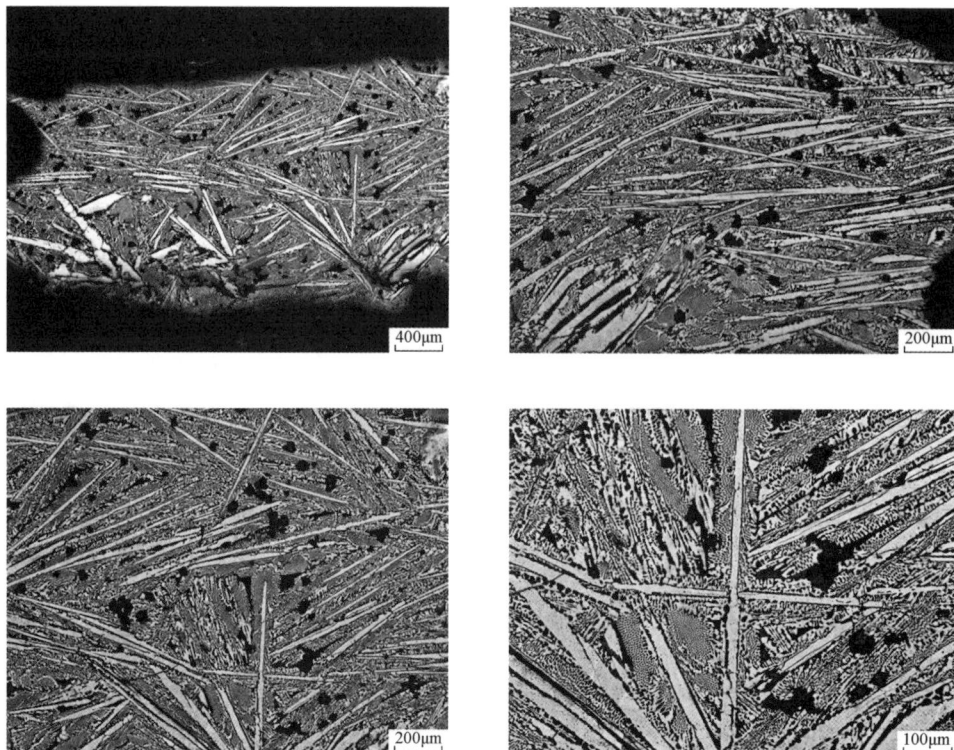

图八　M56：9铁釜浸蚀后金相分析结果

从以上分析结果可以看出，M15：4铁釜、M48：14铁灶、M51：13铁剑及M56：9 铁釜4件铁质文物的材质均为过共晶白口铁，其金相组织形貌基本相同，为莱氏体和呈粗大的白色片条状平面树枝晶形结晶的一次渗碳体。

（二）表面锈蚀物的主成分分析

在此批铁质文物的加固保护中，我们自M15：4铁釜、M48：1铁剑、M48：14铁灶、M51：13铁剑、M52：2铁剑及M56：9铁釜6件铁器表面采集了11件锈蚀物样品，使用XRF-1800型波长色散X射线荧光光谱仪（日本岛津）对其进行了化学主成分分析。测试条件为Metal模式，20 deg/min，光斑直径3mm，基本参数法，无标样元素含量分析。

分析结果详见表一。

表一　翼城县老君沟墓地汉代墓葬出土部分铁质文物表面锈蚀物XRF分析结果（wt%）

序号	器物编号	器物名称	颜色	位置	化学组成										
					Fe$_2$O$_3$	SiO$_2$	CaO	P$_2$O$_5$	Al$_2$O$_3$	K$_2$O	TiO$_2$	MgO	MnO	Cl	SO$_3$
1	M15：4	铁釜	浅黄	外层	70.0	15.6	4.6	1.0	3.8		0.3				4.6
2	M15：4	铁釜	深褐	内层	95.3	1.5		0.5						2.5	0.3
3	M48：1	铁剑	深褐	内层	88.5	7.7	0.2	0.7	2.1	0.6	0.2				
4	M48：1	铁剑	浅黄	外层	94.9	2.5	0.1	1.5	0.3						0.3
5	M48：14	铁灶	浅黄	外层	40.8	44.0	1.7		8.4	4.0	1.0		0.2		
6	M48：14	铁灶	深褐	内层	92.4	3.6	1.0	0.4	0.7	0.2				1.1	0.5
7	M51：13	铁剑	深褐	表面	81.8	1.9	13.6	0.6	0.4	0.1		0.9			0.3
8	M52：2	铁剑	土黄	外层	65.7	6.1	0.7	0.2	0.9	7.3	0.2				19.0
9	M52：2	铁剑	深褐	内层	89.1	2.4	7.6	0.6	0.3						
10	M56：9	铁釜	黄褐	外层	65.0	20.9	7.1	0.3	3.9	1.8	0.5				0.5
11	M56：9	铁釜	深褐	内层	94.0	2.2	2.0	0.5	0.3	0.1				0.6	0.2

从XRF分析结果可以看出，此批铁质文物表面的外层锈蚀物中均含有较高含量的硅、钙、铝、钾及硫等。这些元素多不属于铁器文物本身所有，应与埋藏过程中铁器的土壤腐蚀有关。

此外，值得关注的是，M15：4铁釜、M48：14铁灶及M56：9铁釜3件铁器锈蚀物中均发现含有0.6%～2.5%的氯，表明铁质文物中含有一定量的氯化物盐类，需要在后期的保护工作中采取相关措施实施脱盐处理。

二、炉　　渣

　　在汉代墓葬M50的发掘中，墓室后端发现数块炉渣，呈黑褐色多孔状（图九、图一〇）。为了解这些冶炼遗物的属性，我们采集了两件炉渣样品，并对样品中裹挟的黑色非玻璃态致密渣状物的主体及其中裹挟物使用ZEISS EVO 18扫描电镜和BRUKER能谱仪进行了主成分、微区形貌和微区元素分析。

　　分析结果详见表二和图一一～图一八。

表二　炉渣主体及其中裹挟铜渣主成分能谱分析结果（wt%，不计O）

成分 区域	分析元素										
	Na	Mg	Al	Si	P	S	K	Ca	Mn	Fe	Cu
炉渣主体	1.5	1.8	14.9	62.1	0.1	0.0	5.3	2.3	0.7	10.9	0.3
裹挟铜渣	0.1	0.9	4.3	18.7	0.2	0.2	1.0	14.8	0.8	57.5	1.5

图九　M50炉渣位置

图一〇　M50炉渣位置

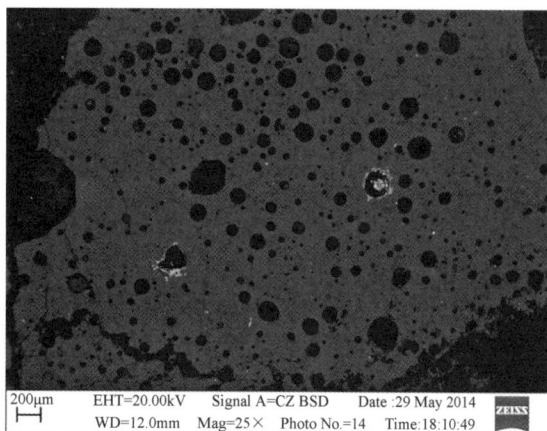

图一一　炉渣主体背散射像
（多孔状，可见铁颗粒）

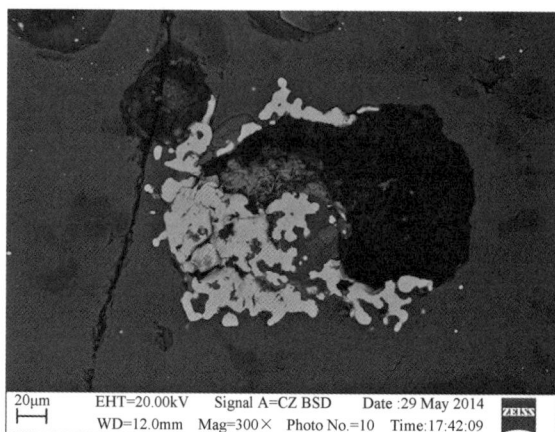

图一二　炉渣主体中铁颗粒背散射像
（呈海绵状，部分锈蚀）

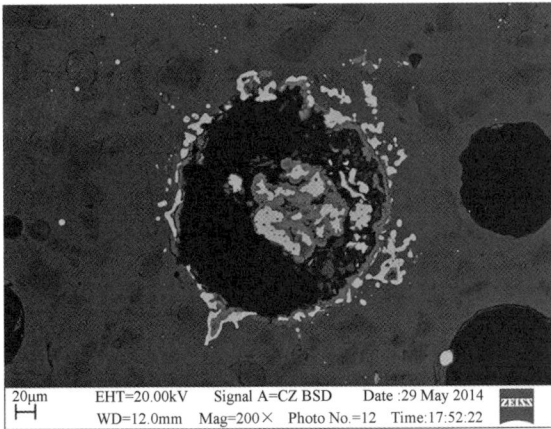

图一三　炉渣主体中铁颗粒二背散射像

（呈海绵状，部分锈蚀）

图一四　炉渣主体中铁颗粒二背散射像

（黑色小颗粒为含Fe、Al、Mg尖晶石型夹杂物）

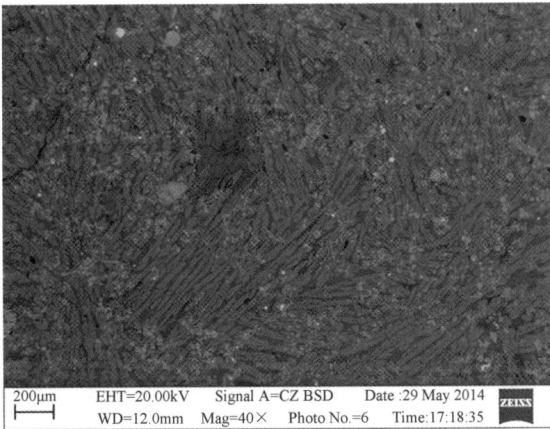

图一五　炉渣主体中裹挟高铁含铜渣块背散射像

（以橄榄石、浮士体等为主要造渣物相可见含铜颗粒）

图一六　裹挟铜渣中含铜颗粒一背散射像

（内部亮白像为含Fe1.99%的铜颗粒外圈白相为Cu_2S）

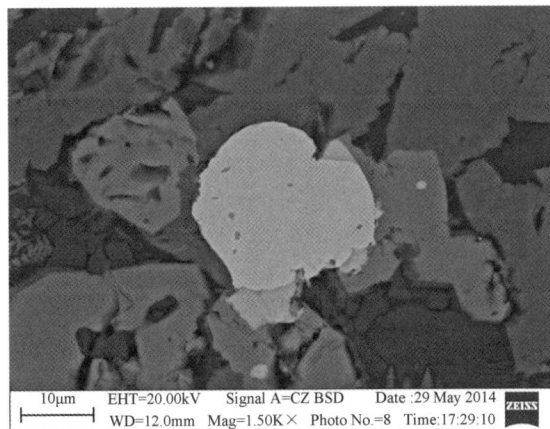

图一七　裹挟铜渣中含铜颗粒二背散射像

（含Fe2.09%铜颗粒，含少量Cu_2S夹杂和微量Pb）

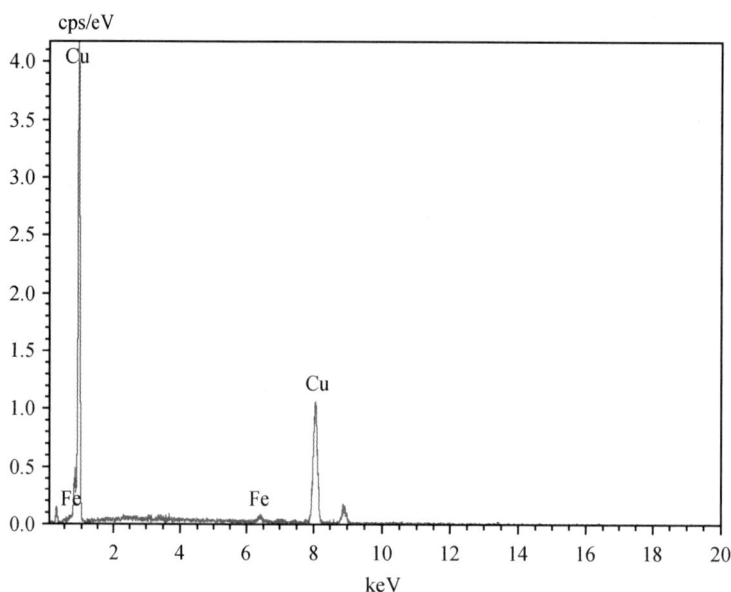

图一八　裹挟铜渣中含铜颗粒二能谱
（含Cu97.91%，Fe2.09%）

从以上分析结果可知，炉渣主成分高Si、Al，低Fe，其中金属颗粒为金属铁，与铁的冶炼或精炼有关。但值得注意的是，裹挟渣块主成分却以Fe、Si、Ca为主，其中金属颗粒为含少量Fe的金属铜，并伴存Cu_2S，应为冶铜渣。为何在铁渣中会裹挟有冶铜渣，可能有以下两种可能：①冶铜和冶铁活动在同一地进行，小块冶铜渣碎片因偶然原因在装料或排渣时进入铁渣；②有较高铁含量的冶铜渣被回收，用于冶铁，局部因熔融不彻底而残留于铁渣中。

三、结　　语

综合以上分析，可以得到以下初步结论：

（1）M15：4铁釜、M48：14铁灶、M51：13铁剑及M56：9铁釜4件铁器的材质均为过共晶白口铁。

（2）M15：4铁釜、M48：14铁灶及M56：9铁釜3件铁器均含有一定量的氯化物盐类，在后期的保护中需要进行脱盐处理。

（3）M50中发现的炉渣与冶铜和冶铁均有关。墓葬中发现较大冶炼炉渣本身就属罕见，而铁渣主体中裹挟冶铜渣的特殊现象也未曾发现过，对于其中蕴含的技术信息及相关问题，需要进一步的深入探究。

后　记

　　苇沟-北寿城遗址的考古工作始于20世纪60年代，遗址因处于晋文化考古遗存分布的核心区域，从发现之初就备受学界关注。从翼城县文化馆在凤架坡发现西周初年的铜器墓，到北京大学历史系考古专业和山西省文物工作委员会对遗址文化内涵和分布范围进行的确认，逐渐彰显了这处大型复合遗址的特殊性。遗址西侧不远处的天马-曲村遗址已经被确认为早期晋都，苇沟-北寿城遗址的重要性不言而喻。

　　2011年对老君沟墓地、2012~2013年对苇沟墓地的发掘分别是配合翼城县唐霸大道、北环路的基本建设施工进行的，2013~2014年的区域性系统调查、勘探与试掘是为了进一步搞清遗址分布范围、明晰文化内涵而主动开展的。三次考古工作的参与单位有山西省考古研究院、临汾市文化和旅游局、翼城县文化和旅游局，项目负责人均为王金平，参与考古工作的技术人员有张任龙、褚启俊、张银才、张砚录、马教河、解宙鹏、薛华伟等，以及因病辞世的廉玉龙。

　　三次考古工作收获的资料非常重要，整理工作在田野考古工作结束后就很快开展，由王金平主持，核对、统计、清洗、修复、绘图、照相等工作同步进行，很快基础材料就整理完毕。后来由于其他田野发掘项目任务较重，考古资料的深入研究及多学科合作只能断断续续地做，转眼几年过去，好在大家通力合作，顺利完成工作，先后参与资料整理并付出辛勤劳动的人员有多人，尤其是祁冰、张王俊同志倾注了大量的心血。室内绘图工作主要由马教河完成，照相由解宙鹏完成，拓片由杨梅完成。

　　本报告绪论、第三部分第一章、第四部分第一章至第三章由陈海波撰写；第一部分第一章、第二章及第二部分第一章、第二章由王金平撰写；第一部分第三章至第六章由杨及耘撰写；第二部分第三章由王秦岭、祁冰撰写；第二部分第四章、第三部分第二章由荆泽健撰写；第四部分第四章由王金平、祁冰撰写，最后由陈海波统稿校对。

　　此时此刻《苇沟-北寿城遗址考古报告（2011~2014）》一书即将出版，这是对所有田野考古及资料整理工作参与者的回馈，感谢大家的辛勤付出。在此我们还要感谢在本报告编写与出版中给予我们指导与帮助的所有人，感谢院领导王晓毅、郑媛、刘岩、南普恒、高振华的大力支持，感谢侯马工作站站长卫宁的热情帮助，感谢山西大学考古文博学院谢尧亭教授、山西省考古研究院田建文研究员作序，感谢科学出版社董苗及编校团队的悉心编辑、校对。

　　同时需要指出的是，尽管这本厚厚的《苇沟-北寿城遗址考古报告（2011~2014）》即将出版，但是苇沟-北寿城遗址的考古工作仅仅是九牛一毛，需要探索的领域与解决的问题才刚刚开始。

最后想说的是，虽然报告已经呈现在大家面前，但是限于编者能力有限，书中错误与不足在所难免，敬请方家批评指正。

编　者

2023年11月

山西省考古研究院七十华诞出版图书

《山西考古七十年》

《山西"十三五"重要考古发现出土文物》

《发现山西：考古的温度》

《三晋考古》（第五辑）

《泽州和村》

《东成西就：两个十大考古发现与中华礼之源》

《中国文明起源陶寺模式十人谈》

《山西出土青铜器全集·闻喜酒务头卷》

《洪洞坊堆-永凝堡遗址综合考古调查报告》

《于沃集——曲村-天马遗址发现60周年暨晋侯墓地发掘30周年纪念文集》

《山右吉金：晋侯墓地出土周代青铜器精粹》

《黎城楷侯墓地》

《长子西南呈西周墓地综合研究》

《燕姬的嫁妆——垣曲北白鹅考古揭示的周代女性生活》

《襄汾陶寺北墓地（2015～2016）》

《洪洞南秦墓地二〇一六年度发掘报告》

《苇沟-北寿城遗址考古报告（2011～2014）》

《壬寅说虎——山西考古博物馆虎年贺岁展》

《平朔战国秦汉墓》（卷一）

《朔州后寨战国至汉代墓地（2019～2020）》

《汾阳北门墓地》

《万荣北魏薛怀吉墓》

《南涅水石刻艺术》

《太原北齐陶俑墓》

《蒲州故城》（一）

《山西出土唐代昭武九姓胡人墓志举例》

《守望田野：考古队长田建文》

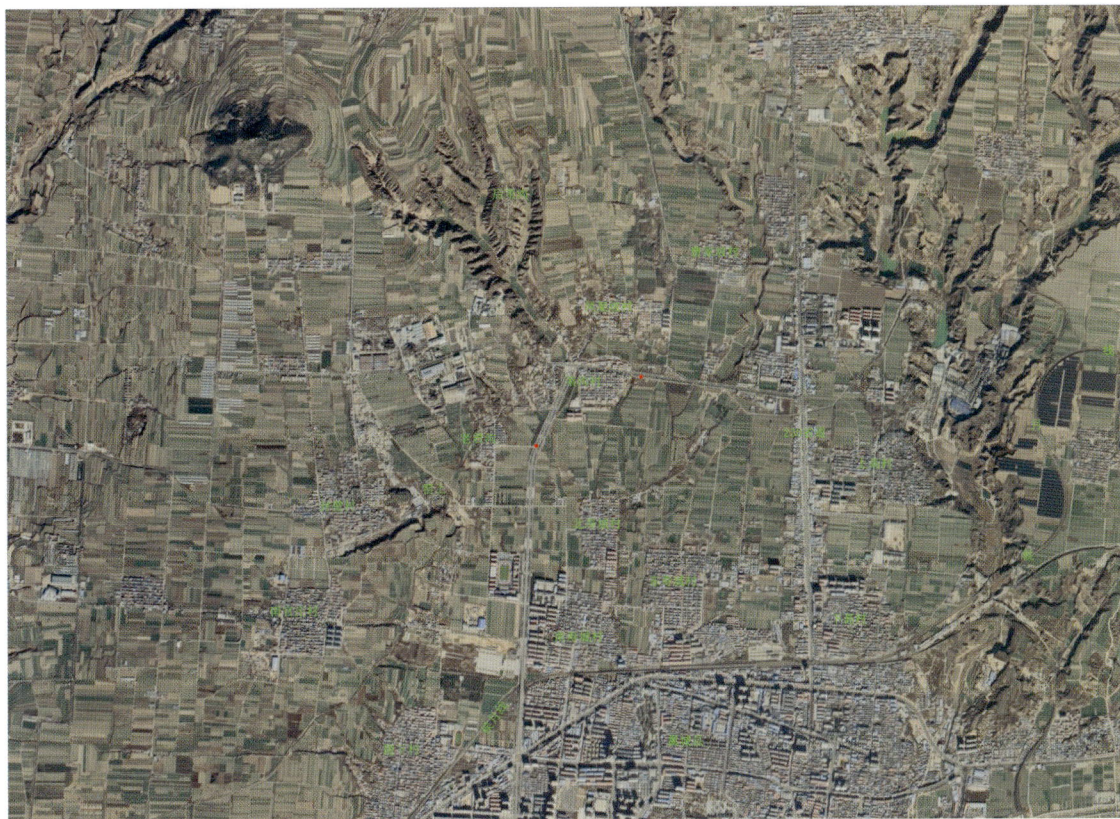

1. 老君沟、苇沟墓地位置（Google卫星截图）

2. 老君沟墓地局部

老君沟、苇沟墓地

1. 苇沟墓地探方（东—西）

2. 苇沟墓地发掘全景（东北—西南）

苇沟墓地

1. M2墓室

2. M2封门

11YLM2墓室、封门

1. M2陶器组合

2. 陶罐（M2：8）

3. 铜梳刷（M2：10）

4. 陶灶（M2：1）

11YLM2器物

1. M2：2

2. M2：3

3. M2：4

4. M2：5

5. M2：6

6. M2：7

11YLM2陶罐

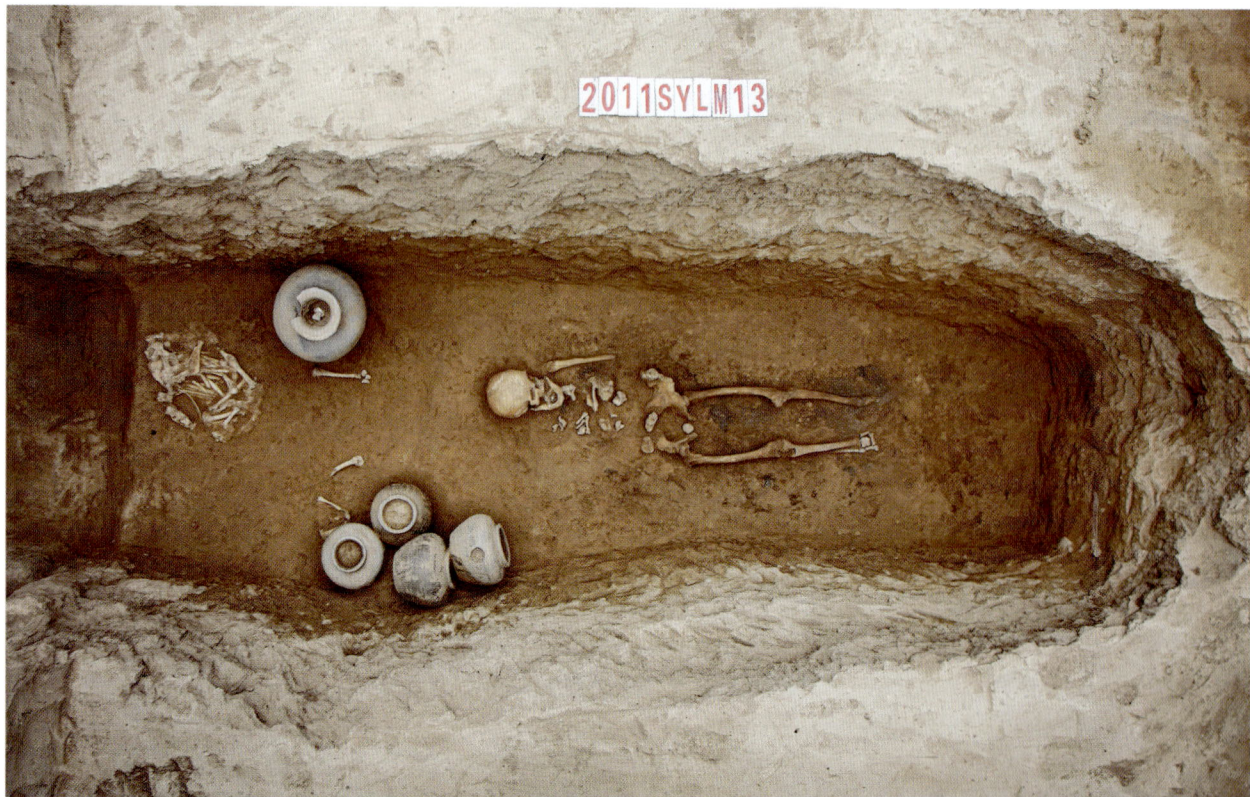

1. M13墓室

2. M13陶器组合

11YLM13墓室、陶器

1. M13：2

2. M13：5

3. M13：1

4. M13：4

5. M13：3

11YLM13陶罐

1. M14墓室

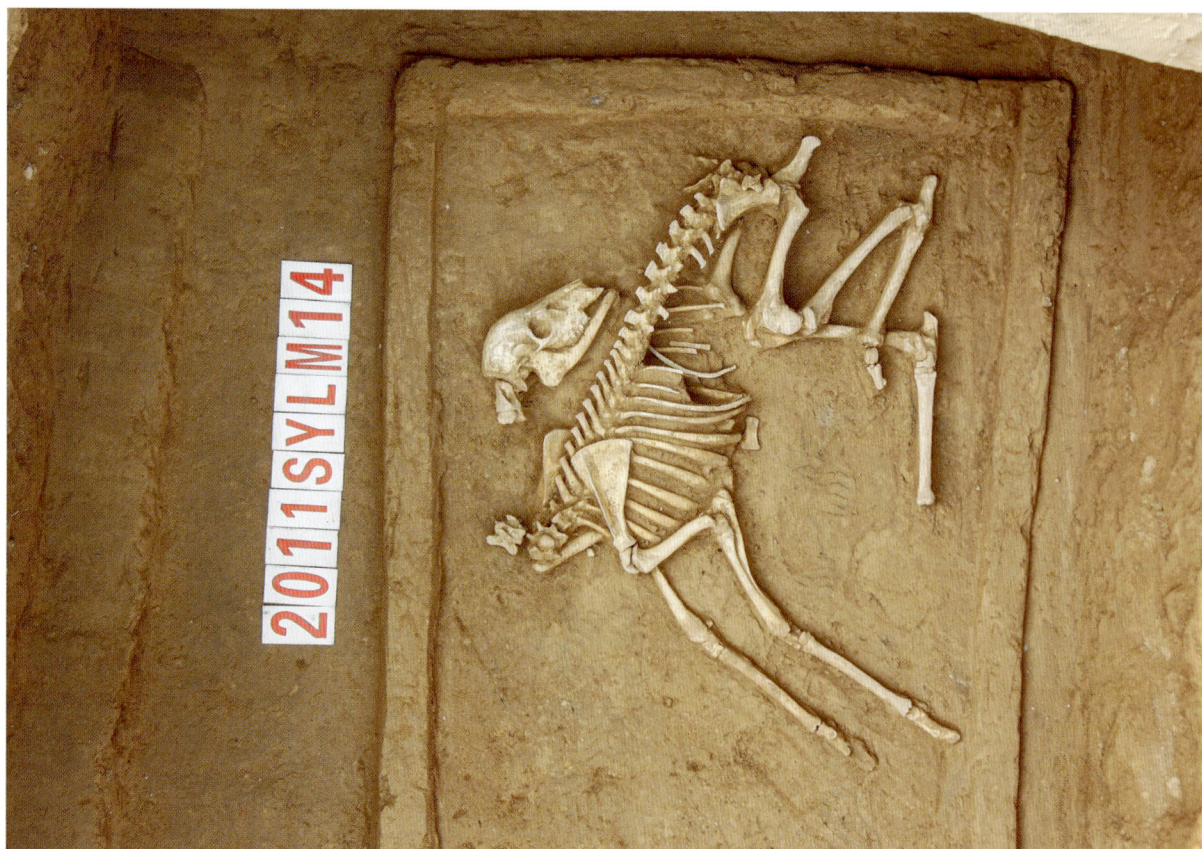

2. M14殉羊

11YLM14墓室、殉羊

1. 陶灶（M14：2）

2. 陶盆（M14：3）

3. 筒瓦（M14：4）

4. "半两"铜钱（A型M14：1-14）

5. "五铢"铜钱（A型M14：1-6）

6. "五铢"铜钱（A型M14：1-7）

7. "五铢"铜钱（A型M14：1-8）

8. "五铢"铜钱（B型M14：1-1）

9. "五铢"铜钱（B型M14：1-4）

10. "五铢"铜钱（B型M14：1-10）

11YLM14器物

1. M15陶器组合

2. 罐（M15：2）

3. 罐（M15：3）

4. 罐（M15：6）

5. 罐（M15：7）

11YLM15陶器

1. "五铢"铜钱（A型M15：8-2）

2. "五铢"铜钱（A型M15：8-5）

3. "五铢"铜钱（B型M15：8-1）

4. "五铢"铜钱（B型M15：8-8）

5. "五铢"铜钱（C型M15：8-4）

6. "五铢"铜钱（C型M15：8-10）

7. 罐（M15：1）

8. 瓿（M15：5）

11YLM15器物

1. M20墓室

2. 罐（M20：1）

3. 罐（M20：2）

4. 罐（M20：3）

5. 灶（M20：4）

11YLM20墓室、陶器

1. M21墓室

2. M21陶器组合

11YLM21墓室、陶器

1. 陶罐（M21：4）

2. 陶灶（M21：5）

3. 陶罐（M21：3）

4. "五铢"铜钱（M21：6）

5. 陶罐（M21：1）

6. 陶罐（M21：2）

11YLM21器物

1. M28墓室

2. M28陶器组合

11YLM28墓室、陶器

1. 罐（M28：5）

2. 罐（M28：6）

3. 罐（M28：7）

4. 罐（M28：8）

5. 罐（M28：9）

6. 灶（M28：1）

11YLM28陶器

1. "五铢"铜钱（A型M28：10-5）

2. "五铢"铜钱（B型M28：10-1）

3. "五铢"铜钱（B型M28：10-2）

4. "五铢"铜钱（B型M28：10-3）

5. "五铢"铜钱（B型M28：12-2）

6. "五铢"铜钱（C型M28：12-3）

7. 陶罐（M28：2）

11YLM28器物

1. M34全景

2. M34陶器组合

11YLM34全景、陶器

1. M35墓室

2. "五铢"铜钱（M35：5-1）

3. "五铢"铜钱（M35：5-2）

4. "五铢"铜钱（M35：5-3）

5. "大泉五十"铜钱（M35：5-5）

6. "大泉五十"铜钱（M35：5-6）

7. "大泉五十"铜钱（M35：5-7）

11YLM35墓室、铜钱

1.壶（M35：2）

2.壶（M35：1）

3.壶盖（M35：8）

4.灶（M35：4）

5.壶（M35：3）

6.罐（M35：9）

11YLM35陶器

1. M37墓室

2. 罐（M37：8）

3. 罐（M37：5）

4. 灶（M37：4）

5. 罐（M37：6）

11YLM37墓室、陶器

1. 壶（M37：2）

2. 壶（M37：3）

3. 罐（M37：9）

4. 壶（M37：1）

11YLM37陶器

1. M41墓室

2. M41陶器组合

11YLM41墓室、陶器

1. M41：3

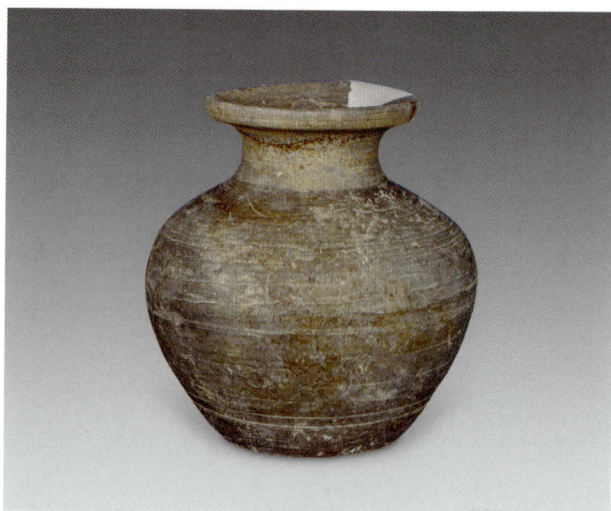

2. M34：2

3. M41：5

4. M34：3

5. M34：1

6. M41：2

11YLM34、M41陶罐

1. A型"五铢"铜钱（M41∶6-1、M41∶6-13）

2. B型"五铢"铜钱（M41∶6-19）

3. C型"五铢"铜钱（M41∶6-7）

4. D型"五铢"铜钱（M41∶6-3、M41∶6-4）

5. 陶罐（M41∶1）

6. 陶罐（M41∶4）

11YLM41器物

1. M3墓室顶部

2. M3墓室

11YLM3墓室

1. M3陶器组合

2. 罐（M3：9）

3. 罐（M3：7）

4. 罐（M3：8）

5. 灶（M3：4）

11YLM3陶器

1. 釉陶壶（M3：2）

2. 釉陶壶（M3：6）

3. 陶罐（M3：1）

4. A型"五铢"铜钱（M3：10-1）

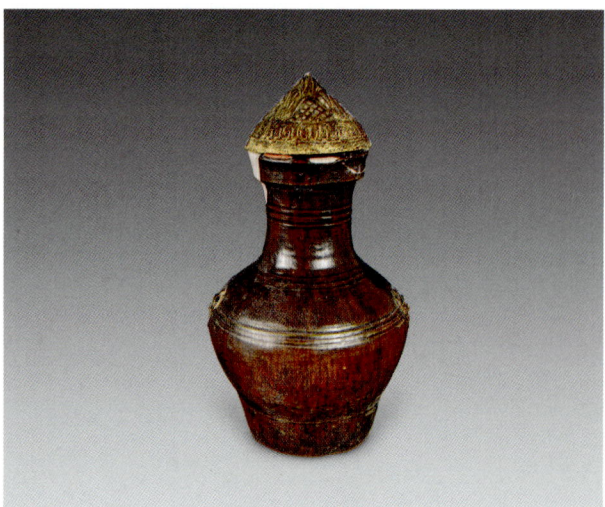

5. 釉陶壶（M3：3）

6. 釉陶壶（M3：5）

11YLM3器物

1. M39墓室

2. M39陶器组合

11YLM39墓室、陶器

1. 壶（M39：8）

2. 灶（M39：7）

3. 罐（M39：3）

4. 罐（M39：4）

5. 罐（M39：5）

6. 罐（M39：2）

11YLM39陶器

1.A型"五铢"铜钱（M39：9-4、M39：9-7）

2.A型"五铢"铜钱（M39：9-8、M39：9-11）

3.B型"五铢"铜钱（M39：9-1、M39：9-2）

4.B型"五铢"铜钱（M39：9-3、M39：9-5）

5.壶（M39：6）

6.罐（M39：1）

11YLM39器物

1. "大泉五十"铜钱（M43：2-1～M43：2-6）

2. 陶壶（M43：1）

3. 陶罐（M43：01）

11YLM43器物

1. M48墓室

2. M48陶器组合

11YLM48墓室、陶器

1. 罐（M48：7）

2. 罐（M48：8）

3. 釉陶壶（M48：6）

4. 釉陶壶（M48：5）

5. 罐（M48：13）

6. 罐（M48：12）

11YLM48陶器

1. 罐（M48：9）

2. 罐（M48：10）

3. 漆木座（M48：21）

4. M48漆木案、耳杯、盒

5. 铁灶（M48：14）

6. 陶罐（M48：11）

11YLM48器物

1. 铜车辖、车軎（M48：16-1）

2. 铜衡末（M48：18）

3. 铁剑（M48：15）

4. 铜带钩（M48：2）

5. 铁剑（M48：1）

11YLM48器物

1. M48：3-16

2. M48：3-24

3. M48：19-12

4. M48：19-15

5. M48：19-13

6. M48：19-43

7. M48：19-30

8. M48：19-42

11YLM48 "大泉五十" 铜钱

1. M48（左）、M49（右）墓室顶部（南—北）

2. M49墓室

11YLM48、M49墓室

1. M49陶器组合

2. 罐（M49：12）

3. 盆（M49：8）

4. 灶（M49：14）

11YLM49陶器

1. 釉陶壶（M49：11）

2. 釉陶壶（M49：10）

3. 陶罐（M49：9）

4. 陶罐（M49：13）

5. 铜镜（M49：6）

11YLM49器物

1. "契刀五百" 铜钱（M49：16-15）

2. "五铢" 铜钱（M49：7-18）

3. "大泉五十" 铜钱（M49：16-12）

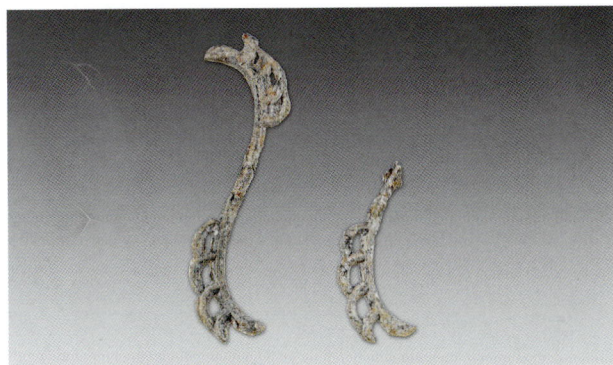

4. 铜马镳（M49：4-1、M49：4-2）

5. 铜包边（M49：7-7）

6. 铜衡末（M49：3）

7. 铜车軎（M49：1）

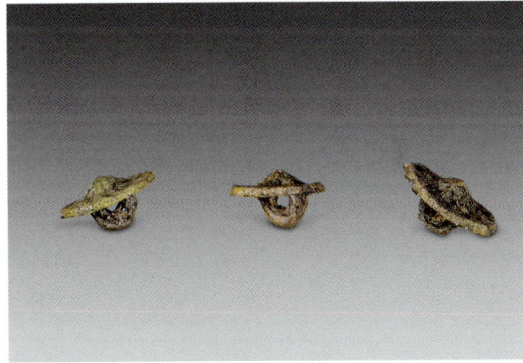

8. 铜扣饰（M49：5）

9. 漆木器（M49：7）

10. "契刀五百" 铜钱（M49：7-8～M49：7-17）

11YLM49器物

1. 铜器盖（M51：15-1、M51：15-2）

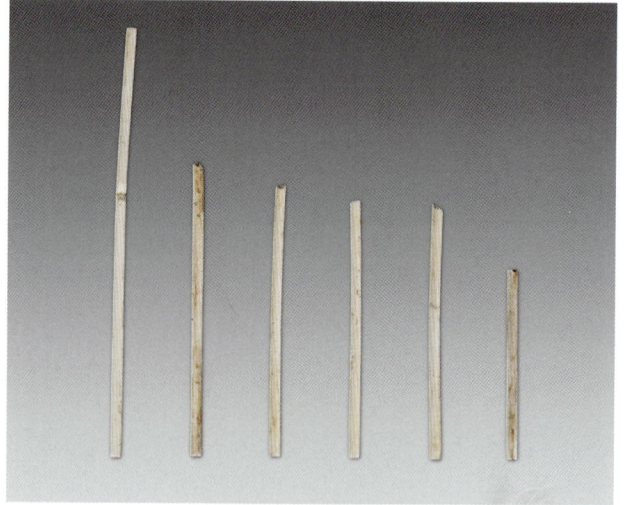

2. 骨器（M51：4）

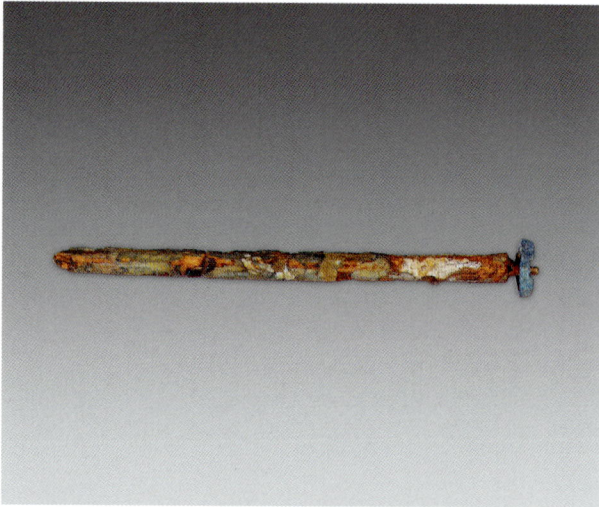

3. 铁剑（M50：2）

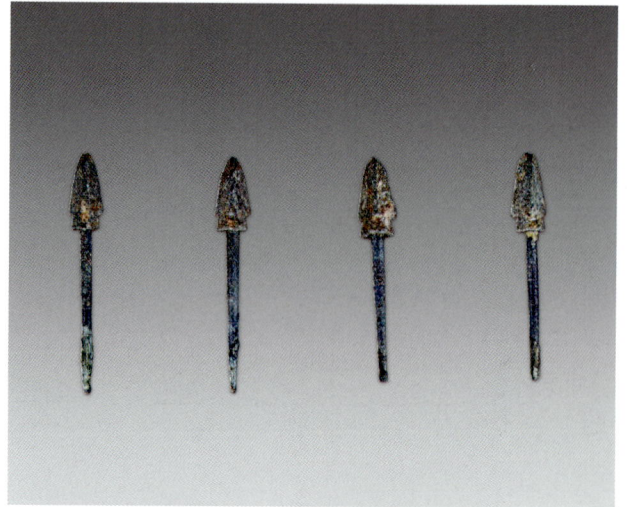

4. 铜镞（M53：16-3～M53：16-6）

5. 铁剑（M52：2）

11YLM50～M53器物

1. 铜衡末（M53：15-1）

2. 铜衡末（M53：15-2）

3. 扣饰（M53：7）

4. 盖弓帽（M51：9-1、M51：9-2）

5. 当卢（M53：8）

6. 马衔、马镳（M50：5）

11YLM50、M51、M53铜器

1."大泉五十"铜钱（M51：10-1、M51：10-2）

2."大泉五十"铜钱（M53：4-1、M53：4-2）

3."大泉五十"铜钱（M53：20-1、M53：20-2）

4.合面铜钱（M53：20-3）

5.铁炼渣（M50：8）

11YLM50、M51、M53器物

1. M56陶器组合

2. 盆（M56：12）

3. 罐（M56：1）

4. 罐（M56：2）

5. 罐（M56：3）

11YLM56陶器

1.釉陶壶（M56：8）

2.釉陶壶（M56：7）

3.灶（M56：4）

4.罐（M56：5）

5.釉陶壶（M56：6）

11YLM56陶器

1. M56：11-6

2. M56：11-11

3. M56：11-20

4. M56：11-21

5. M56：11-31

6. M56：11-32

7. M56：11-42

8. M56：11-50

9. M56：11-72

10. M56：11-41

11. M56：11-48

12. M56：11-55

11YLM56"大泉五十"铜钱

1. M1墓室

2. 陶罐（M1∶2）

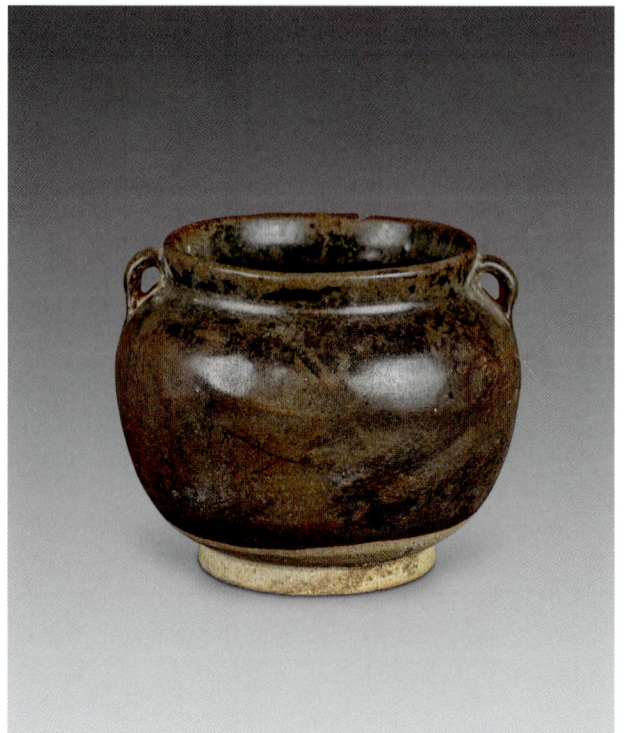

3. 瓷罐（M1∶1）

11YLM1墓室、器物

1. M18墓室

2. M18器物

11YLM18墓室、器物

1.陶罐（M18：6）

2.陶罐（M18：5）

3.陶罐（M18：4）

4.陶罐（M18：2）

5.陶罐（M18：1）

6.瓷碗（M18：7）

11YLM18器物

1. 陶罐（M7：2）

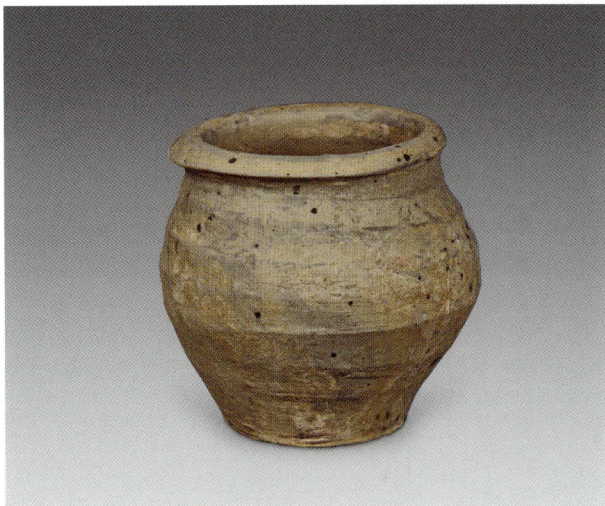

2. 陶罐（M7：1）

3. 陶罐（M7：3）

4. 铁器（M18：8）

5. 陶砚（M18：9）

6. 瓷执壶（M18：3）

11YLM7、M18器物

1. M5墓室

2. 瓷瓶（M5：8）

3. 银耳坠（M5：5-1）

4. 银簪（M5：5-2）

11YLM5墓室、器物

1. 陶罐（M5：6）

2. 瓷盏（M5：7）

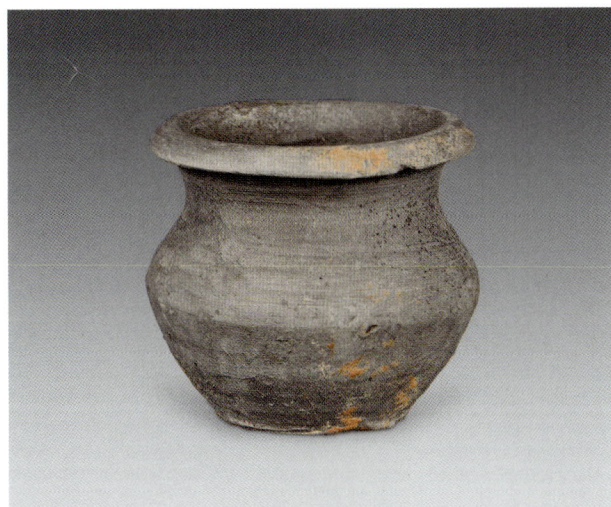

3. 陶罐（M5：1）

4. 陶罐（M5：3）

5. 陶罐（M5：2）

6. 陶罐（M5：4）

11YLM5器物

1. M23墓圹

2. M23墓室

11YLM23墓圹、墓室

1. M23器物

2. 瓷瓮（M23：1）

3. 瓷盏（M23：8）

4. 铜镜（M23：9）

11YLM23器物

1. 陶罐（M23：6）

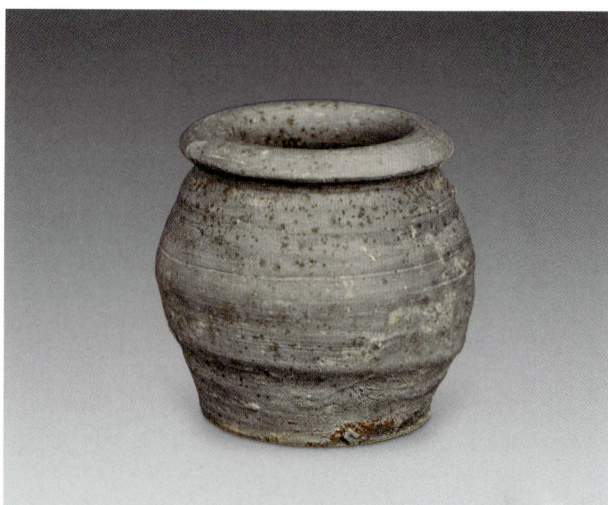

2. 陶罐（M23：5）

3. 陶罐（M23：4）

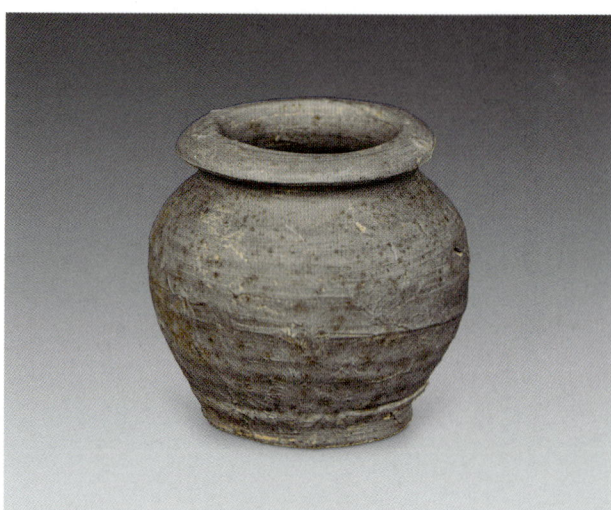

4. 陶罐（M23：3）

5. 瓷碗（M23：2）

6. 陶罐（M23：7）

11YLM23器物

1. M30墓室

2. 瓷碗（M30：1）

3. 陶罐（M30：2）

4. 陶罐（M30：3）

5. 陶罐（M30：4）

11YLM30墓室、器物

1. M38墓室

2. M38西壁

11YLM38墓室、墓壁

1. M38北壁

2. M38北壁格子门（西三扇）

11YLM38墓壁

1. M38北壁格子门（东三扇）

2. M38东壁

11YLM38墓壁

1. 罐（M38：3）

2. 罐（M38：2）

3. 罐（M38：5）

5. 罐（M38：4）

4. M38南壁装饰檠灯

6. 罐（M38：1）

11YLM38墓壁装饰、陶器

1. M42墓室（南—北）

2. M42墓室（北—南）

11YLM42墓室

1. M42北壁

2. M42东壁

11YLM42墓壁

1. M42西壁

2. 铁犁（M42：2）正面

3. 铁犁（M42：2）背面

11YLM42墓壁、铁器

1. 陶罐（M42：6）

2. 陶罐（M42：5）

3. 陶罐（M42：4）

4. 陶罐（M42：3）

5. 瓷碗（M42：1）

6. 陶罐（M42：7）

11YLM42器物

1. M44墓室

2. M44北壁

11YLM44墓室、墓壁

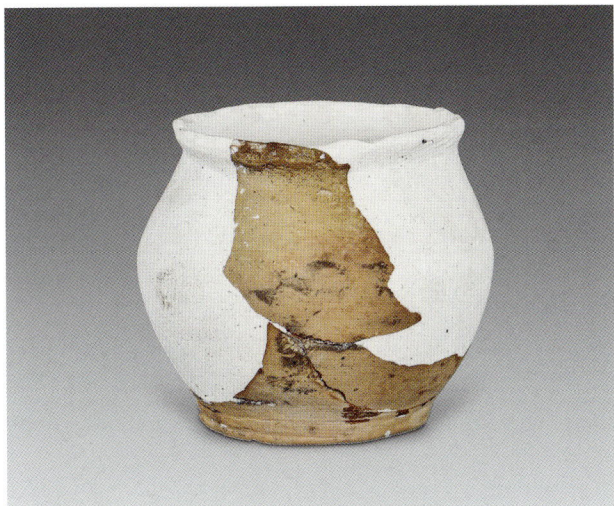

1. 陶罐（M44：5）

2. 陶罐（M44：4）

3. 陶罐（M44：3）

4. 瓷碗（M44：2）

5. 陶罐（M44：1）

6. 瓷瓶（M44：6）

11YLM44器物

1. M47墓室西壁

2. M47墓室东壁

11YLM47墓壁

1. M47墓室南壁门吏

2. M47墓门（由外向内）

11YLM47墓壁、墓门

1. M19墓室

2. 铜镜（M19：1）

11YLM19墓室、铜器

1. M22墓圹（北—南）

2. M22墓室

11YLM22墓圹、墓室

1.M22墓门（由内向外）

2.铁灯盏（M22：4）

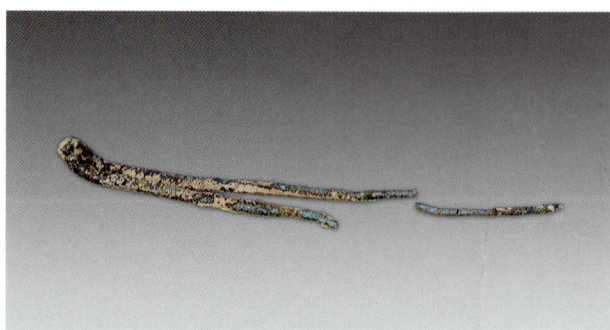

3.铜簪（M22：3）

4.铁动物（M22：2-2）

5.铁动物（M22：2-1）

11YLM22墓门、器物

铜镜（M22∶1）

11YLM22铜镜

1. M27墓室

2. 瓷碗（M27：1）

3. 瓷碗（M27：2）

4. 铁动物（M27：3）

11YLM27墓室、器物

1. M8墓室

2. M8器物

11YLM8墓室、器物

1. 陶罐（M8：5）

2. 陶罐（M8：4）

3. 陶罐（M8：2）

4. 陶罐（M8：3）

5. 陶罐（M8：6）

6. 铁灯盏（M8：11）

11YLM8器物

1. 瓷碗（M8：7）

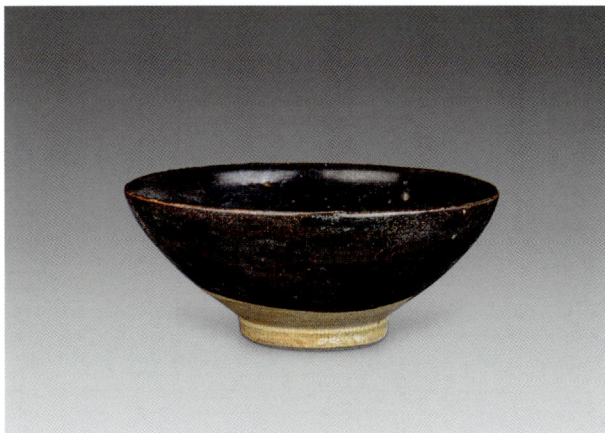

2. 瓷碗（M8：8）

3. 瓷罐（M8：9）

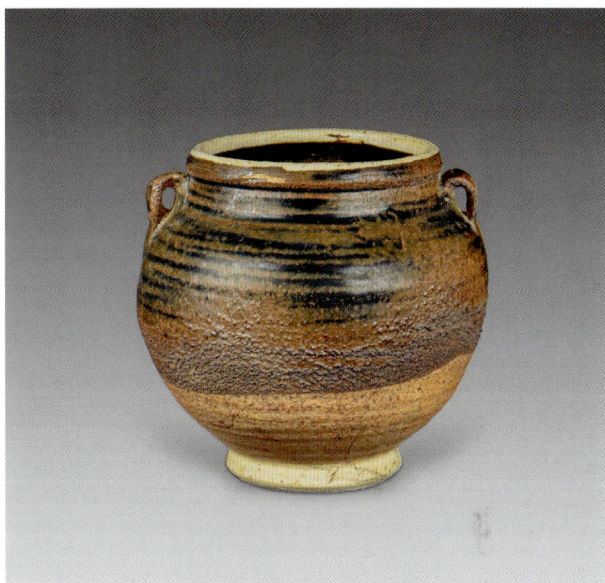

4. 瓷罐（M8：10）

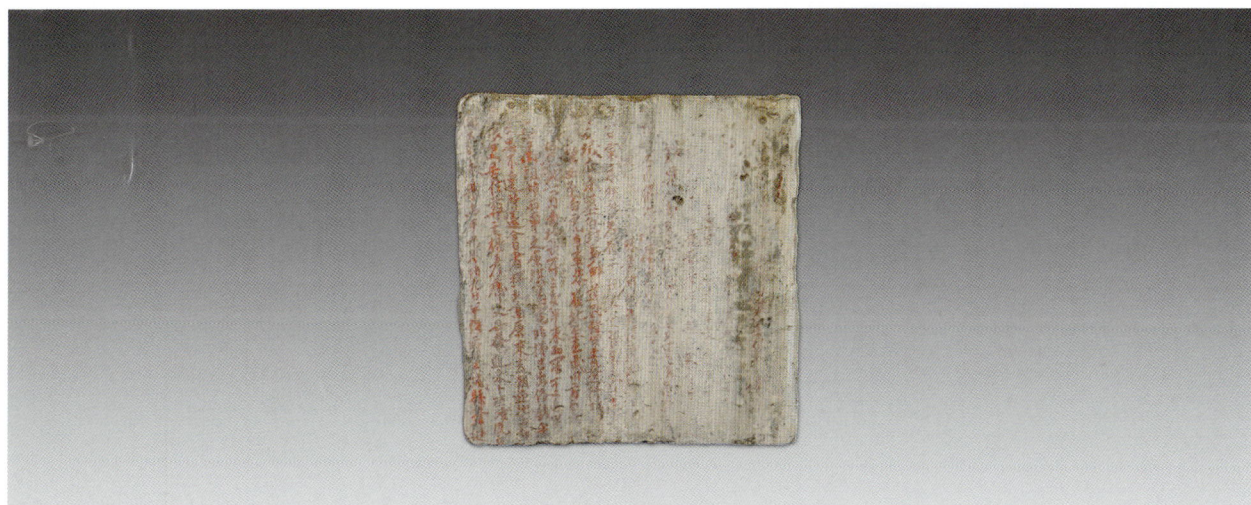

5. 墓志（M8：12）

11YLM8器物

1. 开元通宝（M8：1-2）

2. 乾元重宝（M8：1-5）

3. 太平通宝（M8：1-6）

4. 淳化元宝（M8：1-8）

5. 至道元宝（M8：1-9）

6. 景德元宝（M8：1-10）

7. 祥符通宝（M8：1-11）

8. 天圣元宝（M8：1-12）

1. 天圣元宝（M8：1-13）

2. 皇宋通宝（M8：1-14）

3. 至和元宝（M8：1-17）

4. 嘉祐通宝（M8：1-18）

5. 熙宁元宝（M8：1-19）

6. 元丰通宝（M8：1-21）

7. 洪武通宝（M8：1-28）

8. 洪武通宝（M8：1-31）

11YLM8铜钱

1. M17墓室

2. M17器物

11YLM17墓室、器物

1. 陶罐（M17：3-1）

2. 陶罐（M17：3-2）

3. 陶罐（M17：3-3）

4. 铁灯盏（M17：5）

5. 瓷碗（M17：1）

6. 瓷罐（M17：2）

11YLM17器物

1. M29全景

2. M29器物

11YLM29全景、器物

1. M29：1

2. M29：2

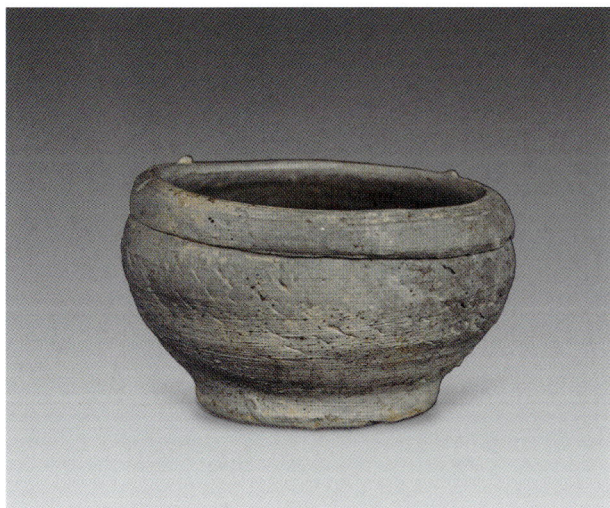

3. M29：3

4. M29：4

5. M29：5

6. M29：6

11YLM29陶罐

1. 陶罐（M29：7）

2. 陶罐（M29：8）

3. 瓷罐（M29：9）

4. 瓷盏（M29：10）

5. 泥俑（M29：11）

11YLM29器物

1. M32墓室

2. M32器物

11YLM32墓室、器物

1. 陶罐（M32：5）

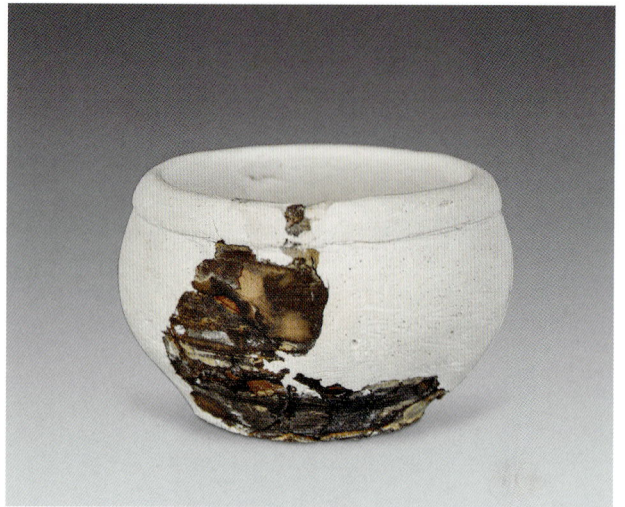

2. 陶罐（M32：7）

3. 陶罐（M32：4）

4. 铁灯盏（M32：9）

5. 瓷碗（M32：8）

6. 瓷罐（M32：1）

11YLM32器物

1. M33墓室

2. M33陶罐（M33：8、M33：10、M33：1）

11YLM33墓室、陶器

1. 人物俑（M33：4）

2. 人物俑（M33：6）

3. 人物俑（M33：7）

4. 人物俑（M33：2）

5. 牛俑（M33：3）

6. 人物俑（M33：9）

11YLM33泥俑

1. M9墓室

2. 瓷碗（M9∶2）

3. 瓷碗（M9∶4）

11YLM9墓室、瓷器

1. 瓷罐（M9：5）

2. 瓷罐（M9：3）

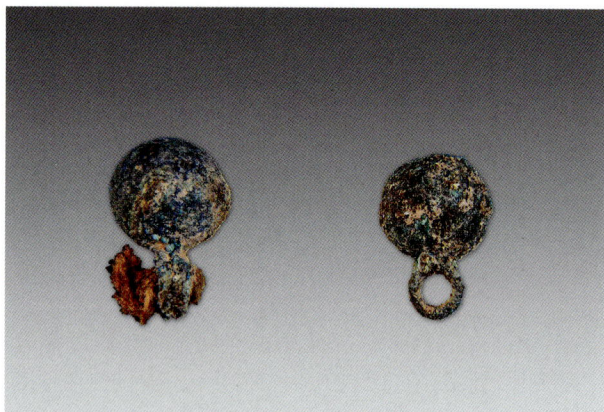

3. 铜纽扣（M9：8）

4. 铜纽扣（M9：7-2、M9：7-1）

5. 砂锅（M9：1）

6. 铁灯盏（M9：6）

11YLM9器物

1. M10墓室

2. 砂锅（M10：2）

3. 瓷罐（M10：3）

4. 铁灯盏（M10：1）

11YLM10墓室、器物

1. M16墓室

2. 砂锅（M16：1）

3. 雍正通宝（M16：2）

11YLM16墓室、器物

1. 瓷罐（M36：1）

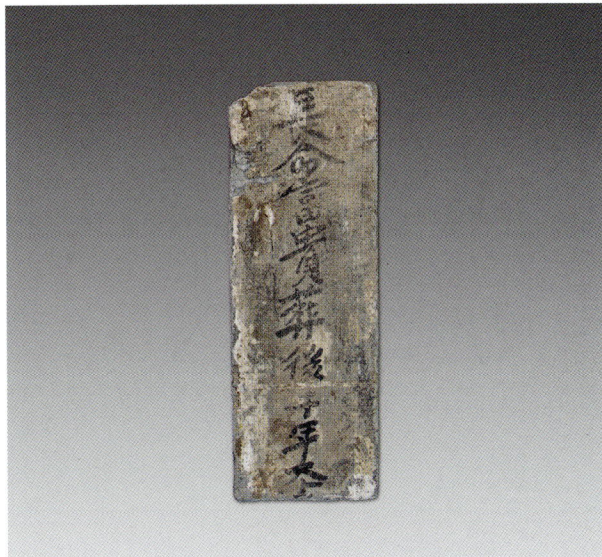
2. 条砖（M36：4）正面

3. 条砖（M36：4）顶端

4. 条砖（M36：4）底端

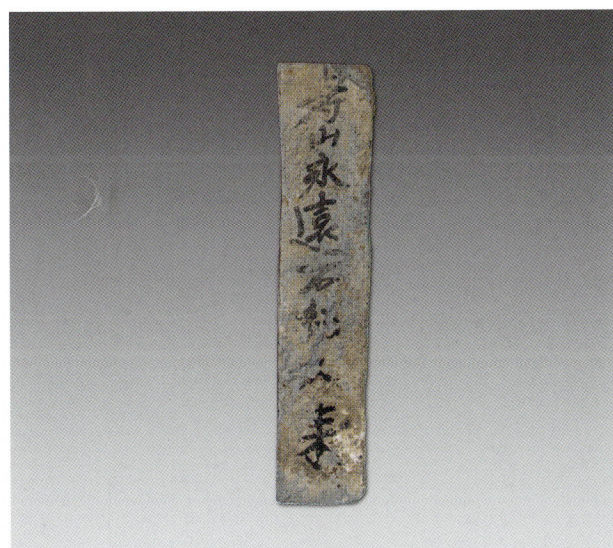
5. 条砖（M36：4）左侧

6. 条砖（M36：4）右侧

11YLM36器物

1. 瓷器盖（M46：4）

2. 铜扣（M46：3）

3. 铜簪（M46：1）

4. 铜烟袋（M46：2）

11YLM46器物

1. M55墓室

2. 铜烟袋（M55：7）

11YLM55墓室、铜器

1. 瓷碗（M55：2）

2. 瓷碗（M55：3）

3. 瓷罐（M55：4）

4. 瓷罐（M55：5）

5. 砂锅（M55：1）

6. 铁灯盏（M55：6）

11YLM55器物

1. H4

2. H5

12YW灰坑

1. Y1俯视

2. Y3窑室俯视

12YW陶窑

1. Y2俯视

2. Y2窑室（东—西）

12YW陶窑

1.豆（H5：1）

2.豆（H11：4）

3.豆（H11：5）

4.瓦当（J1：1）

5.陶板（J1：4）

6.瓦当（Y1：5）

1. 盆（Y3：6）

2. 盆（Y3：2）

3. 瓦当（Y3：31）

4. 瓦当（Y3：32）

5. 瓦当（Y2：9）

6. 瓦当（Y3：29）

12YW陶窑陶器

1. M3陶器组合

2. 豆（M3：5）

3. 豆（M3：6）

4. 罐（M3：4）

5. 罐（M3：3）

12YWM3陶器

1. M4陶器组合

2. 器盖（M4：9）

3. 器盖（M4：10）

4. 碗（M4：8）

5. 匜（M4：7）

12YWM4陶器

1. 豆（M4：5）

2. 豆（M4：6）

3. 鬲（M3：7）

4. 鼎（M4：4）

5. 壶（M4：2）

6. 壶（M4：3）

12YWM3、M4陶器

1. M5墓室

2. M5陶器组合

12YWM5墓室、陶器

1.豆（M5∶6）

2.豆（M5∶5）

3.鼎（M5∶3）

4.匜（M5∶7）

5.壶（M5∶4）

6.壶（M5∶2）

12YWM5陶器

1. M6墓室

2. M6墓底垫木槽

12YWM6墓室

1. 铜带钩（M3：1）

2. 铜带钩（M6：1）

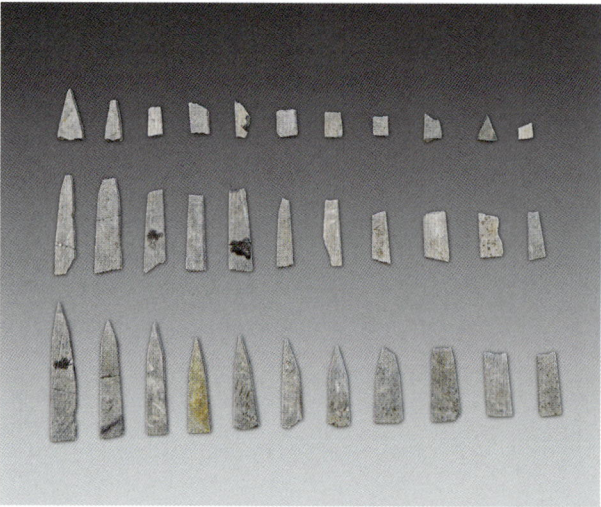
3. 石圭（M3：2）

4. 陶匜（M5：8）

5. 石圭（M4：1）

6. 石圭（M5：1）

12YWM3～M6器物

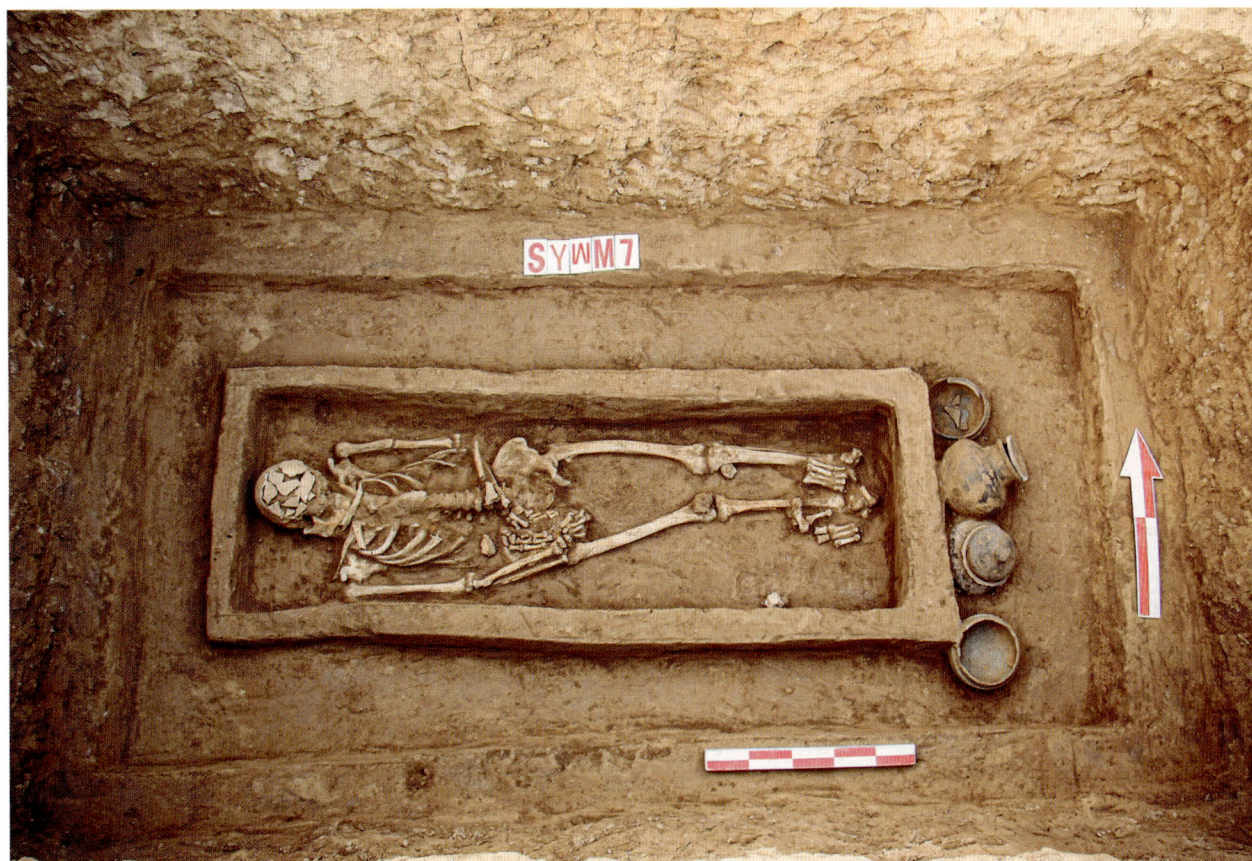

1. M7墓室

2. M7陶器组合

12YWM7墓室、陶器

1. 海贝（M7：5）

2. 铜带钩（M7：6）

3. 陶豆（M7：4）

4. 陶豆（M7：1）

5. 陶罐（M7：3）

6. 陶鬲（M7：2）

12YWM7器物

1. M8椁盖板

2. M8椁底板

12YWM8葬具

1. M8墓室

2. M8陶器组合

12YWM8墓室、陶器

1.豆（M8：5）

2.豆（M8：6）

3.壶（M8：1）

4.壶（M8：2）

12YWM8陶器

1. 盘（M8：7）

2. 碗（M8：9）

3. 罐（M8：8）

4. 陶匜（M8：10）

5. 鼎（M8：3）

6. 鼎（M8：4）

12YWM8陶器

1. M10墓室

2. M10陶器组合

12YWM10墓室、陶器

1.壶（M10：2）

2.壶（M10：5）

3.鬲（M10：9）

4.鼎（M10：8）

12YWM10陶器

1. 匜（M10：10）

2. 匜（M10：11）

3. 豆（M10：7）

4. 豆（M10：6）

5. 豆（M10：4）

6. 豆（M10：3）

12YWM10陶器

1. M12墓室

2. M12陶器组合

12YWM12墓室、陶器

1.豆（M12:4）

2.豆（M12:3）

3.鼎（M12:6）

4.壶（M12:5）

5.壶（M12:2）

12YWM12陶器

1. M13墓室

2. 铜带钩（M13：1）

12YWM13墓室、铜器

1. M15墓室

2. M15陶器组合

12YWM15墓室、陶器

1. 匜（M15：8）

2. 碗（M15：9）

3. 豆（M15：6）

4. 豆（M15：4）

5. 鼎（M15：7）

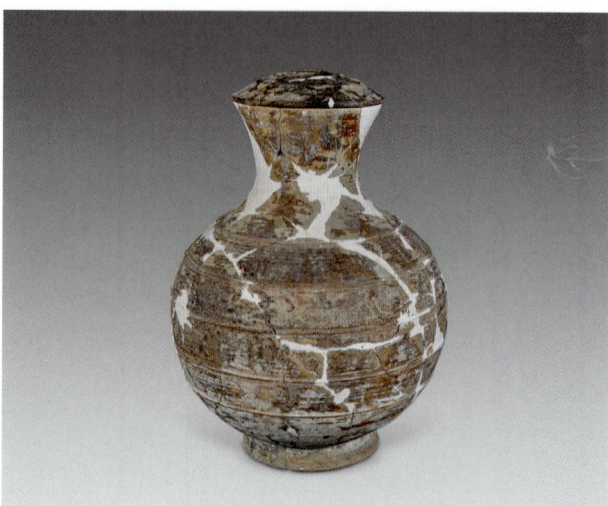

6. 壶（M15：3）

12YWM15陶器

1. M16墓室

2. M16陶器组合

12YWM16墓室、陶器

1. 豆（M16：9）

2. 豆（M16：8）

3. 壶（M16：6）

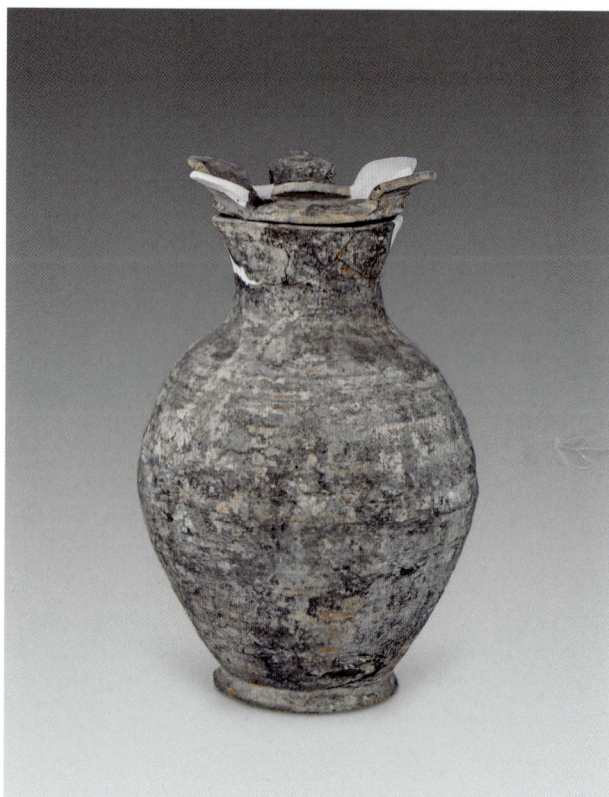

4. 壶（M16：7）

12YWM16陶器

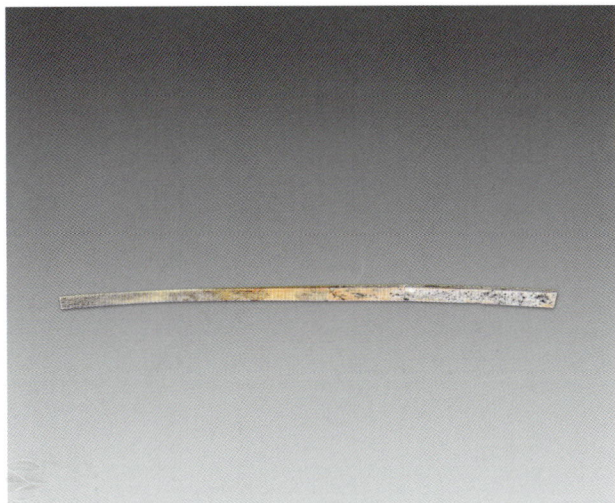

1. 骨笄（M16：2）

2. 陶匜（M16：5）

3. 手握玉（M16：3）

4. 陶碗（M16：4）

5. 石圭（M16：1）

6. 陶鼎（M16：10）

12YWM16器物

1. M17墓室

2. M17陶器组合

12YWM17墓室、陶器

1. 陶豆（M17：5）

2. 陶豆（M17：6）

3. 陶鬲（M17：7）

4. 石圭（M17：3）

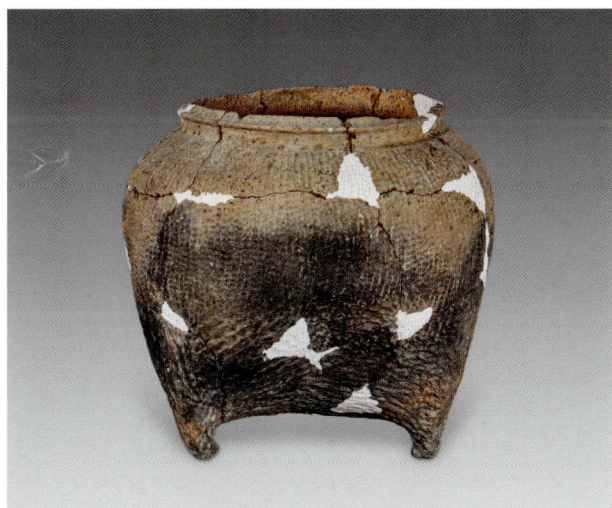

5. 陶鬲（M17：4）

6. 陶罐（M17：8）

12YWM17器物

1.铜带钩（M17：1）

2.铜带钩（M17：2）

3.石圭（M15：2）

4.石圭（M15：1）

5.石圭（M12：1）

6.石圭（M10：1）

12YWM10、M12、M15、M17器物

1. M18墓室

2. M18陶器组合

12YWM18墓室、陶器

1. 陶豆（M18：6）

2. 陶豆（M18：4）

3. 石圭（M18：2、M18：3）

4. 铜带钩（M18：1）

5. 陶罐（M18：5）

6. 陶鬲（M18：7）

12YWM18器物

1. M19墓室

2. M19陶器组合

12YWM19墓室、陶器

1.碗（M19：8）

2.匜（M19：7）

3.豆（M19：10）

4.豆（M19：9）

5.壶（M19：11）

6.壶（M19：12）

12YWM19陶器

1. 玉璜（M19：4）

2. 玉璜（M19：1）

3. 玉饰件（M19：2）

4. 玉坠（M19：5-1～M19：5-4）

5. 石圭（M19：3）

6. 陶鼎（M19：6）

12YWM19器物

1. M20墓室

2. M20陶器组合

12YWM20墓室、陶器

1. 陶豆（M20：5）

2. 陶豆（M20：7）

3. 陶鬲（M20：6）

4. 铜带钩（M20：1）

5. 陶壶（M20：3）

6. 陶鼎（M20：4）

12YWM20器物

1. M21陶器组合

2. 鼎（M21：4）

3. 碗（M21：7）

12YWM21陶器

1.豆（M21：6）

2.豆（M21：5）

3.壶（M21：3）

4.壶（M21：2）

12YWM21陶器

1. M24墓室

2. M22墓室

12YWM22、M24墓室

1. M14全景

2. 铜带钩（M14∶1）

12YWM14全景、铜器

1. M1墓室

2. M1：8

3. M1：7

4. M1：11

5. M1：12

12YWM1墓室、泥人俑

1. 铜镜（M1：1）

2. 铜簪（M1：2）

3. 瓷罐（M1：4）

4. 瓷碗（M1：3）

5. 板瓦（M1：5）

6. 铁灯盏（M1：10）

12YWM1器物

1. M2墓室顶部俯视

2. M2墓室

12YWM2墓室

1. M2东壁

2. M2南壁

12YWM2墓壁

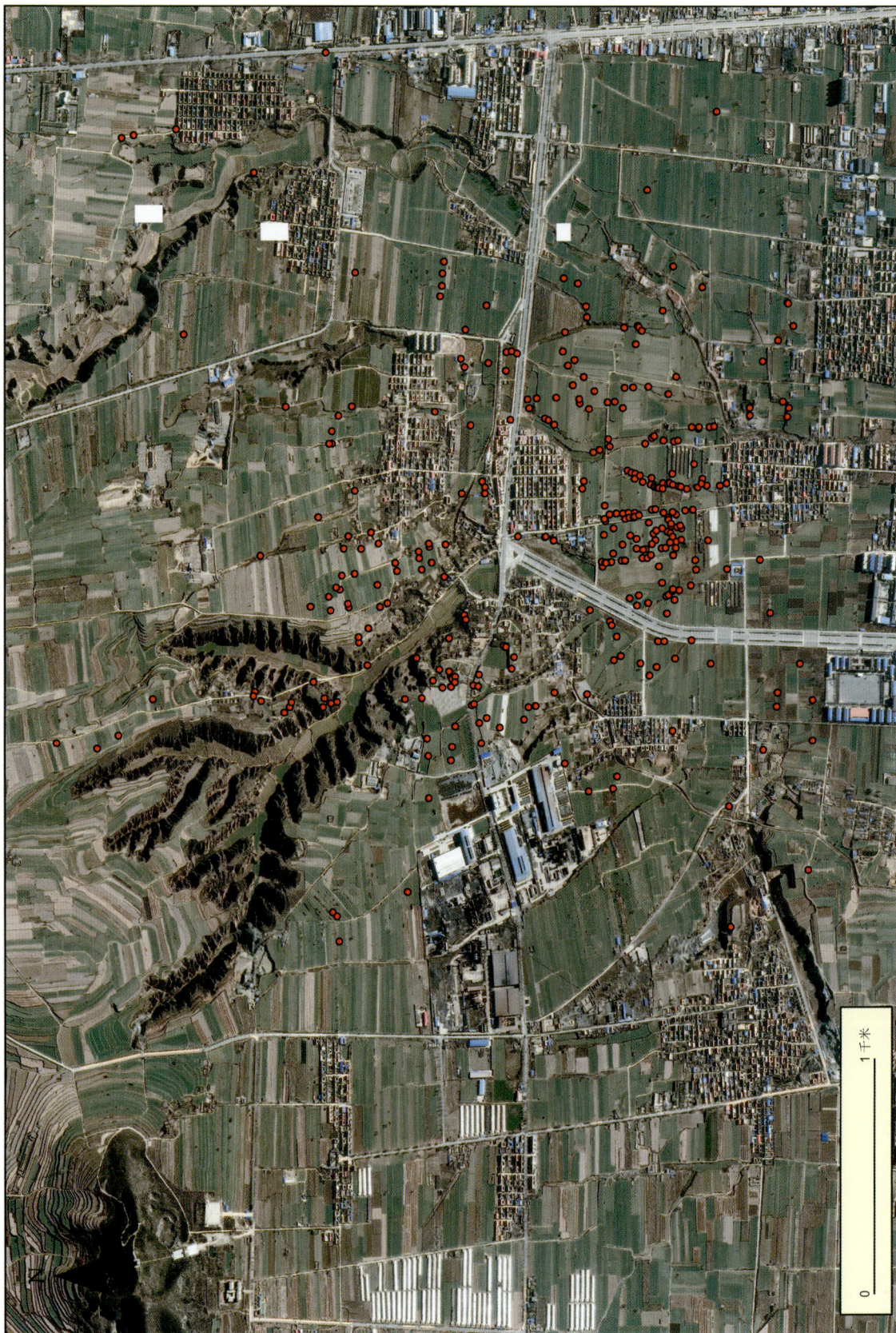

苇沟-北寿城调查采集点分布图

14G101全景（北—南）

1. 14G101H2～H4（西一东）

2. 14G101H6（西一东）

14G101灰坑

1.14G101T4东壁夯土及地层关系

2.14G101T4南壁夯土及地层关系

14G101夯土

14G201全景（南—北）

1.14G201夯土

2.14G201H1（北—南）

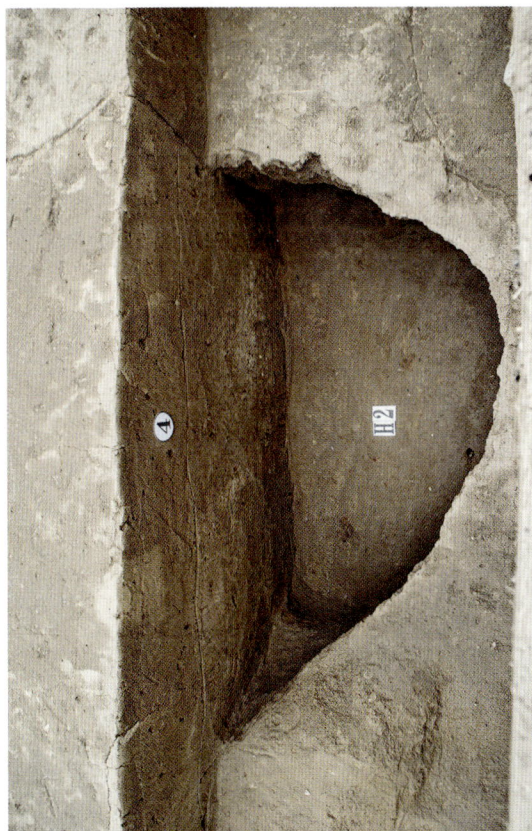
3.14G201H2（西—东）

14G201遗迹

14G401全景（南—北）

1. 14G401H1（东—西）

2. 14G401H7、H8（西—东）

14G401灰坑

14G402全景（南—北）

1. 14G401Y1（西—东）

2. 14G402地层及夯土情况

14G401、G402遗迹

1. I区探沟边断崖夯土

2. II区断崖夯土

苇沟-北寿城遗址夯土

1.带錾陶片（YCTFB1：2）

2.陶瓶腹片（YCTFB6：6）

3.陶罐口沿（YCTHW15：1）

4.陶器肩部（YCTHW17：1）

5.陶盆口沿（YCWY26：1）

6.陶盆口沿（YCWY28：1）

韦沟-北寿城遗址调查采集陶器

1. 陶罍腹片（YCTFJ31：1）

2. 陶罍肩部（YCTFJ31：2）

3. 陶瓮口沿（YCTFJ51：3）

4. 有盖陶盒（YCTFJ66：1）

5. 陶锜（YCTFJ66：2）

6. 陶罐（YCTFJ66：6）

苇沟-北寿城遗址调查采集陶器

1. 陶罐（YCTL81：1）

2. 陶鬲足（YCTL85：1）

3. 釜灶（YCTL87：1）

4. 陶鬲（YCTW104：1）

5. 陶罐（YCTW110：1）

6. 甗腰（YCTW118：5）

苇沟—北寿城遗址调查采集陶器

1.釜灶（YCTW121：1）

2.鬲足（YCTW124：1）

3.带錾陶片（YCTW138：3）

4.陶盘底部（YCTW141：1）

5.带錾陶片（YCTW141：2）

苇沟-北寿城遗址调查采集陶器

1. 陶罐口沿（YCTW151：1）

2. 彩绘陶壶肩部（YCTW157：1）

3. 陶釜口沿（YCTW159：1）

4. 陶盆口沿（YCTW160：4）

5. 陶鬲口沿（YCTW167：1）

6. 釜灶腹片（YCTW170：1）

苇沟—北寿城遗址调查采集陶器

1. 陶豆（YCTW174：1）

2. 器底（YCTW174：2）

3. 陶鬲腹片（YCTW174：4）

4. 陶盆口沿（YCTW187：6）

5. 陶罐口沿（YCTW192：1）

6. 陶豆（YCTW203：1）

1. 陶鬲口沿（YCTW212：2）

2. 陶壶（YCTW213：2）

3. 陶盆（YCTW217：1）

4. 陶罐（YCTW221：2）

5. 筒瓦（YCTW232：1）

6. 瓷片（YCTW234：8）

苇沟-北寿城遗址调查采集遗物

1. 瓷片（YCTW235：12）

2. 豆座（YCTW251：1）

3. 陶罐底（YCTW254：1）

4. 陶盆口沿（YCTW256：1）

5. 瓦当（YCTW256：4）

6. 陶鬲足（YCTW261：7）

苇沟-北寿城遗址调查采集陶器

1. 瓦当（YCTW261：9）

2. 陶鬲足（YCTW261：11）

3. 陶瓮口沿（YCTW262：8）

4. 陶鬲口沿（YCTW263：1）

5. 残绿釉陶耳杯（YCTY281：1）

6. 陶盆口沿（YCTY295：1）

1. 陶鬲口沿（YCTB307：1）

2. 陶鬲口沿（YCTB310：1）

3. 陶豆（YCTB317：2）

4. 陶鬲口沿（YCTB321：1）

5. 陶豆（YCTB321：7）

6. 陶盆（YCTB329：1）

苇沟-北寿城遗址调查采集陶器

1. 陶鬲口沿（YCTB331：12）

2. 陶罐口沿（YCTB333：1）

3. 陶盆口沿（YCTB336：2）

4. 陶盆口沿（YCTB337：1）

5. 陶罐底（YCTB338：2）

6. 鬲足（YCTB338：5）

苇沟—北寿城遗址调查采集陶器

1. 陶瓷口沿（YCTB355：2）

2. 盆口沿（YCTB355：3）

3. 瓷碗（YCTB357：7）

4. 瓷碗（YCTB357：7）

5. 瓷碗（YCTB357：8）

6. 瓷碗（YCTB357：8）

苇沟-北寿城遗址调查采集遗物

1. 瓷器盖（YCTB357：12）

2. 残瓷碗（YCTB357：14）

3. 瓷罐口沿（YCTB357：22）

4. 瓷罐口沿（YCTB357：23）

5. 陶罐（YCTD365：1）

6. 砖（YCTD362：1）

苇沟－北寿城遗址调查采集遗物

1. 陶罐（YCTD365：2）

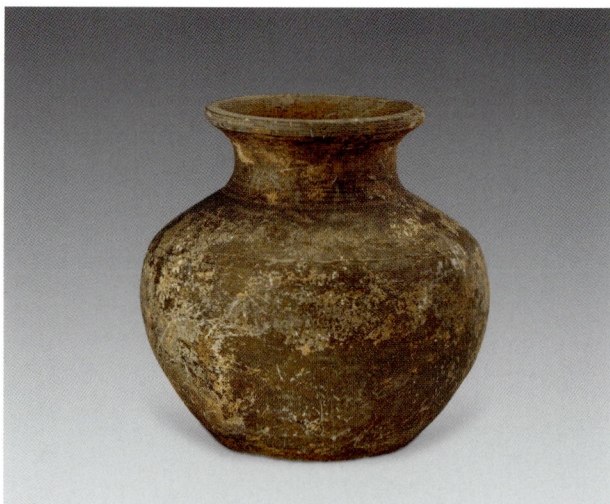

2. 陶罐（YCTD365：3）

3. 瓷器圈足（YCTD366：1）

4. 瓷器圈足（YCTD366：1）

5. 瓷器圈足（YCTD366：2）

6. 瓷器口沿（YCTD366：3）

苇沟—北寿城遗址调查采集遗物

1. 陶鬲口沿（YCTD369：4）

2. 陶盆口沿（YCTD371：4）

3. 陶盆口沿（14G101③：2）

4. 石器（14G101③：16）

5. 陶鬲口沿（14G101T1④：1）

6. 陶鬲足（14G101T4④：8）

苇沟-北寿城遗址调查采集、试掘遗物

1. 铁镢（14G401H1：11）

2. 陶盆口沿（14G101H1：6）

3. 陶盆口沿（14G101H4：2）

4. 陶鬲口沿（14G101H4：9）

5. 陶鬲足（14G101H4：21）

6. 陶鬲足（14G101H4：22）

苇沟-北寿城遗址试掘遗物

1. 石刀（14G101H4：25）

2. 石纺轮（14G101H4：26）

3. 陶鬲口沿（14G101H6：19）

4. 陶豆（14G201④：4）

5. 陶盆口沿（14G201⑤：1）

苇沟—北寿城遗址试掘遗物

1. 陶罐（14G101H6：14）

2. 陶罐（14G401H1：10）

3. 板瓦（14G101T4④：11）

苇沟-北寿城遗址试掘陶器

1. 瓦当（14G401Y1：2）

2. 瓦当（14G401③：6）

3. 瓦当（14G401H3：10）

苇沟-北寿城遗址试掘陶器

1.罐口沿（14G401H1：5）

2.瓦当（14G402③：1）

3.筒瓦（两瓦粘连）（14G401Y1：3）

苇沟-北寿城遗址试掘陶器

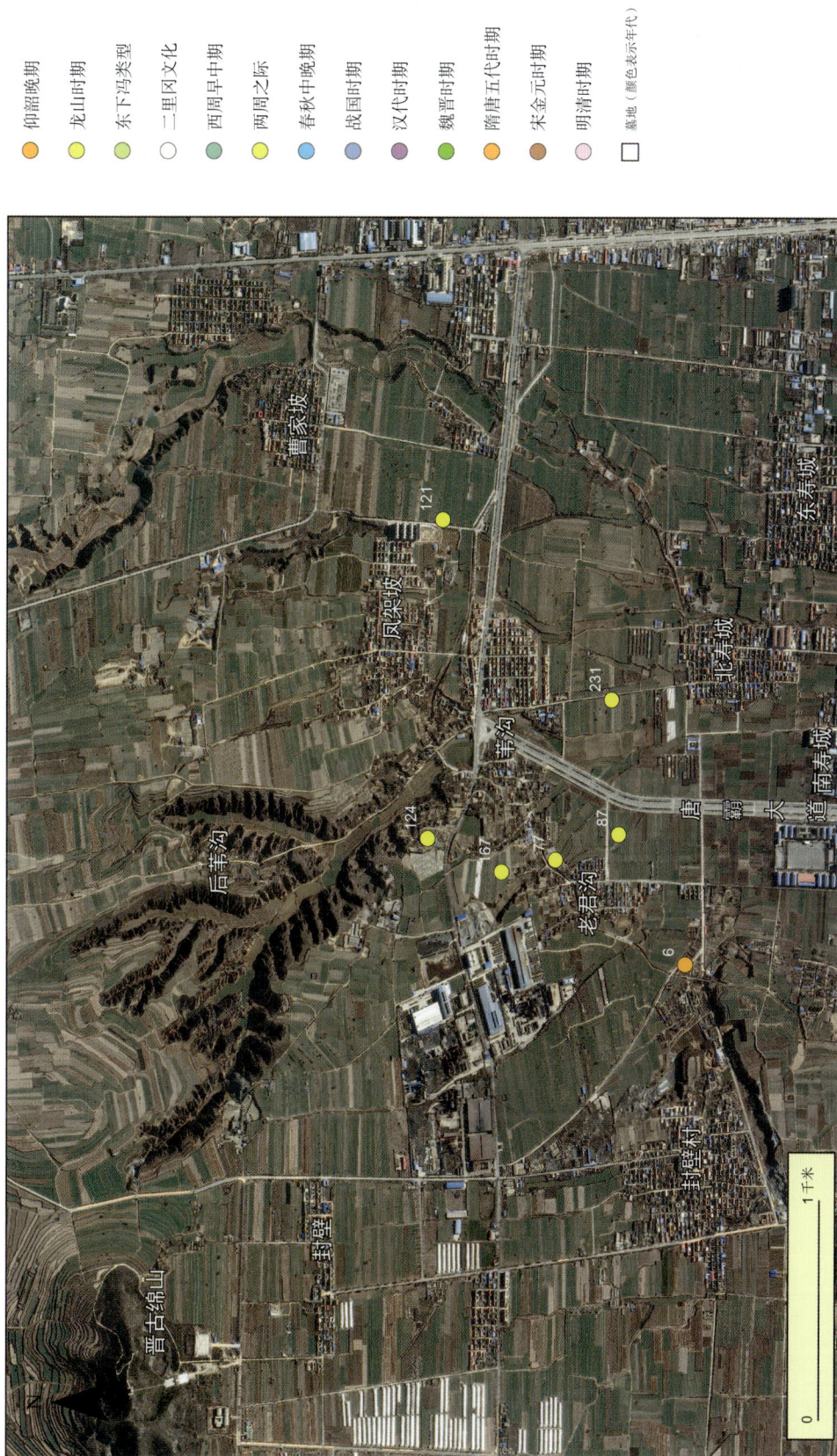

苇沟-北寿城遗址仰韶一龙山时期采集标本分布图

图版一七六

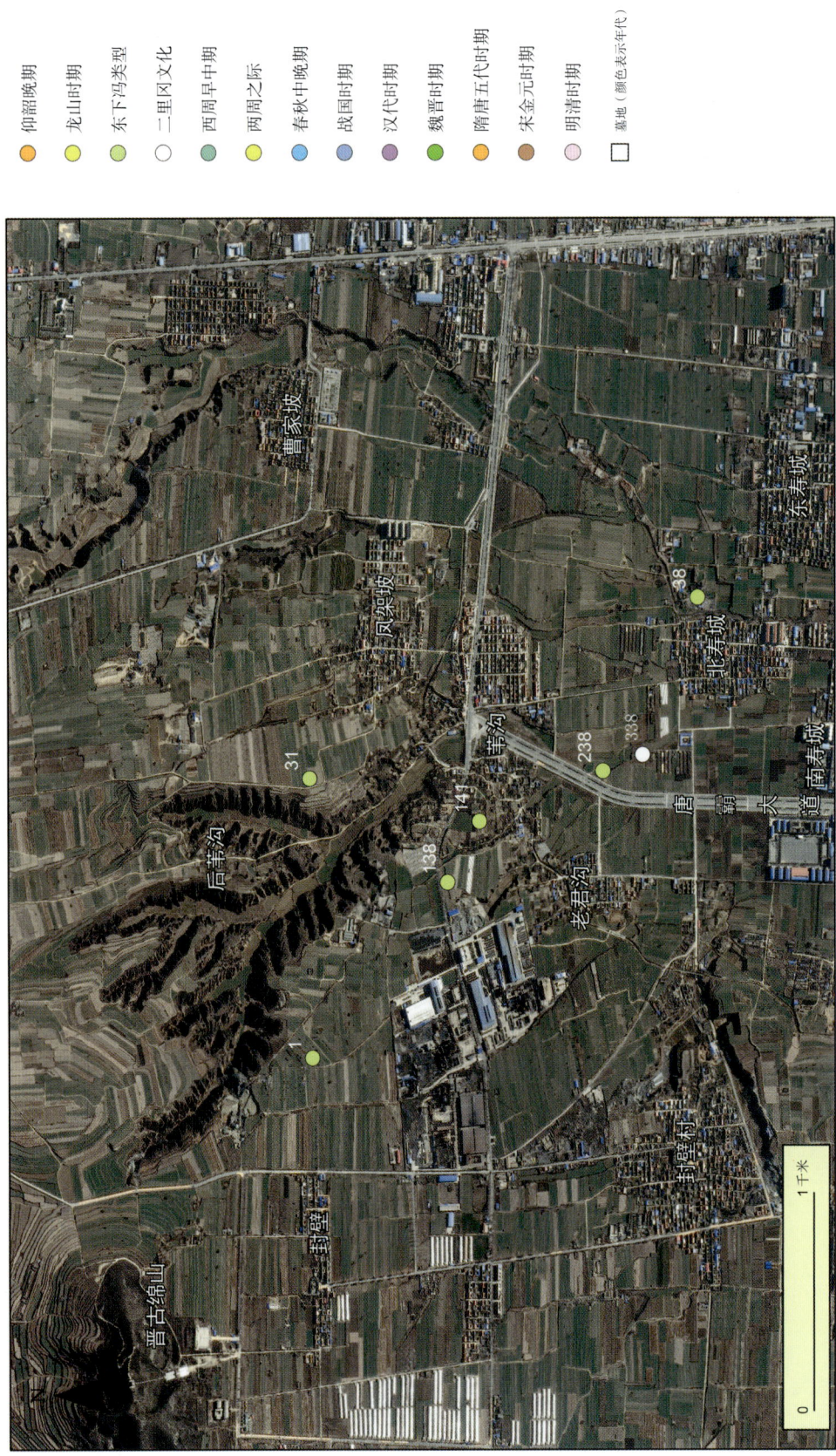

苇沟-北寿城遗址东下冯类型—二里冈文化采集标本分布图

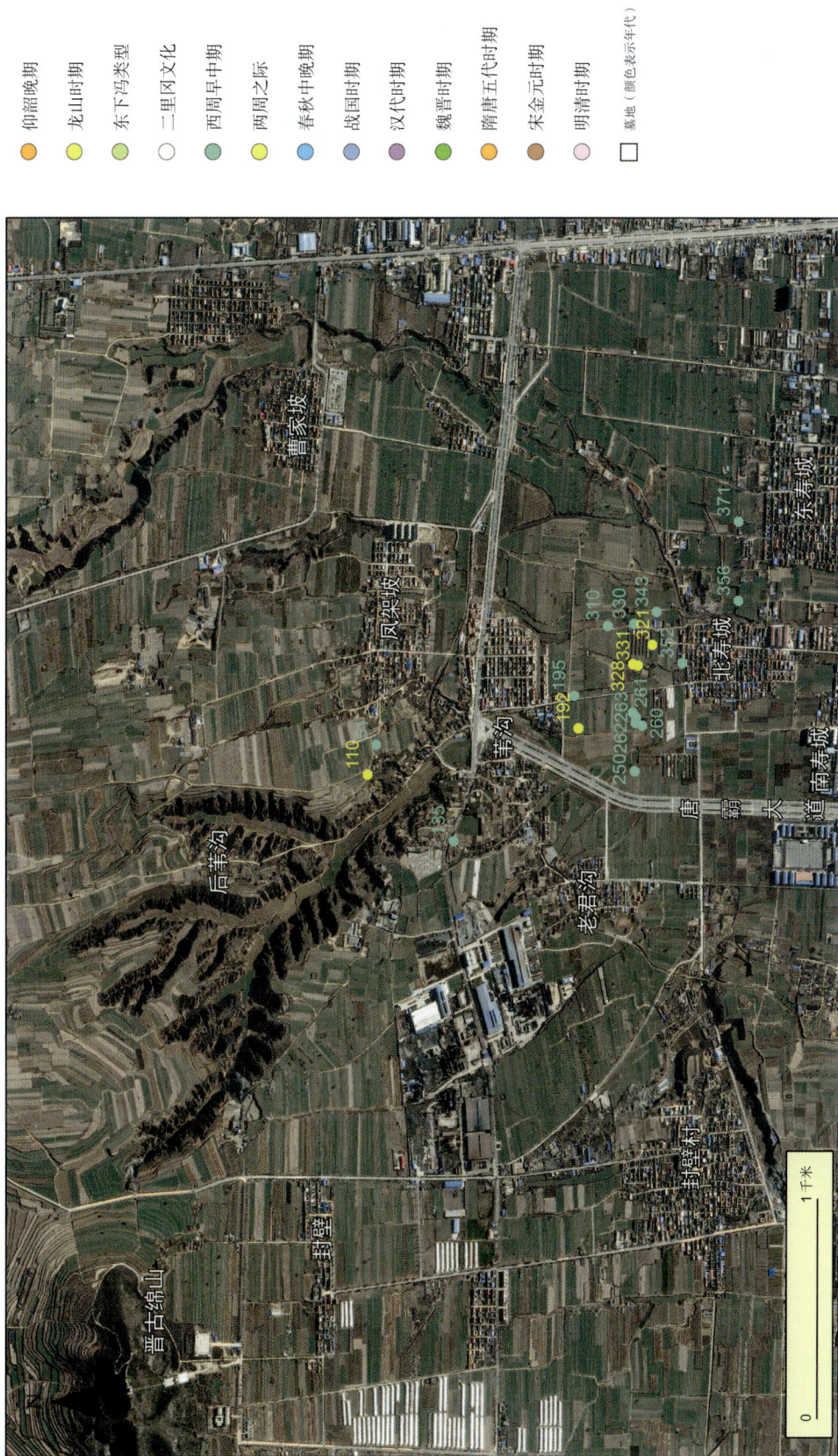

苇沟-北寿城遗址西周早中期—两周之际采集标本分布图

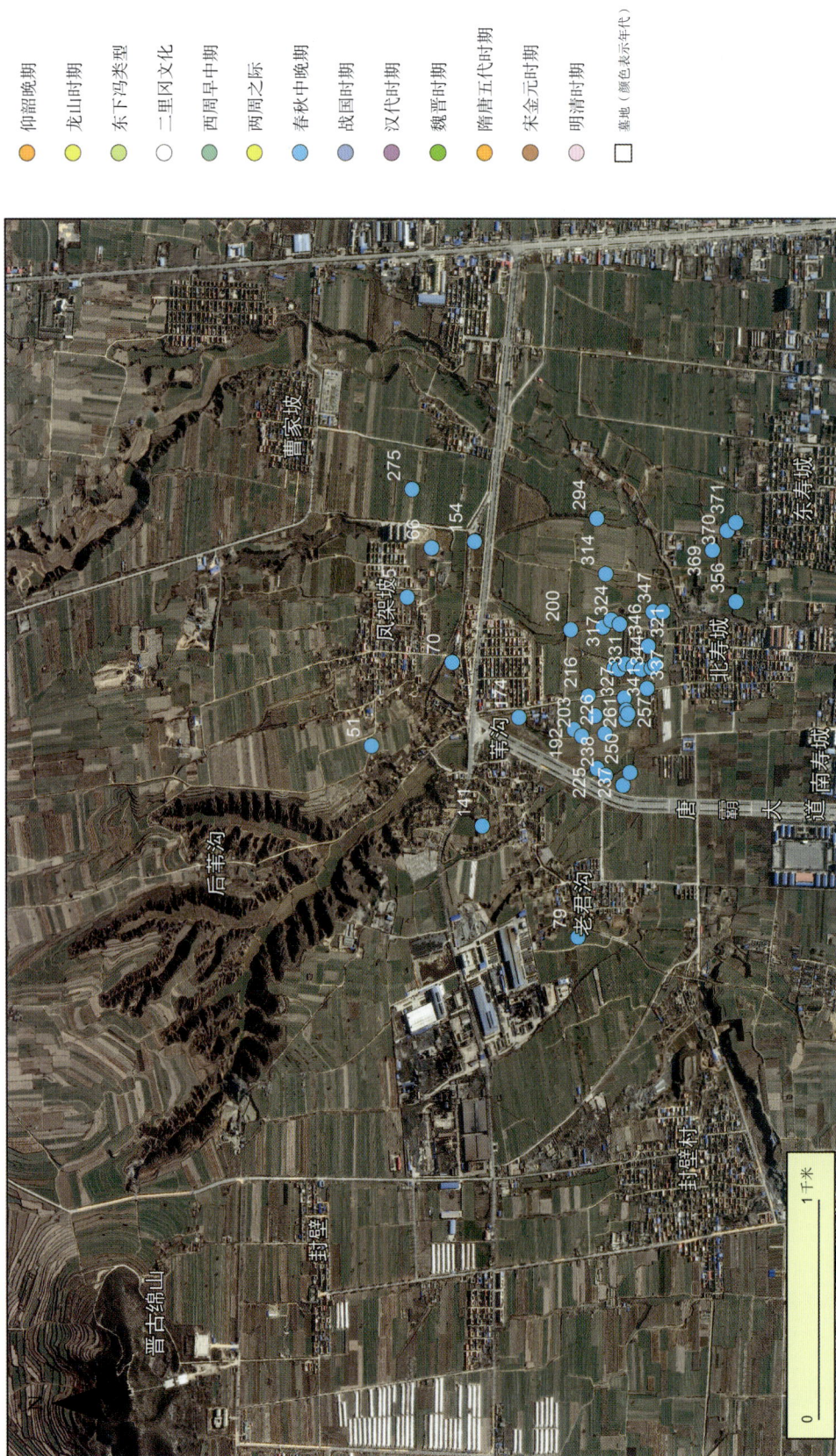

苇沟—北寿城遗址春期中晚期采集标本分布图

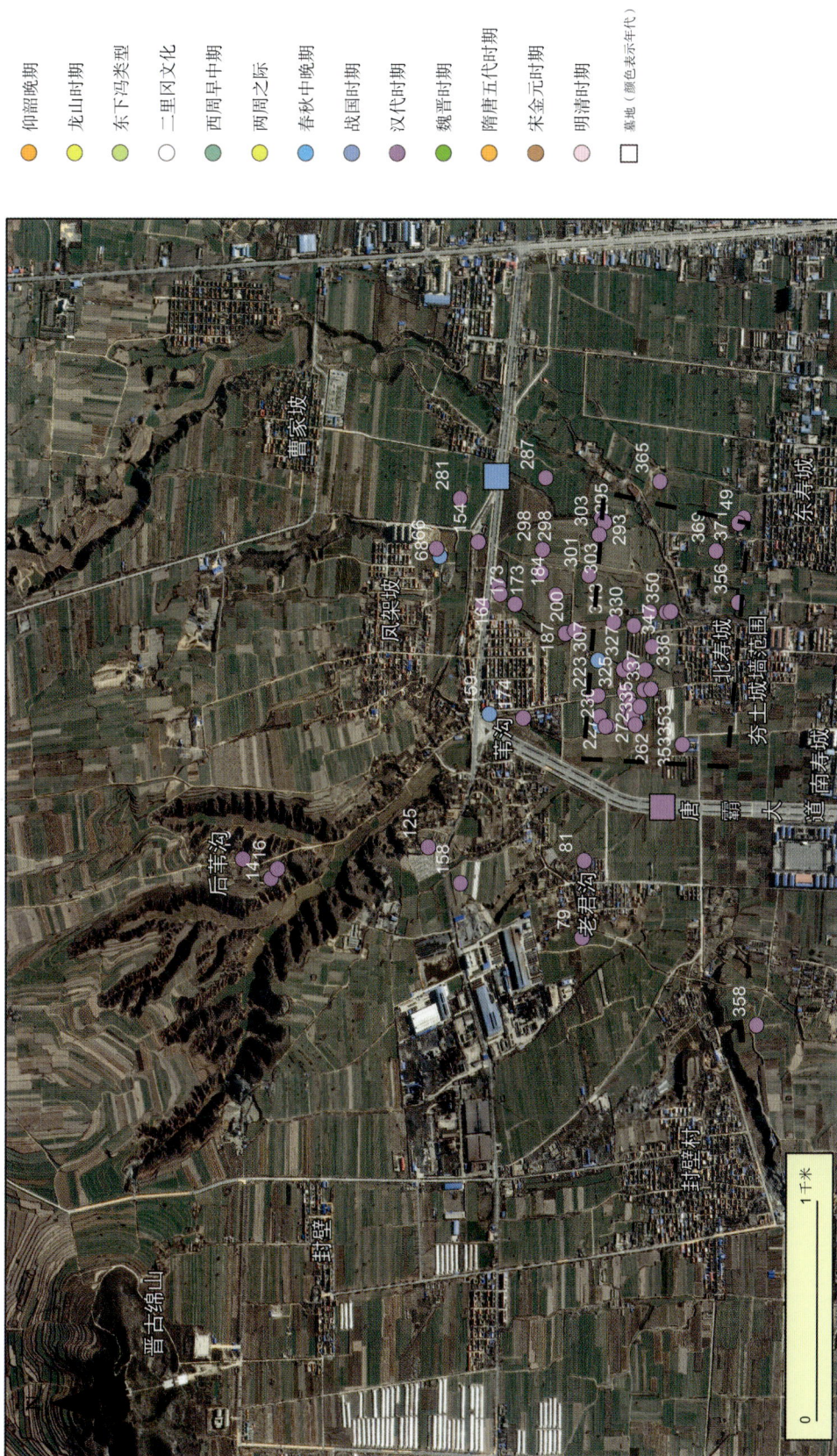

韦沟-北寿城遗址战国一汉代时期采集标本分布图

图版一八〇

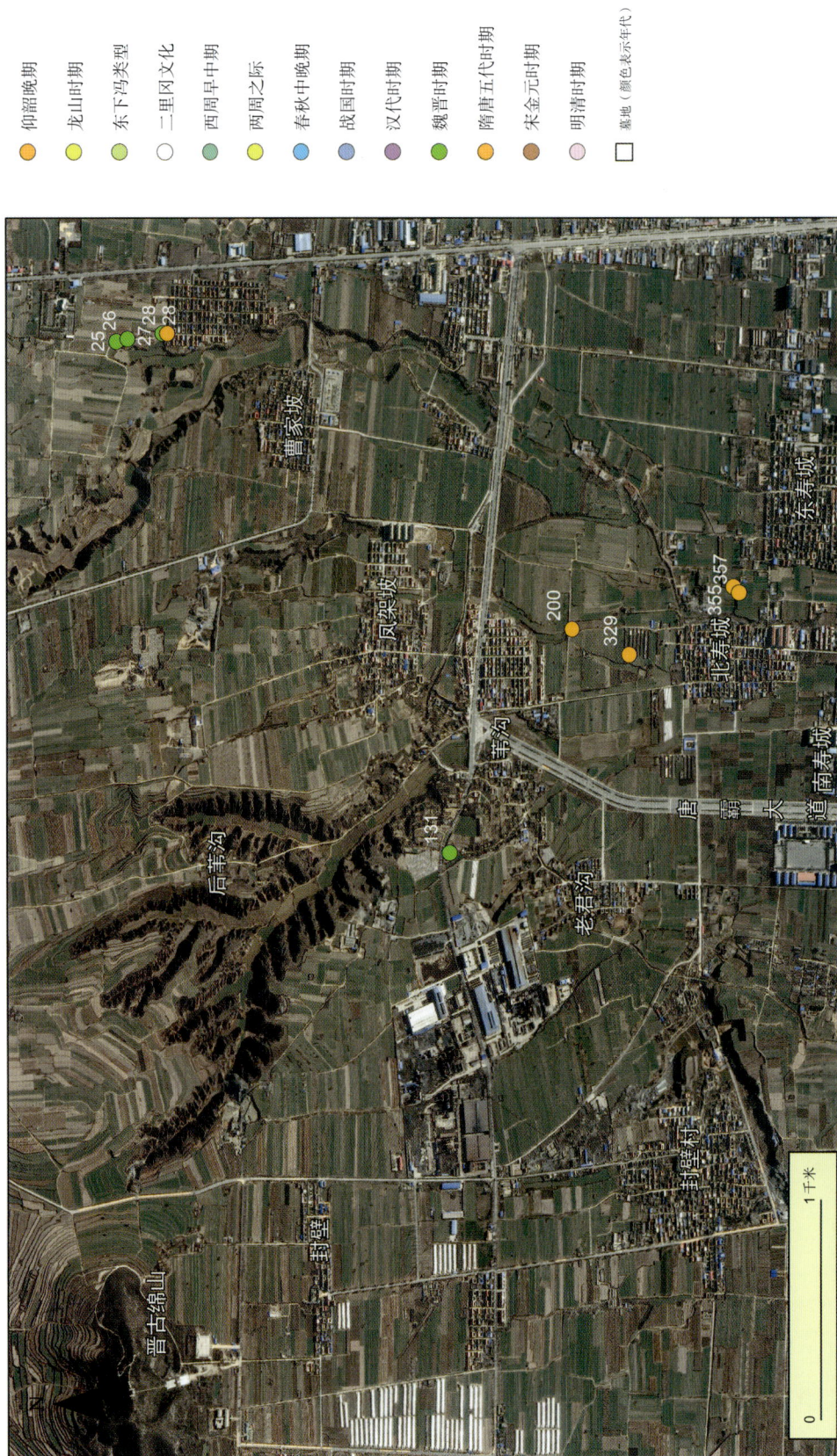

韦沟-北寿城遗址魏晋—隋唐五代时期采集标本分布图

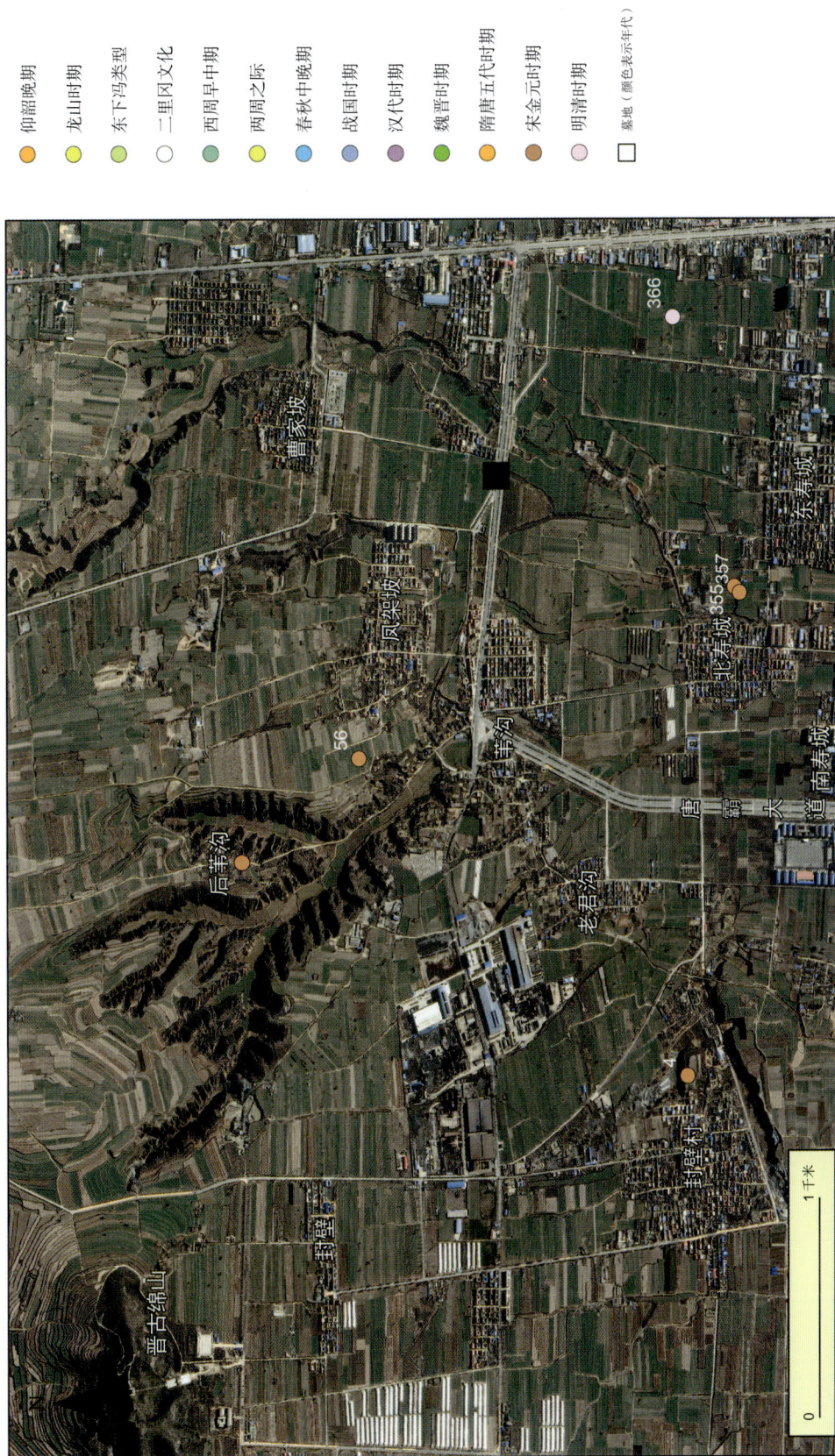

苇沟-北寿城遗址宋金元—明清时期采集标本分布图

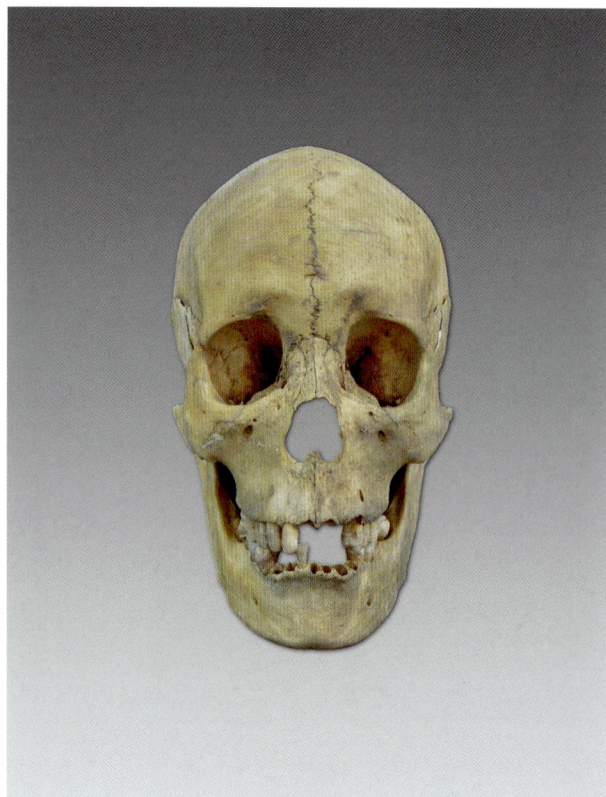

1.正视

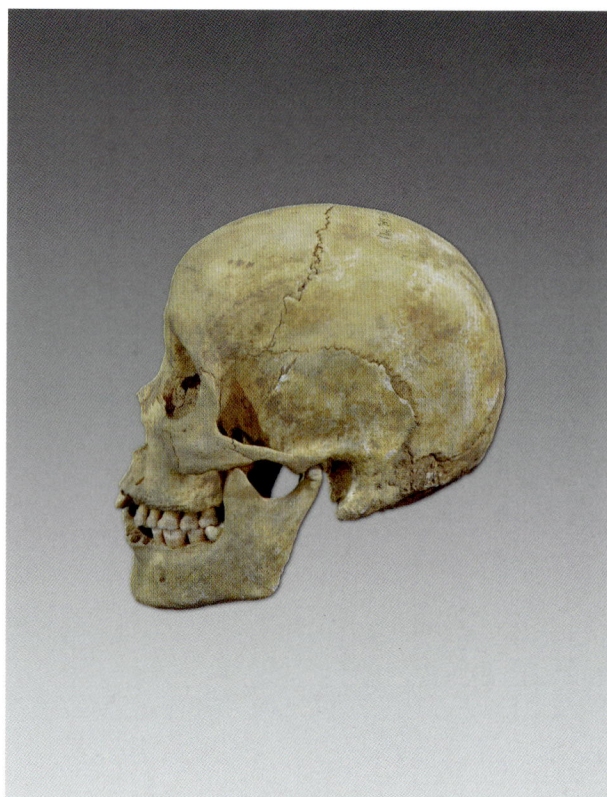

2.侧视

3.顶视

4.后视

11YLM1东侧头骨

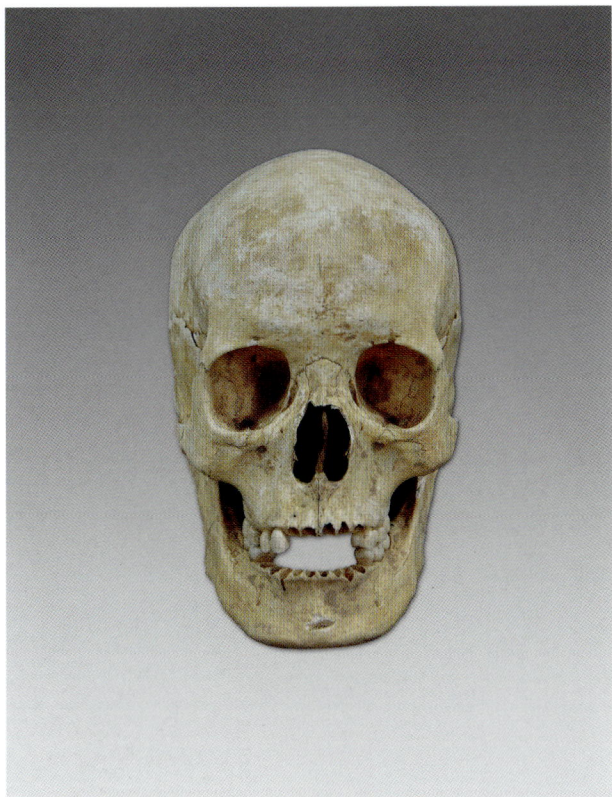

1. 正视

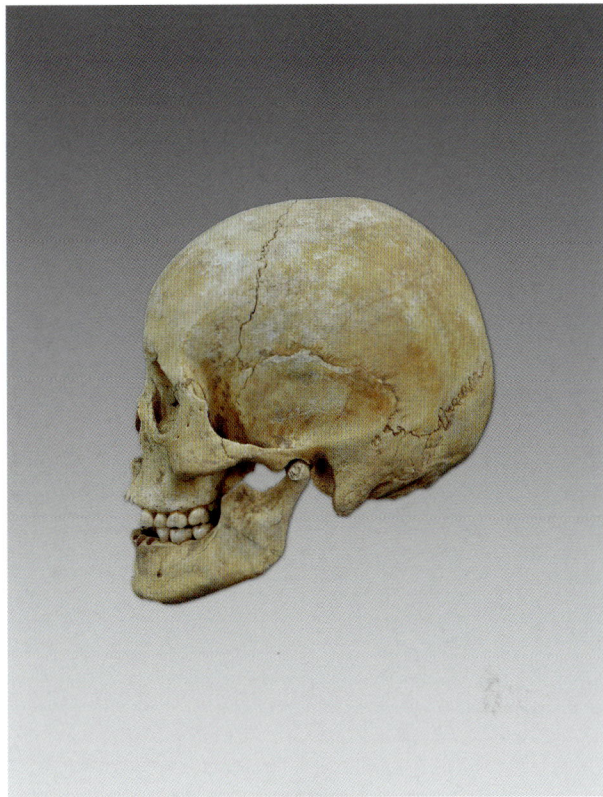

2. 侧视

3. 顶视

4. 后视

11YLM1西侧头骨

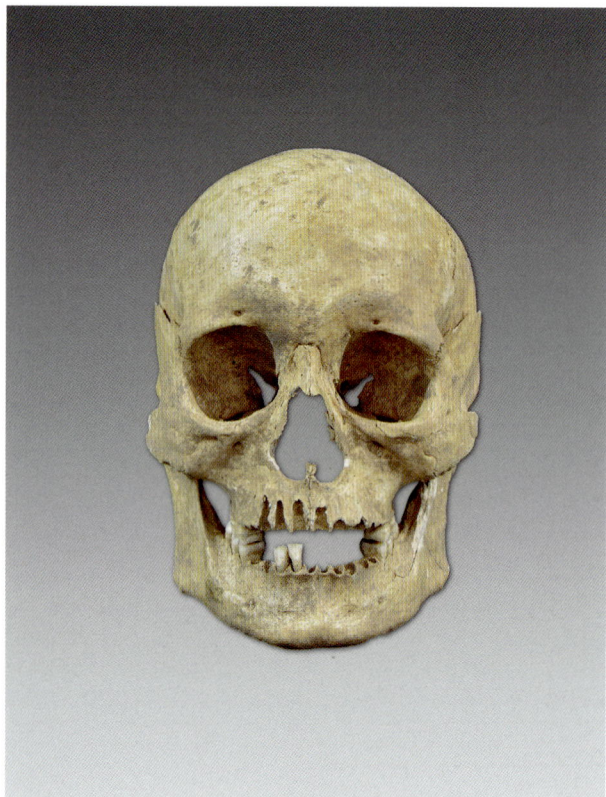

1. 正视

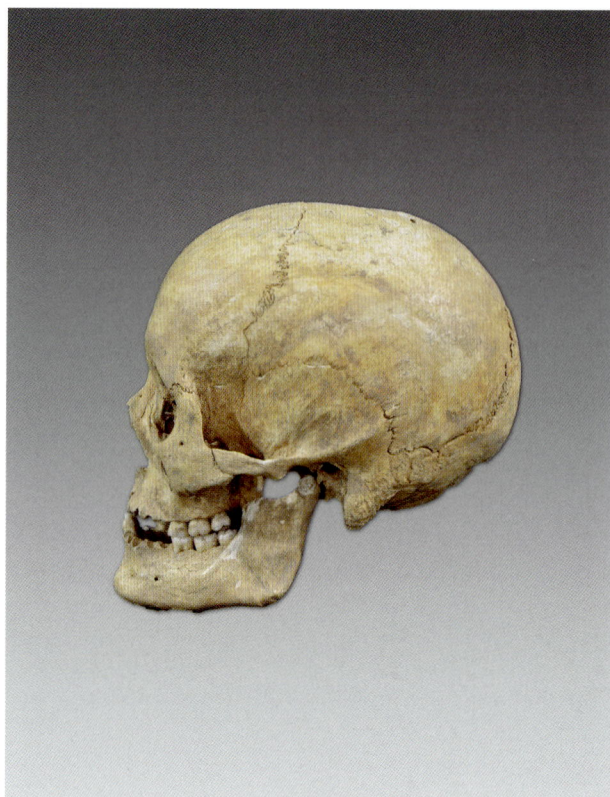

2. 侧视

3. 顶视

4. 后视

11YLM23西Ⅰ头骨

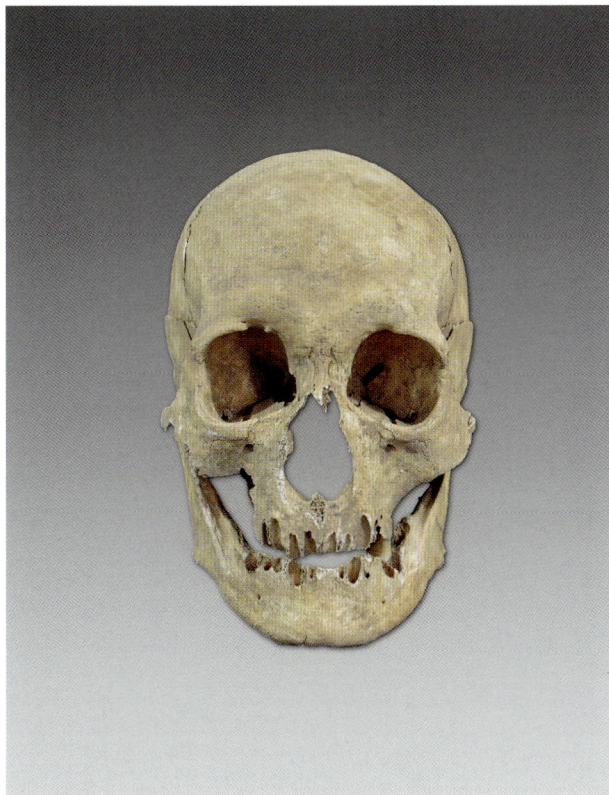

1.正视

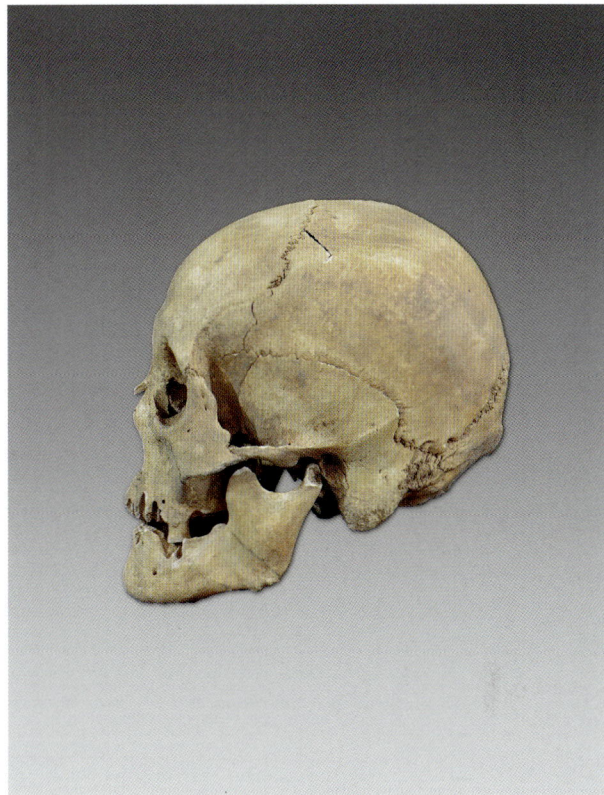

2.侧视

3.顶视

4.后视

11YLM23北Ⅱ头骨

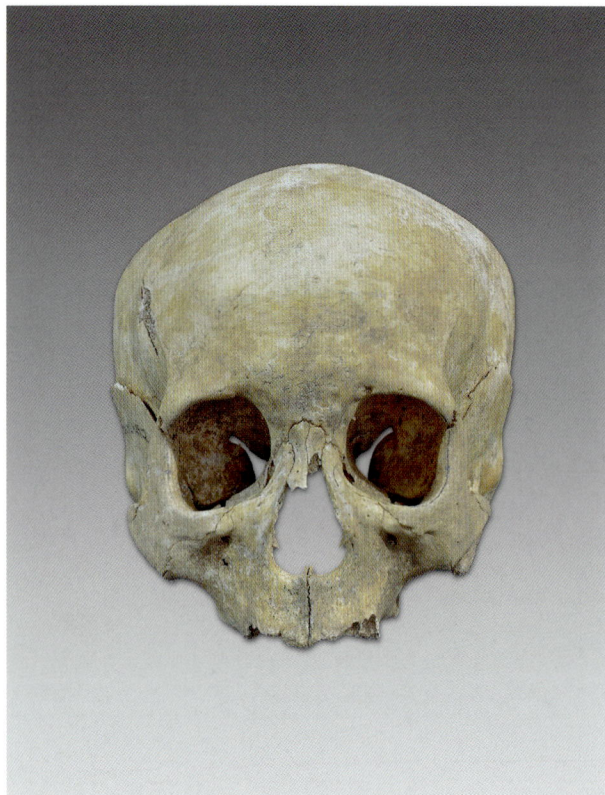

1.正视

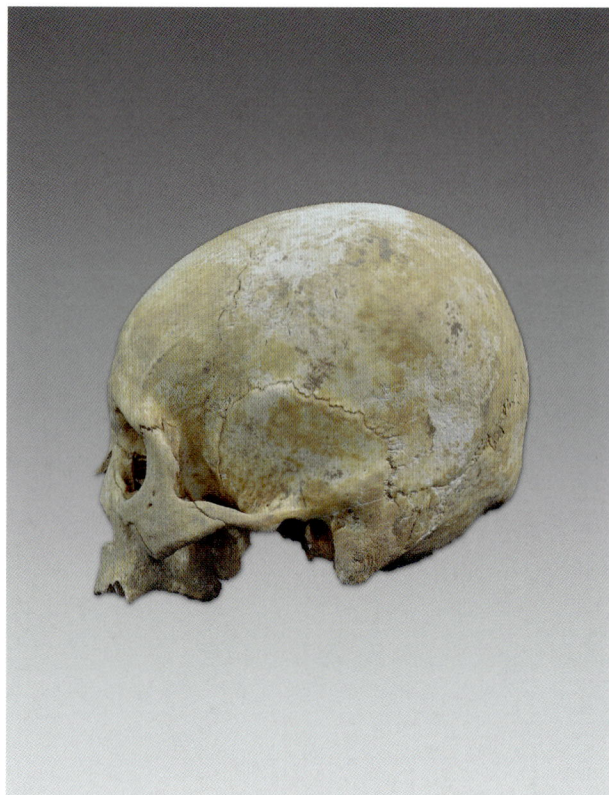

2.侧视

3.顶视

4.后视

11YLM29中部Ⅱ头骨

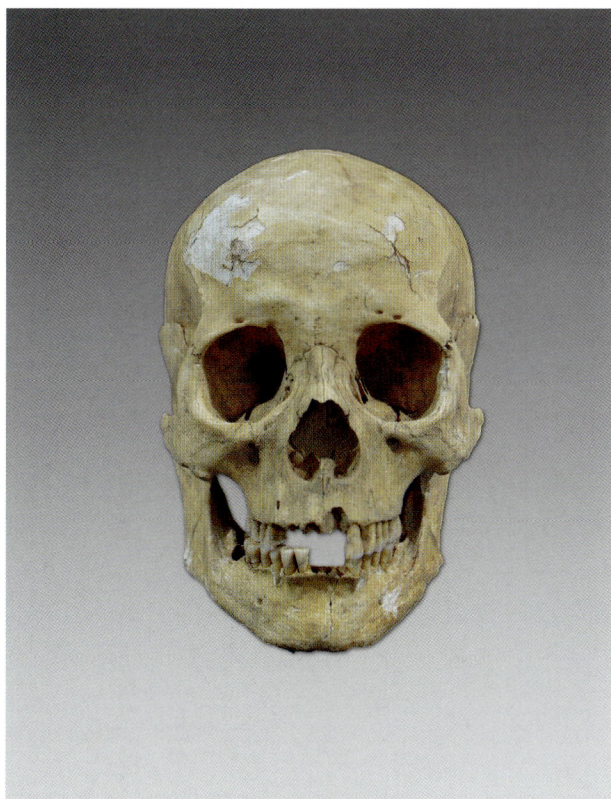

1. 正视

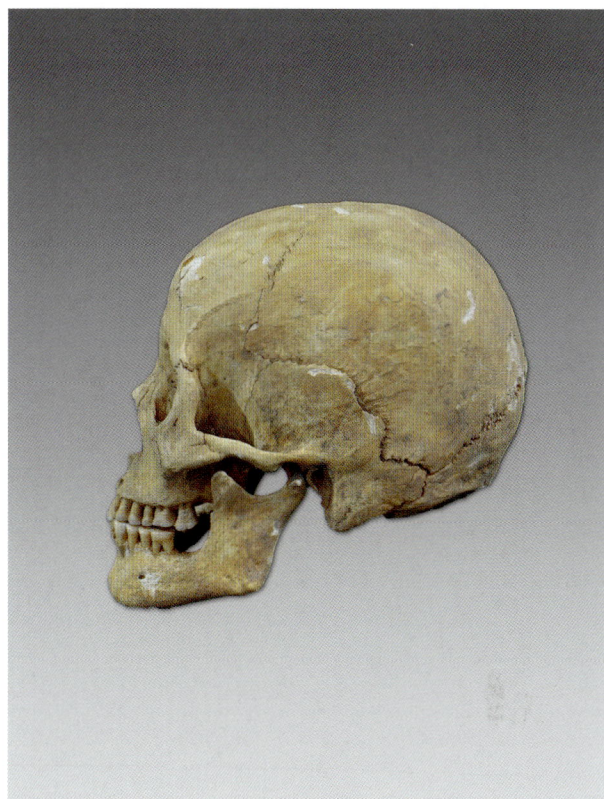

2. 侧视

3. 顶视

4. 后视

11YLM33南Ⅰ头骨

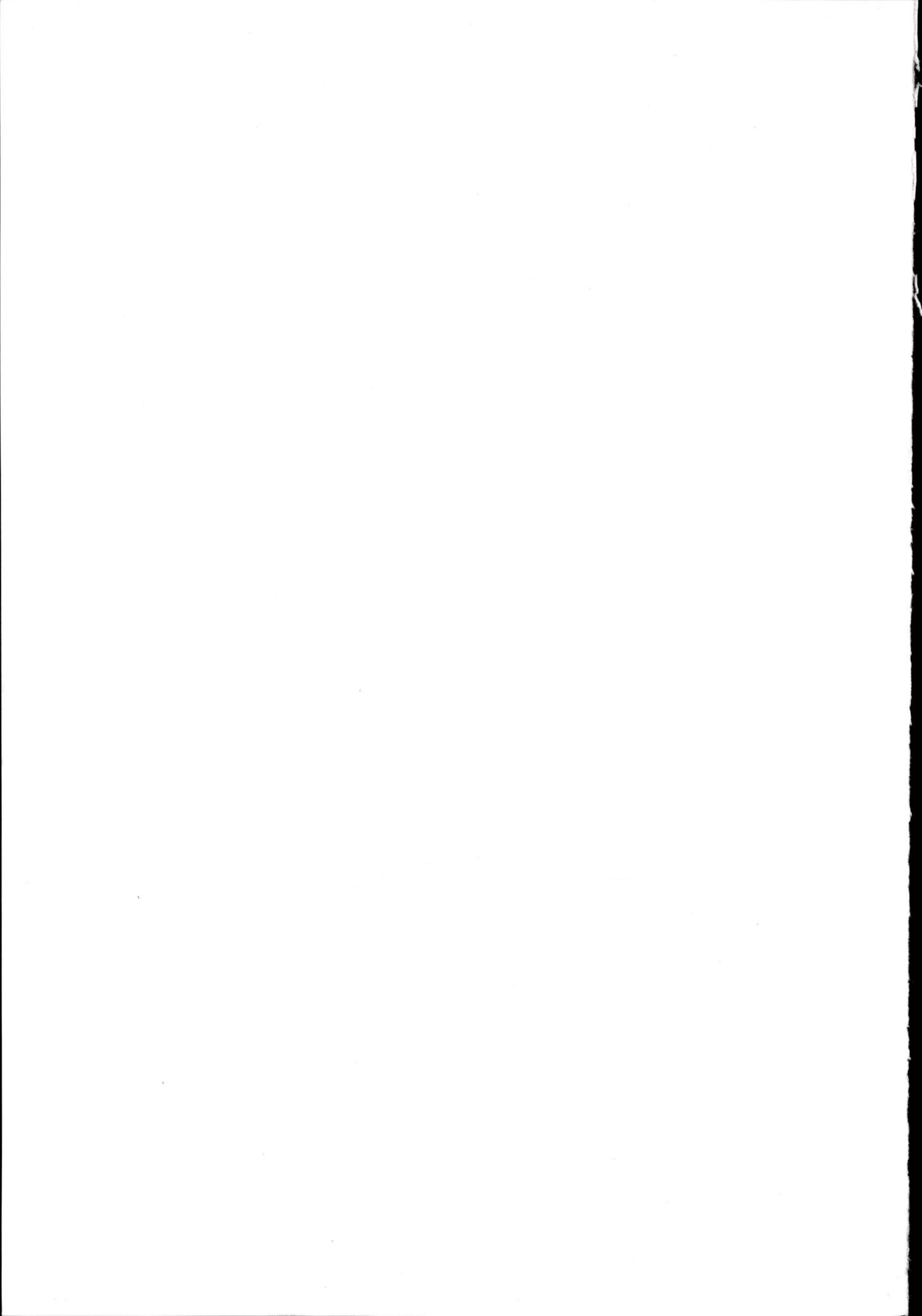